省级一流课程"物流决策与优化"配套教材
普通高等院校物流管理与工程类专业系列教材

物流决策与优化（微课版）

主　编　吕　品　郭红霞　梁斐雯
副主编　卢志平　廖志高　刘丽华

北京理工大学出版社
BEIJING INSTITUTE OF TECHNOLOGY PRESS

内 容 简 介

本书分为八章,主要包括物流决策与优化概述、物流需求预测、物流设施选址决策与优化、运输及配送中的决策与优化、库存管理与控制中的决策与优化、物流决策与优化中的软件工具、蒙特卡洛仿真在物流决策中的应用、区块链技术在物流决策中的应用。书中穿插了大量例题、教学视频以及拓展学习资料,将理论与实操相结合,同时满足混合式教学的需求,以方便学生学习。

本书适合普通高等院校物流管理、物流工程、管理科学、工商管理等专业本科及研究生教学用书,也可供相关从业人员参考用书。

版权专有　　侵权必究

图书在版编目（CIP）数据

物流决策与优化：微课版 / 吕品，郭红霞，梁斐雯主编. --北京：北京理工大学出版社，2022.7（2022.8 重印）
ISBN 978-7-5763-1480-9

Ⅰ. ①物… Ⅱ. ①吕… ②郭… ③梁… Ⅲ. ①物流管理-经营决策 ②物流管理-最佳化 Ⅳ. ①F252

中国版本图书馆 CIP 数据核字（2022）第 122012 号

出版发行 / 北京理工大学出版社有限责任公司	
社　　　址 / 北京市海淀区中关村南大街 5 号	
邮　　　编 / 100081	
电　　　话 / (010) 68914775（总编室）	
(010) 82562903（教材售后服务热线）	
(010) 68944723（其他图书服务热线）	
网　　　址 / http：//www.bitpress.com.cn	
经　　　销 / 全国各地新华书店	
印　　　刷 / 北京广达印刷有限公司	
开　　　本 / 787 毫米×1092 毫米　1/16	
印　　　张 / 17.25	责任编辑 / 孟祥雪
字　　　数 / 405 千字	文案编辑 / 孟祥雪
版　　　次 / 2022 年 7 月第 1 版　2022 年 8 月第 2 次印刷	责任校对 / 周瑞红
定　　　价 / 49.80 元	责任印制 / 李志强

图书出现印装质量问题，请拨打售后服务热线，本社负责调换

前言

　　物流作为经济的重要组成部分正在全球范围内迅速发展，它已成为我国国民经济的重要产业和新的经济增长点。为了适应物流理论与实践的快速发展，高校需要培养出既掌握物流理论基本知识，又具备实践操作技能的物流人才。通过决策与优化方法的学习，可以培养学生应用数学模型、统计方法等数量研究方法与技术，合理配置物流资源，减少不必要的流通环节，减少物流资源闲置，使各项物流活动实现最佳的协调与配合，以降低物流系统成本，提高物流效率和经济效益。

　　本书介绍了物流管理中常用的以降低成本、增强企业竞争优势为目的一些优化方法和工具，侧重于解决现代物流管理中遇到的决策与优化问题。针对物流管理实践中的具体问题建立合适的优化模型，并结合模型的求解算法，利用通用软件（如 LINGO，WinQSB，Excel 等）最终实现模型的具体求解计算，从而为物流管理决策提供依据。本书在编写过程中注重以下特色：理论联系实际，重点突出运用物流优化技术解决实际物流问题的方法，注重解题实例，多方面、多角度地运用例题解决问题，并注重软件的应用，有助于学生理解并提高学习的积极性。物流决策与优化课程的学习为物流管理专业的学生解决实际物流系统中的问题提供了有利的定量分析工具，同时也为学生毕业论文、毕业设计以及参加全国或省市的物流设计大赛奠定了良好的基础。

　　本书分为八章：第一章介绍物流决策与优化的基本理论知识，包括物流概述、决策概述以及物流决策中的优化技术与方法概述等；第二章讲述物流需求预测常用的方法，主要是定量预测方法与技术，还介绍了预测方法的选择和物流需求预测的软件实现等；第三章重点介绍与物流设施选址相关的内容，包括设施选址方法、离散选址模型与连续选址模型以及模型的软件求解等；第四章介绍运输与配送决策的相关知识，重点分析了运输路线优化决策方法、制定合理行车路线和时间表以及软件辅助等，在掌握运输和配送基本模型及其软件应用的基础上，才能更好地根据实际情况做出合理的运输与配送决策；第五章主要介绍库存管理与控制中的决策问题，重点分析了周转库存管理与 EOQ 模型，以及不确定性与安全库存管理等相关方法与库存策略；第六章介绍在物流决策与优化中可以用到的几款软件工具，包括 Excel 中自带的规划求解功能，以及 LINGO，WinQSB，yaahp 等几款独立的应用软件。第七章介绍的仿真方法与前面几章介绍的优化模型与方法有很大的不同，它是另一种分析问题的形式。该章重点介绍了包含不确定性因素的库存系统仿真以及港口物流排队系统仿真。第八章是前沿技术拓展内容,希望读者能通过本章的抛砖引玉,了解到前沿技术对物流及其决策领域的影响;该章主要介绍了区块链技术的基础知识以及区块链技术在物流决策中的应用。针对第二章至第八章的教学重点、难点,本书配套了56个二维码教学视频,旨在方便读者扫码观看与学习。需要注意的是,由于有些章节的内容是按求解步骤进行书写的,而教学视频是完整拍摄的,因此有部分二维码的视频内容完全相同,如:第二章的视频2-10和视频2-11为同一视频内容,第四章的视频4-8、视频4-9和视频4-10为同一视频内容,第七章的视频7-9和视频7-10为同一视频内容;读者在扫码观看的时候,可以根据书中不同步骤选择快进视频内容至相应的位置。

本书由广西科技大学吕品、郭红霞和梁斐雯任主编,卢志平、廖志高和刘丽华任副主编;其他参编人员还有:柳州工学院张光明,柳州铁道职业技术学院马成正,广西科技大学研究生刘婷。编写分工为:第一章、第三章、第四章、第六章由吕品编写,第二章由张光明和吕品共同编写,第五章由郭红霞、梁斐雯和吕品共同编写,第七章由廖志高、马成正和吕品共同编写,第八章由卢志平和刘婷共同编写。

本书在编写过程中参考了大量文献,已尽可能地列在书后的参考文献中但其中仍难免有遗漏,这里特向被遗漏的作者表示歉意,并向所有的作者表示诚挚的感谢。

由于时间仓促及作者水平有限,本书错误之处在所难免,敬请读者批评指正。

目录

第一章 物流决策与优化概述 (001)
- 第一节 物流概述 (001)
- 第二节 决策概述 (006)
- 第三节 物流决策与优化 (008)
- 本章小结 (011)
- 案例分析 (011)
- 思考与练习 (012)

第二章 物流需求预测 (014)
- 第一节 物流需求预测概述 (014)
- 第二节 物流需求预测——时间序列预测法 (020)
- 第三节 物流需求预测——线性回归预测法 (039)
- 本章小结 (050)
- 案例分析 (051)
- 思考与练习 (052)

第三章 物流设施选址决策与优化 (053)
- 第一节 物流设施选址决策概述 (053)
- 第二节 物流设施选址模型分类与距离计算 (057)
- 第三节 常见的连续选址模型与方法 (059)
- 第四节 常见的离散选址模型与方法 (069)
- 本章小结 (081)
- 案例分析 (081)
- 思考与练习 (082)

第四章 运输及配送中的决策与优化 (084)
- 第一节 运输及配送决策概述 (084)
- 第二节 运输网络的设计与路线优化 (087)
- 第三节 配送路线优化与车辆调度 (098)

第四节　运输决策中的其他方法介绍 ………………………………………… (116)
　　本章小结 …………………………………………………………………………… (122)
　　案例分析 …………………………………………………………………………… (122)
　　思考与练习 ………………………………………………………………………… (124)

第五章　库存管理与控制中的决策与优化 ……………………………………… (127)
　　第一节　库存管理与控制概述 …………………………………………………… (127)
　　第二节　周转库存与 EOQ 模型 ………………………………………………… (133)
　　第三节　多种产品的周转库存管理与 EOQ 模型拓展 ………………………… (138)
　　第四节　不确定性环境下的库存控制方法 ……………………………………… (143)
　　第五节　库存管理中的其他方法介绍 …………………………………………… (152)
　　本章小结 …………………………………………………………………………… (161)
　　案例分析 …………………………………………………………………………… (161)
　　思考与练习 ………………………………………………………………………… (163)

第六章　物流决策与优化中的软件工具 …………………………………………… (165)
　　第一节　Excel 中常用的加载项 ………………………………………………… (165)
　　第二节　LINGO 软件 …………………………………………………………… (172)
　　第三节　WinQSB 软件 …………………………………………………………… (188)
　　第四节　yaahp 软件 ……………………………………………………………… (201)
　　本章小结 …………………………………………………………………………… (206)
　　思考与练习 ………………………………………………………………………… (207)

第七章　蒙特卡洛仿真在物流决策中的应用 …………………………………… (208)
　　第一节　风险分析方法与蒙特卡洛仿真概述 …………………………………… (208)
　　第二节　库存系统仿真 …………………………………………………………… (216)
　　第三节　港口物流的排队系统仿真 ……………………………………………… (226)
　　本章小结 …………………………………………………………………………… (235)
　　案例分析 …………………………………………………………………………… (235)
　　思考与练习 ………………………………………………………………………… (236)

第八章　区块链技术在物流决策中的应用 ……………………………………… (237)
　　第一节　区块链技术概述 ………………………………………………………… (237)
　　第二节　区块链技术在物流管理中的应用 ……………………………………… (252)
　　本章小结 …………………………………………………………………………… (262)
　　案例分析 …………………………………………………………………………… (262)
　　思考与练习 ………………………………………………………………………… (266)

参考文献 ……………………………………………………………………………… (267)

第一章 物流决策与优化概述

本章学习要点

1. 理解物流的概念以及现代物流的特征；
2. 熟悉物流的主要活动及相关决策；
3. 了解决策的概念与过程，理解决策中的定量分析；
4. 了解物流决策中常用的优化技术与方法以及软件的重要性。

第一节 物流概述

一、物流的概念

物流概念的发展经过了一个漫长而曲折的过程。到目前为止，人们对物流的概念并没有统一的认识，在此仅介绍中国、美国和日本3个有代表性的国家对物流概念的描述。

中国在《物流术语(GB/T 18354—2021)》中将物流(Logistics)定义为：根据实际需要，将运输、储存、装卸、搬运、包装、流通加工、配送、信息处理等基本功能实施有机结合，使物品从供应地向接收地进行实体流动的过程。

美国物流管理协会关于物流的定义：物流是供应链运作的一部分，是以满足客户要求为目的，对货物、服务和相关信息在产出地和消费地之间实现高效且经济的正向及反向的流动与存储所进行的计划、执行和控制的过程。

日本关于物流的定义：物流是指物质资料(简称物资)从供给者向需要者的移动，是创造时间性、场所性价值的经济活动。从物流的范畴来看，包括包装、装卸、保管、库存管理、流通加工、运输、配送等活动。

从这些定义可以看出，物流的实质是通过产品与服务及其相关信息在供给点与消费点之间的加工、运输与交换，以低成本提供用户满意的服务，从而实现价值。它主要涵盖以下方面的内容：

第一，物流的对象既包括有形的"物"，即传统上认知的一般性物品，如农副产品、原材料、在制品、零部件、产成品、邮件、包裹、废弃物等，也包括无形的信息和服务等传统上不能被认知的特殊性物品，如电力、信用卡、物流服务和废弃物清理服务等。

第二，物流过程是一个由许多物流作业环节组成的复杂系统。它包括运输、储存、包装、装卸、流通加工、信息处理等环节。其中，运输环节包括组配、装车、驾驶、卸货等具体作业，每一项作业还可以划分为若干具体的动作。要使物流过程的结果符合要求，必须对物流过程进行系统化的设计与管理。

第三，物流功能并不是物流各组成要素功能的简单叠加。物流作为一个系统，不能等同于这个系统中的某个部分。物流除了包含储存、运输等纵向的具体活动外，更强调各环节活动之间的横向协调、配合与集成。

第四，物流活动大多采用商品贸易、服务贸易和物流服务等方式，通过许多的人员、地点、行为和信息的组合搭配及协调才能完成。这个过程涉及顾客服务、运输、仓储、信息处理等多项作业，还涉及公司的策略选择与企业具体作业的联系，但最终的目标都是利用供应链中的资源，使物流活动在成本和收益的约束条件下使顾客满意。

二、现代物流的特征

随着产品生产和流通规模与范围的不断扩大，物流经历了由简单搭配到复杂、由传统到现代的发展过程。现代物流是与现代化社会大生产紧密联系在一起的，它体现了现代企业经营和社会经济发展的需要，广泛利用了代表着当今生产力发展水平的管理技术、工程技术以及信息技术等。随着时代的进步，物流管理和物流活动的现代化程度也在不断提高，从而呈现出其现代化的特征。现代物流的特征可以概括为以下几个方面：

1. 物流系统化与网络化

现代物流不是运输、保管和装卸等活动的简单叠加，而是通过彼此的内在联系在共同目标下形成的一个系统，构成系统的功能要素之间存在着相互联系、相互作用关系。在考虑物流最优化的时候，应从系统的角度出发、树立系统化观念，通过物流功能的最佳组合来实现物流整体的最优化目标。

现代市场经济的发展，使生产和流通的空间范围日益扩大。为了保证商品高效率地分销和材料供应，现代物流需要有完善的、健全的物流网络体系，网络上点与点之间的物流活动应保持系统性、一致性。这样可以保证整个物流网络有最优化的库存总水平及库存分布，将干线运输与支持末端配送结合起来，形成快速灵活的供应通道。

2. 物流总成本最小化

现代物流管理追求的是物流系统的最优化，它要求实现物流总成本最小化，这是物流合理化的重要标志。但传统的物流管理往往将注意力集中于尽可能使每一项个别物流活动成本最小化，而忽视了物流总成本，忽视了物流要素之间存在着二律悖反的关系，即一个部门的高成本会因其他部门成本的降低或效益的增加而抵消的相互作用关系。

从系统的观点看，构成物流的各功能之间存在着明显效益悖反关系。例如，采用高速运输会增加运输费用，但是，运输的迅速化会使库存量降低，从而节省了库存费用和保养费用，最终导致物流总费用的降低。

现代物流就是要利用物流要素之间存在的二律悖反关系，通过物流各个功能活动的相互配合和总体协调,从而达到物流总成本最小化的目标。

3. 物流信息化和电子化

现代物流是物资的物理性流通与信息流通的有机结合,信息是现代物流得以稳定运行的基础,没有准确及时的信息,现代物流系统的各个组成部分之间就无法实现有机的联系,现代物流的整体功能就不能发挥出来。因此,在现代物流活动中,必须应用先进的科学技术对物流信息进行实时地、准确的分析处理,以控制现代物流系统按照既定的方向和目标运行。

物流信息的电子化就是把现代物流信息技术、通信技术以及网络技术等广泛应用于物流信息的处理和传输过程中,使物流各个环节之间、物流部门与其他相关部门之间、不同企业之间的物流信息的传递和处理突破空间和时间的限制,保持实物与信息流的高度统一和对信息的实时处理,以提高物流效率和服务水平。

4. 物流服务社会化

传统的物流是以企业自设物流部门、实行自我服务为主的物流体系。这种物流体系不仅会造成物流资源的浪费,而且物流效率低,缺乏竞争力。

在现代经济时代,由于经济的发展和先进科学技术的应用,社会分工进一步细化,许多生产企业和流通企业为了发挥竞争优势、提高经济效益,把物流服务从企业内部转移出来,寻求社会化服务,促进了物流业发展。目前,企业物流需求通过社会化物流服务满足的比例在不断提高,第三方物流形态已成为现代物流的主流,现代物流产业在国民经济中发挥着重要作用。

5. 物流反应的快速化和柔性化

物流反应的快速化是指在现代物流信息系统、作业系统和物流网络的支持下,物流活动应能适应市场状况和消费者需求的快速变化,为客户和消费者提供快速服务,以提升物流服务质量。这就要求现代物流系统加强管理,应用先进的作业技术来提高及时配送、快速补充订货以及迅速调整库存结构等能力。

物流反应的柔性化是指物流作业要以客户的物流需求为中心,快速满足生产和消费多样化、个性化需要。随着经济的发展和人民生活水平的不断提高,生产与消费需求的多样化、个性化日益冲突,物流需求呈现出小批量、多品种、高频次的特点。订货周期变短、时间性增强、物流需求的不确定性提高,这就要求现代物流系统能根据客户的需求变化,及时调整物流作业,最大限度满足客户的需要。

三、物流的主要活动与相关决策

无论是宏观社会还是微观企业,要使货物从产地高效流通到消费地,必须成功地计划、执行和控制各种物流活动。下面简单介绍一些物流的主要活动,与这些活动相关的决策的制定必须运用系统观,这对物流管理非常关键。

1. 运输

运输是物流系统非常重要的组成部分,而且通常是最大的物流成本因素。物流中一个主要的焦点问题是商品的实体运动,或者使商品移动的网络。这个网络由为企业提供服务的运输机构组成。物流管理人员负责选择运送原材料和产成品的方式,以及负责开发自有运输。

2. 存储

存储和运输是一种效益悖反关系。存储包括两个单独但紧密相关的活动：库存管理和仓储。运输和库存水平及其所要求的仓库数量有直接关系。例如，如果企业选用速度相对慢的运输方式，就不得不保持较高的库存水平，并常常要为这些存货保留更多的仓库空间。企业可以考虑使用较快的运输方式（如空运）来减少仓库数目及其所存储存货的数量。

许多重要决策与存储活动（存货和仓库）有关，包括仓库数量、存货数量、仓库选址和仓库规模等。运输决策影响存储决策，所以权衡各种方案效益悖反的决策机制对整个物流系统的最优化是非常必要的。

3. 库存控制

在仓库和制造设施里都存在库存。库存控制有两个维度：确保充足的库存水平和保证库存的准确性。前者需要物流来监督现有的库存水平，同时发布更新订单和调配生产，使物流水准上升到预期的水平。例如，在配送中心履行客户的全运订单时，现有的库存水平就会被耗尽。当这些库存水平到达再订货点的时候，就要将更新订单通过人工或通过电子方式发布给另一个配送中心或制造厂，使现存的库存水平达到一个可接受的水平。

库存控制的另一个维度是保证库存的准确性。为了满足客户的订单而使库存耗尽时，工厂的信息系统会自动跟踪现有库存水平的状态。为了确保真实的物资库存水平与信息系统中显示的一致，一年内每期都会对抽选的物品进行盘点。盘点的结果能证明实物数量和信息系统的数量要么是相同的（那么，就不需要对系统进行调整），要么是不同的。在后一种情况下，需要调查造成这种差异的原因，同时还要调整系统以反映真实的物资数量。库存的准确性对确保及时履行客户订单是关键的。

4. 包装

包装可以在产品运输和存储的时候对产品起到保护作用，包括厚纸板、包裹、袋子等。企业所选择的运输方式影响包装要求。例如，由于破损的可能性大，铁路或水路运输通常需要较多的包装支出。在分析运输方案变化的效益悖反时，物流人员通常要考虑变化对包装成本的影响。许多情况下，由于破损的风险较小，选择价格较高的运输方式将降低包装成本，如空运。

5. 物料搬运

物料搬运指的是产品在特定场所（如工厂、仓库）的近距离搬移。物料搬运对仓库设计和有效的仓储操作是重要的，物流管理人员关注商品进入仓库的运动、商品在仓库的放置以及商品从储存区到拣单区及最后到月台准备运出仓库的运动。

物料搬运通常使用短距离移动的机械设备，这种设备包括输送机、堆高机、高架起重机和自动存取系统（Automated Storage and Retrieval Systems，ASRS）。生产经理可能想要一个与物流仓储活动不一致的特制托盘或集装箱式样。为了保证所使用的各种设备能够相互适合，物料搬运的设计必须一致。

6. 采购

采购是物流的又一活动。将采购包括在物流中的基本理论依据是运输成本与企业生产所要采购的原材料和零配件的地理位置（距离）直接有关。采购数量也会因运输成本和库存成本而影响物流成本。例如，从中国为一家美国的制造厂购买零部件需要几个星期的提前期，这会对制造厂所持有的必需的库存水平产生直接影响。使用最优的运输方式来减少提前期会降低库存水平，但却增加了运输成本。所以，在做出采购决策的同时需要考虑总的物流成本。

7. 预测

预测需求指预测出在未来一段时间的货物需求。准确的预测是实现有效物流管理的关键。以此为基础，公司可以做出决策。例如，应该从供应商那里订购哪种以及多少原材料，何时开始生产，多少成品应该被运往或储存在市场。

8. 生产计划

该活动与有效库存控制及预测紧密相关。一旦制定了预测并对当前持有的存货及其使用率进行了评估，生产经理就能够决定必要的生产数量来确保足够的市场覆盖率。但是在生产多种产品的企业中，生产工序的时间安排和特定的产品关系要求与物流紧密配合，或者物流要实际控制生产计划。

9. 订单履行

订单履行通常包括与完成客户订单有关的活动。订单履行对物流很重要，因为实体配送的一个重要因素是从客户决定订货的时刻到这些商品以满意的状态真正送达的时刻所占用的时间，即提前期。

假设现在的系统需要八天的提前期来传送、处理、准备订单和装运，订单处理可能需要四天，订单准备则需要两天，这意味着商品必须在两天内运送给客户。短的交货时间可能要求最优的运输方式(高成本)。此时，企业可能要考虑为订单处理功能添加新技术，从而减少订单处理时间为两天或更少。那时，企业将使用更便宜的运输方式，但仍然可以在八天内将商品运送给客户。

10. 客户服务

客户服务有两个对物流很重要的维度：一是与客户直接交涉来影响和接受订单的过程；二是企业提供给客户的服务水平。从获得订单的角度看，物流关注的是为了满足客户的订单需求而在适当的地点保存充足的库存水平。同时，物流还关注在落实订单，即订单即将发出时能够向客户做出承诺。这需要库存控制、制造、仓储、运输之间的协同，以保证接受订单时所做出的任何承诺及产品的可获性。

客户服务的第二个维度与企业向客户允诺的服务水平有关。这些服务水平包括订单履行速度和及时传递速度。库存、运输、仓储的决策也和客户服务水平相关联。尽管物流通常并没有完全控制客户服务决策，但是物流在确保消费者在正确的时间和地点得到正确的产品方面起到非常重要的作用。产品可获性和库存提前期的物流决策对客户服务至关重要。

11. 选址

物流的另一个重要活动是工厂和仓库的选址。位置的变化可能改变工厂与市场之间或供应地与工厂之间的时间和地点关系。这种变化将影响运输费用和服务、客户服务、存货要求及其他方面。因此，物流管理人员非常关心选址决策。

12. 其他活动

其他活动可能被视为物流的一部分。例如，零配件和服务支持、退货处理、废弃物处理等都表明在生产耐用消费品和工业品的企业物流活动管理的现实性。这里，非常系统的方法是必要的。由于运输和存储决策影响这些活动，物流还为产品的设计、维护与补给服务提供输入。这些领域需要逆向物流系统的发展，即要将使用过的、损坏的、废弃的产品返回给供应商处置。

第二节　决策概述

一、决策与决策的过程

决策可以定义为一种评估和取舍执行方案的过程。例如，选择哪一位教授当指导老师，选择哪一个工作机会等都是决策。决策是所有管理工作中最重要的一环，也是领袖的核心能力，毕竟"错误的决策比贪污还可怕"。

作为西方决策理论的重要创始人，美国著名教授西蒙在1978年获得了诺贝尔经济学奖。西蒙提出："从广义的方面来理解决策过程，那么决策过程与管理是同义的。"他认为，在决策中既要重视使用数学模型、计算机技术等定量分析的方法，也要注重心理因素和人际关系等社会因素。

决策过程包含明确问题和分析问题的过程，主要包括以下几个步骤：定义问题、找出可行方案、确定评价准则、对可行方案进行评价、选择方案（决定）。在决策过程中，首先对所要决策的问题进行定义，即从一般性的问题描述转化为确切的问题定义，然后找出解决该问题的各种可行方案，并确定评价这些可行方案的准则，这个过程称为明确问题的过程。问题明确之后，就可以根据情况进行定性分析或定量分析，对可行方案进行评价，从而选择出最合理的方案，这个过程称为分析问题的过程。在决策过程中，常采用两种基本的分析方法：定性分析方法和定量分析方法，如图1-1所示。当管理者具有处理类似问题的相应经验，或当所要决策的问题较为简单时，定性分析方法不失为一种实用的方法；而当管理者缺乏相应的经验，或当所要决策的问题十分复杂时，定量分析方法对于管理者的正确决策则变得十分重要。

图1-1　决策过程与基本分析方法

定性分析方法基于管理者的判断与经验，包括管理者对所要决策问题的"感觉"。定量分析方法是在收集相关数据资料的基础上，用数学表达式（数学模型）描述问题的目标、约束条件与各相关因素之间的关系，然后采用数学方法得到量化的分析结果。所以人们常将定性分析方法看作一种管理的"艺术"，而将定量分析方法看作一种管理的"科学"。

二、决策中的定量分析

通常我们遇到的管理决策问题是复杂的，不会有一个简单的答案，这就需要有科学的方法——定量分析方法来辅助管理者进行决策。所谓定量分析，就是基于能刻画问题本质的数据和数量关系，建立能描述问题的目标、约束及其关系的数学模型，通过一种或多种数量方法，找到最好的解决方案。

定量分析一般有以下步骤：

(1) 定义问题。定义问题包括确定系统的目标和边界。

(2) 调查研究，收集数据。

(3) 建立数学模型。

(4) 模型的验证。为检验模型的有效性，需在使用前进行模型的验证。一般可用模型预测近期变量值，并将该预测值与实际值相比较，以确定模型的有效性。

(5) 选择可行方案。

(6) 模型运行求解，提出推荐的方案。

(7) 执行所推荐的方案，并进行评价。

应用科学方法来解决管理决策问题，也称为管理科学，是现代管理理论的一个重要学派。管理科学学派的主导思想是使用先进的数学方法及管理手段，使生产力得到最为合理的组织，以获得最佳的经济效益。值得注意的是，管理科学并不仅仅是各种量化方法与技巧的集合，还要有逻辑性地解决问题的哲学观（即科学的方法论）。这种合乎逻辑地、一致地、系统地解决问题的思维和数学方法的机理一样有用且有价值。对于那些不能常看到学习数学方法好处的读者来说，理解这一点非常重要。

三、决策建模的特性和优点

模型是对现实系统或情境的一种描述，同时又是对现实系统的一种抽象。在解决问题和决策的过程中使用模型并不是新的思想，在某种程度上，我们都有利用模型进行决策的经历。比如，当你搬进一个新宿舍或公寓时，会面临如何在新居中摆家具的决策。有多种可考虑的摆放方式。一种摆放方式可以留出广阔的空间，但需要建造阁楼；另一种则给你较小的空间，但是可以免去修建阁楼的麻烦和费用。当分析这些不同的摆放方式并做出决策时，你并没有真正修建阁楼，更有可能的是在脑海中构建了这两种摆放方式的思维模型（或称为心智模型），在大脑中描绘出每种摆放方式的图形。因此，有时一种简单的心智模型就是分析问题和进行决策所需的全部。对于更复杂的决策问题，构建心智模型也许不可能或不够充分，需要其他类型的模型，比如，前面提到的数学模型，这种模型利用数学关系描述或表示一个研究对象或决策问题。

建立模型的最终目标是辅助管理者给出解决问题的决策。模型本身不会决策——真正做出决策的是人。然而通过对问题建模可以使管理者获得某种洞察力和理解力，这对做决策很有帮助。建模的特性和优点可以总结如下：

(1) 虽然模型通常是其所表示的决策问题的简化形式，但只要模型有效，它就是有用的。有效模型是对所研究的决策问题相关特性的精确表示。

(2) 使用模型分析决策问题的费用通常很低，这主要因为建立模型的财务成本比较低。除此之外，对模型的分析还可以避免因决策失误而导致的高额成本。

(3) 模型通常会及时地传达需求信息。当重要的数据只能延时获得时，时限也就成为一个问题。在这种情况下，构造一个模型来预测这些缺失的数据有助于当前的决策。

(4) 模型可频繁地用于检查实际中不可能做的事情。例如，人体模型（碰撞假人）用于碰撞测试，观测一辆车高速撞上一堵墙时真人会发生什么，不通过模型，做这件事情会非常困难。

（5）模型可以帮助我们获得对所研究对象或决策问题的认识和理解。使用模型的最终目的是提高决策质量，而建立模型的过程，可以对问题有更深的理解，这可能是更重要的。在一些情况下，决策可能会在建立模型的同时做出，因为之前对问题误解的成分被发现或消除了；在另外一些情况下，对已建好模型的仔细分析则需要抓住问题的实质并加深对所做决策的理解。在任何情况下，加深对建模过程的洞察最终都会导致更好的决策。

四、好的决策与好的结果

对决策问题建模，其目的是帮助人们做出好的决策。但是好的决策并不总是能够得到好的结果。例如，假设晚间新闻的天气预报部门预报明天的天气是温暖、干燥而晴朗的。当你第二天早上起床向窗外看时，发现万里无云，于是你决定外出时不带雨伞，结果在下午的一场出乎意料的雷阵雨中淋了一个落汤鸡。是你做了一个差的决策吗？肯定不是。不可预测的环境——是你无法控制的——让你体验了一个坏的结果。因此，说你做了一个差的决策是不公平的。好的决策是一个与你所知道的、你想要的、你能做的以及你所承诺的东西相一致的决策，但是，好的决策有时会带来不好的结果。

建模方法可以帮助你做出好的决策，但不能保证这些决策总是能够得到好的结果。图1-2中矩阵描述了好决策和差决策以及好结果和差结果的可能组合。当做了一个好决策或差决策时，结果是好是坏常常要靠运气。但是，使用系统化的、数据驱动的、基于模型的决策过程，决策质量比用随机方式进行决策更可能产生好的决策结果。

图1-2 决策质量和结果质量矩阵

第三节 物流决策与优化

一、物流决策中的优化问题

在前面第一节的介绍中我们已经了解到物流的主要活动，可以看到有许多与物流活动相关的决策场景。物流中的决策就是在充分调查研究的基础上，根据物流系统的客观环境，借助于科学的数学分析、实验仿真或经验判定等，在已提出的若干物流系统方案中，选择一个合理的、满足方案的决策行为，包括选址决策、运输决策、库存决策等。

物流决策中存在大量的优化问题，举例如下：

1. 物流需求预测

在物流系统规划、物流设施（如地域、仓库、设备、车辆数等）规模的确定、物流仓储控制等都需有准确的物流需求预测作为基础。

2. 物流系统总体设计

物流系统总体设计包括物流运输网络的设计、节点选址、功能定位、设施布局等。

3. 运输计划编制

从若干物流出发点向若干需要地运输同一种或多种产品时，存在最经济(费用最少)或最有效(时间和距离最少)的运输计划。

4. 配送计划编制

适当调整客户的订货使发货量最大化，并且稳定化，如按地区、客户销售量多的地区逐级分层，然后按客户层次不同改变交货期。通往客户的配送路线要标准化且有计划性，包括编制时刻表。这种以高效率的配送路线为基准，确定巡回服务配送路线，以实施到达客户地点的巡回服务时间表的配送方式，称定时、定线配送。

5. 运输工具的选择

根据货物的特性(形状、价格、运输批量、交货日期、到达地点等)，制定一个各种运输工具(或运输公司)的综合评估指标(经济性、迅速性、安全性、便利性等)，从而选择适当的运输工具(或运输公司)。

6. 拥有车辆台数的设定

由于发货量的随机性(波动)，运输部门常会出现车辆不足(租车)和车辆闲置(浪费)的现象，需指定企业的最佳车辆拥有台数和车辆更新计划。

7. 物流设施配置计划

根据企业的功能、要求、条件及规模等因素，制定最佳的设施配置计划。

例如，配送中心的业务要求，首先是接收种类繁多的大量货物，其次对商品的差错、残损和数量进行检验，然后按发货的先后顺序进行整理和保管。该保管工作要适应广大需要者单独订货的要求，而且力求保管的数量最少。当接到发货通知时，立即拣选，按需求者的要求，把各类商品备齐，包装并按不同方向对货物进行分类的发送。与此同时，还要进行流通加工和信息处理等业务。可以看到，配送中心所涉及的主要内部设施有收货场所、验收场所、分货场所、流通加工场所、保管场所、特殊商品存放场所、配送场所、办公场所(包括信息管理中心)、停车场、配送中心内道路等，需要确定这些设施配置计划。

8. 物流设施的规模设定

正确设定各设施占地面积及数量。

9. 仓储与库存控制

库存物品过剩或者枯竭，是造成企业活动混乱的主要原因。对客户而言，希望实现零库存，而对各企业而言，也希望库存越少越好，但库存不允许缺货，也不允许总是过剩。库存具有对不同部门间的需求进行调整的功能，所以，不能只从本企业独立的立场来控制库存量。

10. 物流节点的选址

选址问题可分为很多类型，如主要考虑位置坐标的选址；主要考虑运输费用和运输条件的选址；单个配送中心的选址，即有若干个收货单位，所选择的单个配送中心应该位于可使运输费用为最小的地方；多个配送中心的选址，即从若干个工厂，经过若干个配送中心，向若干个客户运送产品的情况下，使运输总成本最小的选址。

11. 物流节点的内部布局设计

如根据配送中心的各种设施功能及业务流程，结合区域规模设计各设施的位置，使交叉干扰最小。

12. 停车场的车位设计

根据停车场的形状及车辆的类型，设计场内停车位及车道，使停车数(效益)最多。

二、物流决策建模方法

从上面列举的决策优化问题，可以初步了解物流系统的复杂性和管理的难度，困难主要来自两个方面：未来的不确定性，价值和目标之间的矛盾冲突等。掌握一定的建模方法，可以帮助决策者以合乎逻辑的方式构建和分析有难度的决策问题。常用的决策建模方法如下：

1. 数学规划方法

数学规则主要包括线性规划、非线性规划、整数规划、目标规划。研究内容与生产活动中有限资源的分配有关，在组织生产的经营管理活动中，具有极为重要的地位和作用。它们解决的问题都有一个共同特点，即在给定的条件下，按照某一衡量指标来寻找最优方案，求解约束条件下目标函数的极值(极大值或极小值)问题。具体来讲，线性规划可解决物资调运、配送和人员分派等问题；整数规划可以求解完成工作所需的人数、机器设备台数和物流中心、仓库的选址等。

2. 存储论方法

存储论又称库存论，主要是研究物资库存策略的理论，即确定物资库存量、补货频率和一次补货量。合理的库存是生产和生活顺利进行的必要保障，可以减少资金的占用，减少费用支出和不必要的周转环节，缩短物资流通周期，加速再生产的过程等。在物流领域中的各节点，如工厂、港口、配送中心、物流中心、仓库、零售店等都或多或少地保有库存。为了实现物流活动总成本最小或利益最大化，大多数人们都运用了存储论的相关知识，以辅助决策，并且在各种情况下都能灵活套用相应的模型求解。

3. 网络规划方法

物流网络规划是指对企业(工厂、配送中心、营销中心、第三方物流提供商)自身及物流网络内部的传统的业务功能及策略进行系统性、战略性的调整和协调，从而提高物流网络整体的长远业绩，由此保证网络相关企业能够长期稳固的互利合作。物流网络规划就是为了更加有效地进行物流活动，充分、合理地实现物流系统的各项功能，使物流网络在一定外部和内部条件下达到最优化，而对影响物流系统内部、外部要素及其之间关系进行分析、权衡，进而确定物流网络的设施数量、容量和用地等。网络优化的总目标是网络总成本的最小化，包括库存持有成本、仓储成本和运输成本，同时满足客户对反应时间的要求。物流网络的最优化通常是在满足客户反应时间要求的前提下，使分销设施数目尽可能地减少，在库存持有成本与运输成本之间达到平衡。

4. 其他方法

除了上述方法之外，物流决策中还会用到一些其他方法。

比如，要开发一块土地建设物流中心，既要考虑设施的配套性、先进性，还要考虑投资大小问题等，决策涉及多个目标，这些目标又是相互冲突的，这时需要决策者综合考虑来进行权衡。解决这类复杂的多目标决策问题用得较多的、行之有效的方法之一是层次分析法，一种将定性和定量相结合的方法。

仿真方法，可以用来解决概率和不确定性问题。在仿真技术中要建立一个数学模型（比较典型的是要依靠计算机的帮助）来代表被分析的真实世界的系统，然后用这个模拟的模型来解决真实系统中的问题。例如利用仿真技术，你可以建立一个模型去模拟一个繁忙的港口货物进出等候被服务的时间等情况，以决定如何提升物流服务水平。

预测方法，可以帮助管理者预测未来的产品需求和服务需求。利用历史销售量和需求数据，建立一个数学函数或公式，用以估计未来的产品需求。

三、软件工具的应用

由于现实中物流决策问题的复杂性，所建立的数学模型通常都是变量较多、规模较大的。如果用人工计算的方法需要经过长时间的、复杂繁重的工作才能求解出结果，或者根本无法求解，一些软件工具的出现使得人们应用量化分析方法解决大规模复杂决策问题成为可能，也使优化问题的求解变得十分简单，这极大地促进了现代管理科学的推广与应用。

最常用的 Excel 提供了许多加载项，有很多方便使用的函数、命令与功能。在电子表格中可以将所需解决的问题进行描述与展开，然后建立数学模型，进行预测、决策、仿真、优化等运算与分析。如对于优化问题，Excel 电子表格就内置了称为"规划求解器"的最优化问题求解工具。除了 Excel 之外，优化问题还可以使用其他专门的数学规划软件来求解，如 LINGO 软件。通常情况下，在遇到那些不适合用电子表格求解的大规模问题时，研究人员或决策者会使用这些专门的软件包来求解。本书在后续的章节中将会介绍 Excel 以及 LINGO 等软件工具的具体应用。

本章小结

本章首先介绍了物流的概念、现代物流的特征以及物流的主要活动与相关决策。其次，通过对物流主要业务活动的分析发现，在现实的物流活动中存在着大量的决策优化问题，从而引出可以利用决策理论和定量分析方法来支持物流决策，并进一步介绍了物流决策中经常遇到的优化问题及其建模方法。最后，强调了软件工具在物流决策中的重要地位。

案例分析

达利的困惑

生产化工产品的达利公司由于长期以来经营不善，被东海集团公司并购重组。东海发现达利存在的主要问题是该企业的物流体系运转不佳，使企业承担了很大包袱。

1. 库存问题

化工产品的需求预测十分困难，特别是新产品或季节性产品的需求预测。从技术角度看，达利的生产计划是为库存生产。虽然是按计划做的最小批量生产，但是，不同产品所需的生产时间差别很大，不同的质量检测也会延长生产时间，这些情况都只是用简单的高库存来解决。

2. 运输问题

在达利的常年生产过程中，始终拥有一个相当规模的运输车队，车队的任务主要是负责最终产品的运输，包括向订货单位送货和向小型客户的产品配送。根据客户的规模和订单大小，送货工作由不同的车辆完成，车队中有大型厢式货车、中型卡车，也有小型厢式货车，其管理采用多项运输效率考核指标，其中最重要的指标是尽可能达到车辆允许的最大载重量。

送货工作中，为中小客户送货占绝大部分，几乎每天都有，但是总量不大，一般以小批量送货为主；每天订货与送货情况变化很大，确定一个较高效率的固定送货路线几乎是不可能的。因此，需要采取人工的方法，确定车辆行车路线和送货顺序。

随着销售量的波动，有时车队一半以上车辆闲置在停车场，有时又需要雇用社会车辆才能满足运输需要，这使得运输成本居高不下。

3. 仓储问题

达利实行集中化的库存管理，虽然西南和中部地区有部分库存，但订单的处理主要在中心仓库进行，由中心仓库提供全系列产品，覆盖支持全国的产品需求。达利自有车队负责从工厂到仓库的运输，多是由超远距离的运输方案解决。

仓库内配备了单进深、宽通道的可调节托盘货架。货物的堆放基本按照不同客户分区存放，主要的零售商客户均有独立的产品存放区域。但常会出现一边的货架没有位置存放，而另一边却空空的情况。

4. 订单处理问题

达利设有三个销售办公室接受汇总订单，一个负责零售市场，一个负责贸易市场，还有一个负责其他产品。一些主要客户通过EDI线路传送订单，而其他客户则通过电话、传真、信函下达订单。许多订单对送货到达时间、送货车量的类型和大小等有特殊要求，这些要求在人工处理环节往往会出现错误。

很多主要客户会追加货物或增加订单，达利每次都要单独派车应对。用户退货相关作业也是由运输和仓储部门负责安排。

东海集团公司业务特征：一是产品类型属于化工类；二是客户订单与达利有重合之处；三是在全国有片区仓库；四是用自有运输车队和运输网络系统为企业物流服务。

讨论题

1. 东海集团为什么对"达利"感到困惑？
2. 你有何解决方案？

思考与练习

一、思考题

1. 现代物流与传统物流的区别有哪些？

2. 什么是决策？决策过程和步骤主要包括哪些？
3. 使用建模方法进行决策有什么好处？
4. 物流决策中常用的数学模型与方法有哪些？

二、判断题

1. 好的决定总会带来好的结果。　　　　　　　　　　　　　　　　（　　）
2. 很好地定义一个决策问题通常会让它更容易解决。　　　　　　　（　　）
3. 因为模型简化了现实，所以对于现实中不可能做的事情，模型无法帮助决策。（　　）

三、单选题

1. 决策分析的本质是（　　）。
A. 将复杂的情况分解为可管理的元素
B. 在备选方案中选择最佳行动方案
C. 找出产生问题的根本原因
D. 提前考虑以避免发生负面后果

2. 最佳模型是什么样的？（　　）
A. 可以准确反映现实世界对象或决策的相关特征
B. 数学模型
C. 可以体现现实世界对象或决策的所有方面
D. 可以体现与系统其余部分相区隔的部分元素的特征

3. 利用建模过程可以做出更好的决策是因为（　　）。
A. 可以利用软件进行交互
B. 可以对系统进行可视化研究
C. 通过这个过程可以获得洞察力
D. 可以及时地获得结果

第二章　物流需求预测

📑本章学习要点

1. 了解物流需求预测及其特征，理解物流需求预测的影响因素；
2. 理解物流需求预测的概念、原则和步骤；
3. 掌握常用的时间序列预测方法和回归预测方法及其软件实现。

第一节　物流需求预测概述

一、物流需求及其特征

物流需求，一方面是指有形可见的实物流动的功能性需求，即对运输、仓储、包装、装卸、配送、加工及相关信息处理等活动所产生的需求；另一方面，是对物流服务质量的需求，如物流效率、时间和成本等方面的需求。可以从微观与宏观两个方面来理解：微观物流需求是指企业或组织层面的物流需求，如一个企业在供应物流、销售物流、生产物流等环节产生的各项物流需求，具体体现为对运输能力、仓储面积、装卸搬运工具、流通加工能力、信息传递效率等的需求。微观物流需求是企业进行物流组织的基础，直接关系企业各个物流环节的运作。而宏观物流需求主要是从一个国家、地区或行业等整体视角而言的物流需求，了解总体物流需求情况以及物流产业规模，具有宏观指导意义与广泛的战略意义。

物流需求的主要特点如下：

1. 物流需求的广泛性

现代物流业渗透在各个行业中，任何社会活动都不可能脱离它而独立存在。因此，与其他商品和服务的需求相比，物流需求涉及面广、内涵丰富，是一种普遍性的需求。例如，从生产角度看，生产企业中物品从上一道工序向下一道工序转移、从上游车间向下游车间移动、从原材料仓库向原材料加工车间移动都会产生相应的物流需求。从流通角度看，物品从批发商到零售商、从零售商到消费者都存在物流需求。如果从区域角度分析，一个区域，无论大小，都不可能是一个完全封闭独立的空间，必然要与其他区域进行物资和信息等方面的交流，只不过在空间范围和联系程度上有所不同。在全国范围内国民经济物流包括跨区域和区域间的物流形式，就物资而言，任何一个区域既可以是输出中心又可以是输入中心。正是国民经济各区域间的相互制约、相互作用使得物流具有广泛性。

2. 物流需求的多样性

物流需求的多样性体现在以下两个方面：一是需求内容的多样化，物流需求包含运输服务需求、仓储服务需求、包装装卸服务需求和配送服务需求等多方面内容；二是需求客体的多样化，物流服务面对的是种类繁多的物体（鲜活农产品、大型设备、易碎易燃物品、一般商品以及废旧物品、废旧材料等）及相关信息。而不同的物体由于在重量、容积、形状、性质、包装上各有不同，所以对物流条件的要求也不同。因此，在物流过程中需要不同的技术措施和物流设备，如鲜活货物需要冷藏冷冻运输及冷藏冷冻仓储的冷链一体化服务，大型水轮机等超大型重型货物需要专门的物流设备，化学品和危险货物等也需要特殊的物流条件，这就需要多种多样的物流服务，故物流需求具有多样性的特点。区域物流需求多样性的特点促使多种多样的物流园区的形成，如专门服务于新鲜果蔬的农产品物流园区等。

3. 物流需求的派生性

绝大多数情形下，物流需求是一种派生性需求。在经济生活中，如果一种商品或劳务的需求是由另一种或几种商品或劳务需求派生出来的，则称该商品或劳务的需求为派生性需求，引起派生性需求的商品或劳务称为本源性需求。社会之所以有物流需求，并非因物流本身的缘故。人们对物流的追求并不是纯粹为了让"物"在空间上运动或存储。相反，物流的目的是满足人们生产、生活或其他目的的需要。显然，物流需求的主体提出空间位移或时间变化的要求的目的往往不是位移和时间本身，而是为实现其生产和生活中的其他需求。物流活动完成空间位移或时间变化只是中间一个必不可少的环节，这是物流需求的本质所在。

4. 物流需求的不平衡性

物流需求在时间和空间上有一定的不平衡性。物流需求的时间不平衡性是指不同经济发展阶段的物流需求量是不同的，例如，经济繁荣时期的物流活动与经济萧条时期的物流活动在强度上肯定是有差别的。物流需求的空间不平衡性是指在同一时间内，不同区域的物流需求在空间分布上存在差异，主要是因为自然资源、地理位置和生产力布局等因素的差异造成的。

5. 物流需求的部分可替代性

一般来说，不同的物流需求之间是不能互相替代的。例如，钢铁物流需求不能替代农产品物流需求，因为这是两种完全不同的物流需求。但是在某些情况下，人们却可以对某些不同的物流活动做出替代性的安排。例如，煤炭的物流需求可以被长距离高压输电线路替代；在工业生产方面，当原料产地和产品市场分离时，人们可以根据生产的位置选择运送原料、半成品还是产成品。

6. 物流需求的层次性

物流需求是有层次的，可分为基本物流需求和增值物流需求。基本物流需求主要包括对运输、仓储、配送、装卸搬运和包装等物流基本环节的需求。增值物流需求主要包括库存规划和管理、流通加工、采购、订单处理和信息系统、系统设计、设施选址和规划等具有增值活动的需求。基本物流需求一般是标准化服务需求，而增值物流需求则是过程化、系统化、个性化的服务需求。发达国家除了基本物流需求外，对增值物流服务也有很大的需求，如对库存管理、物流系统设计需求。我国主要集中于基本物流服务，如干线运输、市内配送、储存保管等服务。

二、物流需求影响因素分析

（一）经济影响因素分析

物流活动日益渗透到经济活动的生产、流通和消费过程中，已经成为经济活动的重要组成部分。物流需求从数量和结构角度反映物流的发展水平。经济发展在影响物流的规模、水平、层次和结构的同时，还深刻地影响着物流需求。

1. 经济发展规模对物流需求的影响

地区经济总量水平越高、增长速度越快，对生产资料、半成品、产成品的流通要求也就越高。各地区在不同经济发展阶段对物流的需求在数量和质量上差别很大。工业化初期，开采业和原材料工业对大宗、散装货物的运输需求急剧增加，运输需求的增长率高于经济的增长率；相应的装卸搬运需求也急剧增加；同时对仓储需求也很旺盛；虽然该时期流通加工的需求较少，但总的来说，物流需求处于快速增长时期。机械加工工业发展时期，原材料运输继续增加，但增加速度已不如前期，运输需求开始多样化，对运输速度和质量的要求有所提高；物流信息需求不断增加；该时期对物流服务水平有了更高要求。精加工工业时期，经济增长对原材料依赖减少，运输需求增长低于经济增长，但是运输需求越来越多样化，在方便、快捷、低损耗等质量方面的需求越来越高；同时仓储、装卸、搬运需求在数量方面增长速度变慢，但是对其服务要求更高；包装需求、流通加工需求快速增加，物流信息需求不断增加。总体上说，该时期对物流需求的数量变化不大，对其质量要求更高，一些物流中心形成并成熟起来。进入信息化时代后，以制造业为主的产业从发达国家转移到发展中国家，这个过程中产生了巨大的物流需求，对物流服务的要求更高。作为衡量经济规模的指标，GDP 直接反映经济发展水平，故 GDP 总量及其增长速度对物流需求有直接的影响。GDP 总量规模越大、经济发展水平越高的国家或地区对货物运输、仓储、配送、装卸搬运、流通加工、物流信息处理等物流服务的需求就越大，经济增长越快，物流需求就越大。

2. 经济产业结构对物流需求的影响

经济产业结构的差异和不平衡性决定了物流需求结构的特点，并对物流需求功能、需求层次及需求量等方面产生较大影响。根据产业结构演进理论，产业结构的基本演进方向由第一产业依次向第二、第三产业演进，由劳动密集型产业依次向资本密集型、知识密集型产业演进，由制造初级产品依次向制造中间产品、最终产品产业演进。当第一产业在生产总值中占主导地位时，物流需求结构表现为低附加值产品的物流需求占主导地位，物流活动以运输和仓储为主，物流服务水平低，物流需求实物量大，单位物流需求价值量小。当第二产业在生产总值中占最大比重时，高附加值产品的物流需求迅速增加，物流需求呈现专业化和综合化特征，不但对运输和仓储保持较强的需求，而且对包装、流通加工和配送等增值服务的需求也大大增加。当实物量继续增加时，物流需求价值量明显提高，投入也比其他产业高，物流支出相对较大。当第三产业在生产总值中比重迅速上升，以知识、技术和系统集成为特征的高层次物流服务需求占据重要地位，信息流对运输和库存的替代作用开始凸显。第三产业以服务业为主，产值创造主要来自无形的服务，对物流的依赖程度小，物流投入低，物流成本支出少，与产值相比物流成本只占很小的比例。因此，产业结构及其变动对物流需求的影响是深刻的。

3. 国际、国内贸易对物流需求的影响

国际、国内贸易因素是影响物流需求的一个很重要的因素，国际和国内的交易促进了商品的流通，从而使资源得到优化配置，这离不开物流的支持。此外，国际、国内贸易方式的改变也将影响物流流向、服务方式、服务数量和质量等。

(二) 非经济影响因素分析

1. 交通运输等基础设施对物流需求的影响

运输网的密度和等级以及运输基础设施的发展状况也是影响物流需求的一个很重要的因素。如铁路公路的长度，用于铁路公路等方面的管理信息系统是否能及时地对运输车辆进行调配等。

2. 技术进步对物流需求的影响

现代物流技术的发展，不仅促使经济中物质流动的方式和内容发生巨大的变化，而且提升了物流服务的技术和范围。虽然媒体和信息产品的流动由物质流动变为信号传输，减少了物流的部分需求，但网络的发展使世界变成了一个广泛和巨大的国际分工合作市场，各种原材料输入和输出规模急剧扩大，物流需求也自然水涨船高。

三、物流需求预测概念、原则、步骤与方法

(一) 物流需求预测的概念

物流需求预测是根据物流市场过去和现在的需求状况，或者依据影响物流市场需求变化的因素之间的关系，利用一定的判断、技术方法和模型，对物流需求的变化及发展趋势进行预测。物流需求预测的研究范围广泛，主要内容包括对市场总潜力进行预测、对企业经营地区市场潜力进行预测、企业经营地区范围内社会购买力的发展趋势进行预测、企业所生产和经营产品的需求趋势进行预测、产品生命及新产品投入市场的成功率进行预测和产品市场占有情况进行预测等。

微观物流需求预测的主要研究对象是企业的市场需求，首先对企业的物流需求进行全面的分析，对不同环节的物流运作模式进行分析和设计，并判断其对企业营运的影响程度，进而确定物流需求预测的重点环节，收集相关数据，选择适当的方法进行预测。为了满足企业物流运作的需要，微观物流需求预测需要在市场需求总量预测的基础上进行空间和时间上的分解。

对宏观物流市场的预测分析，理应建立在准确、翔实的历史数据基础上。但由于现代

物流业在我国起步较晚，物流行业缺乏正规的历史统计资料，因此需要参考运输、仓储、包装等相关行业的统计数据。在宏观经济不确定的情况下进行宏观物流市场预测分析，需要进行深入的定性分析，再结合定量预测的结果得出相应的预测结论。

(二)物流需求预测的原则

1. 系统性原则

物流系统中的相关实体之间的物流、信息流、资金流的计划、协调与控制要以整个系统为参考，提高所有相关过程的运作效率和所有环节的确定性，在最大化整体效益的前提下实现各实体或局部效益的最大化或满意化。因此，必须坚持系统性原则，将物流系统看成一个有机联系的整体，运用系统工程的理论与方法，管理与优化物流、信息流、资金流，达到整体效率及效益提高、成本降低、资源配置合理的目标。

2. 连续性原则

任何事物的发展变化过程都要经历过去、现在、未来三个部分。必须在了解事物过去和现在的基础上，依照这个原则预测事物的未来发展趋势。

3. 类推性原则

事物之间往往存在某些相似的结构和发展模式，可以根据已知的事物的结构和发展模式来推断与它相似的事物的结构和发展趋势。

4. 因果性原则

客观事物或各种现象之间通常存在一定的因果关系，可以依据已知的原因推断未知的结果，即当自变量已知时，就可以推断出因变量的预测值。

(三)物流需求预测的步骤

物流需求预测过程包括准备、实施、验证、交付决策四个阶段。其中四个阶段又可细分为五个步骤：

1. 确定需求性质

需求可以分为从属需求和独立需求。从属需求具有垂直顺序特征，如采购和制造情况，零部件的采购为了装配成成品，此时零部件的需求取决于制成品的装配计划。水平从属需求是一种特别情况，需求的项目并非完成制造过程所需要，而有可能是完成营销过程所需要，如在每个装运项目中包括了附属物、促销项目或经营者手册等，那么对附属物的需求预测就取决于装运项目的计划。因此，对如零部件等的从属需求的预测可直接通过基本项目的需求估计来确定而无须分别进行预测。独立需求预测则是两个项目的需求毫无关系，如对洗衣机的需求有可能与洗衣粉的需求无关，洗衣粉的预测对改善洗衣机预测将不起任何作用。这类项目主要包括大多数最终消费品和工业物资，必须单独预测。

2. 根据预测的任务确定预测的目标

明确预测的目标是进行有效预测的前提。有了明确具体的预测目标，才能有的放矢地收集资料，否则就无法确定调查什么，向谁调查，更谈不上怎样进行预测。并且预测目标的确定应尽量明细化、数量化，以利于预测工作的顺利开展。

3. 确定预测内容，收集、分析和整理有关数据资料进行初步分析

预测内容即影响物流需求的因素，一般包括某时期的基本需求水平、季节因素、趋势

值、周期因素、促销因素以及不规则因素六个方面。预测者必须认识到不同因素对物流需求所具有的潜在影响，并能适当地予以处理，对于特定项目具有重大意义的成分必须予以识别、分析并与适当的预测技术相结合。

在了解预测内容的基础上，根据预测目标收集资料进行初步分析，观察资料结构及其性质，并以此作为选择适当预测方法的依据。

4. 选择预测方法并进行预测

在需求预测中有两种方法，即定性预测法和定量预测法。定性预测法，根据所掌握的资料进行分析，主要是由预测者凭借其专业知识和经验进行预测，这种方法多在掌握资料不够全面、预测准确度要求不高时使用。当掌握的资料比较齐全、准确程度较高时，可以采用定量预测法，运用一定的数学模型进行定量分析研究。在预测的过程中，可以将定性与定量预测相结合，以提高预测质量。

在选择定量预测的数学模型时，除根据掌握资料的情况而定外，还要根据分析要求而定，如需要反映过去和未来之间的动态发展变化规律，还是反映原因和结果之间的相互联系，从而对时间序列预测法或因果关系预测法进行选择。预测模型选择是否适当，是关系预测准确程度的一个关键问题。

5. 分析评价

根据现实的资料对未来进行预测，其中产生误差是难免的。误差的大小反映预测的准确程度，如果预测误差过大，其预测结果就会偏离实际太远而失去参考价值。因此，需要分析预测误差值偏离实际值的程度及其产生原因。如果预测误差未超出允许范围，即认为预测方法或模型的预测功效合乎要求，否则，就需要查找原因，对模型进行修正和调整。

对预测结果的评价，主要来自统计检验和直观判断两个方面，从而判断预测结果的可信度、是否跟实际情况相符合等。根据对预测结果的分析与评价，确定最终的预测值。

四、物流需求预测的方法

我们必须认识到，预测是一种充满风险的行为。有学者归纳出的一条预测定律是"预测几乎总是错误的，但是依然有用"，提醒我们要对预测结果保持谨慎审视的态度。预测成功与否，取决于很多因素，如所用的数据是否完备、预测的环境是否稳定等，还有非常重要的是，所用的预测方法是否恰当。

在物流实践中，我们需要根据不同的情形选择多种不同的预测方法。前面小节讨论的因素在一定程度上决定了物流需求预测可以采用或应该采用的预测方法。其中一些预测方法需要依赖人的判断能力，另一些方法则主要依赖统计模型和历史数据。这两类预测方法都非常重要。在本章后续的小节中将重点介绍基本的定量预测方法：时间序列预测法、相关（或因果）关系预测法；同时介绍利用软件工具（Excel）来实现这些预测方法的具体操作步骤。

时间序列预测法是一种使用长期积累的历史数据来进行预测的方法。它假定过去发生的事情将来会继续发生。如其名称"时间序列"所暗示的，这种方法认为预测只和一个因素有关——时间。虽然时间序列可以进行长期预测，但是对于短期预测更有用。后面的第二节主要讨论的时间序列方法包括移动平均法和指数平滑法。

相关（或因果）关系预测法，试图通过构造一个要预测的量（因变量）和引起该预测量变化的原因(自变量)之间的数学关系式(回归模型)来进行预测。它与时间序列预测法的一个不同之处是它通常考虑用多个自变量的值来解释或计算另一个和这些自变量统计相关的因变量的值,一旦找到了这些相关变量,就可以建立一个统计模型,从而计算出预测量,这种方法可以考虑多个因素(不只是时间)。后面的第三节主要讨论相关(或因果)关系预测法中最常见的线性回归预测法。

第二节　物流需求预测——时间序列预测法

一个随机变量,按照时间先后排列的观测值称为这个随机变量的时间序列,记为 $\{x_t\}$。一般情况下,时间序列排列的时间间隔是相等的。例如,每间隔一天、一周或一个月出现一个观测值。根据变化的形态,时间序列可以分为平稳性时间序列、趋势性时间序列和周期性(或季节性)时间序列三种基本类型。其中,平稳性是指时间序列围绕某一均值上下波动,整体走势保持水平;趋势性是指时间序列有增加或减少的长期走势;周期性是指时间序列会周期性地出现谷底或峰值的现象。由这三种基本类型还可以衍生出趋势周期性等其他类型的时间序列。不同类型的时间序列,预测模型与方法也不同,下面主要介绍的是用于预测平稳性时间序列和线性趋势性时间序列的移动平均法与指数平滑法。

一、平稳性时间序列预测

如果时间序列 $\{x_t\}$ 的均值是一个常数,则这样的时间序列称为平稳性时间序列。在实际应用中,只要从图形观察,整个时间序列基本保持水平,没有明显的上升、下降趋势或周期性变化,就可以认为它是平稳性时间序列。平稳性时间序列的预测方法主要有一次移动平均法和一次指数平滑法。

(一)一次移动平均法

一次移动平均法,也称为简单移动平均法,其基本思想是用时间序列的平均随机波动来预测时间序列变化的基本方向。因为移动平均方法假设未来情况与过去相似,所以它是一种短期预测的好方法。尽管此方法很简单,但事实证明,它在稳定的环境中很有效。

具体而言,简单移动平均法对下一时期的预测是对最近 k 个观测值求平均数,设有一时间序列 $x_1, x_2, \cdots, x_t, \cdots, x_n$,按数据点的顺序逐项推移求出 k 个数据的平均数,作为下一个数据的预测值。如 $k = 3$,则预测值为

$$y_4 = \frac{x_1 + x_2 + x_3}{3}$$

$$y_5 = \frac{x_2 + x_3 + x_4}{3}$$

$$\cdots$$

$$y_{t+1} = \frac{x_{t-2} + x_{t-1} + x_t}{3}$$

$$\cdots$$

$$y_{n+1} = \frac{x_{n-2} + x_{n-1} + x_n}{3}$$

由此可以看出,当 t 向前移动一个时期,就增加一个近期数据,去掉一个远期数据,得到一个新的平均数,逐期向前移动,所以称为移动平均法。尽管 k(称为阶数)的选择会影响结果的正确性,但它是任意赋值的。k 越大,预测结果对旧数据的依赖性越高;k 越小,预测对于时间序列变化的反应就越快。后续部分将讨论在不同 k 赋值下的误差,以及如何选择合适的 k 值。

【**例 2-1**】某汽车零部件配送中心全年 12 个月的火花塞销售量如表 2-1 前两列所示,试用移动平均法来预测未来 3 个月的销售量。

表 2-1 火花塞销售量及一次移动平均法预测值

月份	实际销量	$k=2$ 移动平均法预测值	$k=4$ 移动平均法预测值
1	423		
2	358		
3	434	390.50	
4	445	396.00	
5	527	439.50	415.00
6	429	486.00	441.00
7	426	478.00	458.75
8	502	427.00	456.75
9	480	464.00	471.00
10	384	491.00	459.25
11	427	432.00	448.00
12	446	405.50	448.25
13		436.50	434.25
14		441.25	422.81
15		438.88	432.52

解:取 $k=2$,按下式计算第 $t+1$ 月的移动平均预测值:

$$y_{t+1} = \frac{x_t + x_{t-1}}{2}$$

例如,$y_3 = \frac{x_1 + x_2}{2} = \frac{423 + 358}{2} = 390.50$,…,计算结果如表 2-1 第 3 列所示。

视频 2-1
一次移动平均预测

取 $k=4$,按下式计算第 $t+1$ 月的移动平均预测值:

$$y_{t+1} = \frac{x_t + x_{t-1} + x_{t-2} + x_{t-3}}{4}$$

例如,$y_5 = \frac{x_1 + x_2 + x_3 + x_4}{4} = \frac{423 + 358 + 434 + 445}{4} = 415.00$,…,计算结果如表 2-1 第 4 列所示。

需要注意的是,当预测超过平均长度,历史数据不足时,作为一个变通的办法,可以用预测数据替代不足的历史数据。例如，$k=4$ 时，计算第 14 和 15 个月的移动平均预测值，公式如下：

$$y_{14} = \frac{y_{13} + x_{12} + x_{11} + x_{10}}{4} = \frac{384 + 427 + 446 + 434.25}{4} = 422.81$$

$$y_{15} = \frac{y_{14} + y_{13} + x_{12} + x_{11}}{4} = \frac{427 + 446 + 434.25 + 422.81}{4} = 432.52$$

火花塞实际销售值、$k=2$ 与 $k=4$ 的移动平均预测值绘制为折线对比图，如图 2-1 所示。

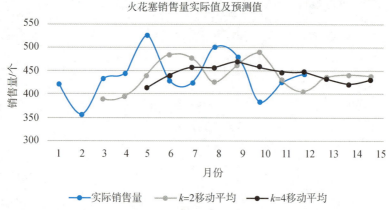

图 2-1　实际销量与移动平均法预测销量的折线图

由图 2-1 可以看出，移动平均预测法可以反映销售量随时间的波动和趋势。$k=4$ 的预测值波动比 $k=2$ 的预测值波动更小。因此，如果决策者认为历史数据的波动完全由偶然因素引起，希望预测时较少反映这些波动，就应该将 k 值取大一些；反之，如果认为历史数据的波动是其变化规律的一部分，预测时需要考虑这些波动，就应该将 k 值取小一些。

一次移动平均预测值可以用 Excel 函数 AVERAGE 得到，还可以利用 Excel 的"数据分析"加载项（可以参考教材第六章第一节）的"移动平均"分析工具来实现，如图 2-2 所示。具体操作可以扫描书中的二维码看视频。

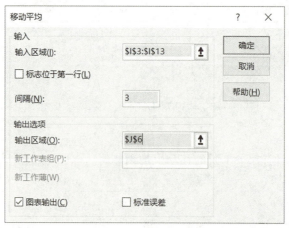

图 2-2　"移动平均"分析工具（注意：间隔即为 k 值）

> **小任务**
> 看完视频之后，你能自己独立完成例 2-1 的移动平均预测吗？软件操作中遇到的问题是什么，请你记录下来。

视频 2-2
一次移动平均

（二）一次指数平滑法

移动平均法虽然计算简单，但是每次预测时只用到 k 个最近期的数据，并且认为参与计算的所有数据具有相同的重要性，这与实际情况往往并不符合。

下面介绍的指数平滑法与移动平均法一样具有对时间序列修匀平滑的作用，但它同时还可以克服移动平均法的上述不足，它是对移动平均法的改进。指数平滑法利用对时间序列由近及远的逐步衰减的加权作为未来发展趋势的预测。

一次指数平滑法，它用当前的实际观测值 x_t 和当前的预测值 y_t 的加权平均作为下一时期的预测值 y_{t+1}。作为初始化，可以将第一期的观测值 x_1 作为第一期的预测值 y_1，即

$$\begin{cases} y_{t+1} = \alpha x_t + (1-\alpha) y_t, \ t=1,2,\cdots \\ y_t = x_t \end{cases} \tag{2-1}$$

式中，$0<\alpha<1$ 称为平滑系数。选择 α 值是用好指数平滑预测法的关键。α 的值越大，对近期观测值赋予的权数越大，就会对时间序列的变化越敏感；但 α 过大可能使得预测过于"敏感"，结果只会跟踪时间序列产生的随机波动，而不是根本性变化。α 值越小，则对近期数据影响越小，历史数据的权数较大，预测更平稳，消除了随机波动性，反映长期的大致发展趋势；但 α 过小在反应需求水平根本性变化时需要的时滞就越长，预测结果就会过于"平稳"。

一般情况下，α 可在 0.1～0.4 取值。但是，如果数据模式可能会出现较大的变化，例如，在新产品的导入阶段、产品的衰退期、经济萧条、临时性促销活动等，或者在很少的历史数据或根本没有历史数据的情况下开展预测，这时可选择较高的 α 值进行短期预测（大于 0.5）。如果历史数据充足，可选择不同的平滑系数分别进行预测，再比较不同预测序列的误差值，使总预测误差最小的平滑系数就是最合适的平滑系数。

【例 2-2】例 2-1 中火花塞的销量预测问题，如果用指数平滑法来预测未来 3 个月的销售量会是什么结果呢？

表 2-2　火花塞销售量及一次指数平滑法预测值

月份	实际销量	$\alpha=0.3$ 指数平滑法预测值	$\alpha=0.7$ 指数平滑法预测值
1	423		
2	358	423.00	423.00
3	434	403.50	377.50
4	445	412.65	417.05
5	527	422.36	436.62
6	429	453.75	499.88

续表

月份	实际销量	α=0.3 指数平滑法预测值	α=0.7 指数平滑法预测值
7	426	446.32	450.27
8	502	440.23	433.28
9	480	458.76	481.38
10	384	465.13	480.42
11	427	440.79	412.92
12	446	436.65	422.78
13		439.46	439.03
14		441.42	443.91
15		442.79	445.37

解：取 $\alpha=0.3$，按下式计算第 $t+1$ 月的指数平滑预测值：

$$y_{t+1} = 0.3x_t + 0.7y_t$$

例如：$y_3 = 0.3x_2 + 0.7y_2 = 0.3 \times 358 + 0.7 \times 423 = 403.50$，…，计算结果如表 2-2 第 3 列所示。

取 $\alpha=0.7$，按下式计算第 $t+1$ 月的指数平滑预测值：

$$y_{t+1} = 0.7x_t + 0.3y_t$$

例如：$y_3 = 0.7x_2 + 0.3y_2 = 0.7 \times 358 + 0.3 \times 423 = 377.50$，…，计算结果如表 2-2 第 4 列所示。

视频 2-3
一次指数平滑预测

需要注意的是，与移动平均法类似，当预测期所需的数据不足时，也可以继续推进预测，如 $\alpha=0.3$ 时，计算第 14 个月的指数平滑预测值，公式如下：

$$y_{14} = 0.3x_{12} + 0.7y_{13} = 0.3 \times 446 + 0.7 \times 439.46 = 441.42$$

火花塞实际销售值、$\alpha=0.3$ 与 $\alpha=0.7$ 的指数平滑预测值绘制为折线对比图，如图 2-3 所示。

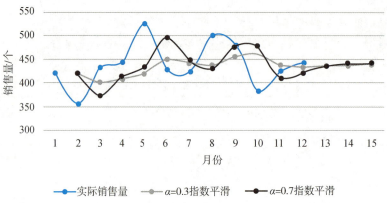

图 2-3 实际销量与指数平滑法预测销量的折线图

由图 2-3 可以看出，指数平滑法可以反映销售量随时间的波动和趋势。α 较大

(α=0.7)时,预测结果图形就接近观测数据,而 α 较小(α=0.3)时,预测结果图形就趋于平缓。因此,管理者如果希望预测反映历史数据的波动因素,α 可取大一些,反之如果不希望预测过多地反映历史数据的波动因素,α 可取小一些,即让实际值在下一个预测值中所占的比例小一些。

一次指数平滑预测值可以利用 Excel 的"数据分析"加载项(可以参考教材第六章第一节)的"指数平滑"分析工具来实现,如图 2-4 所示。具体操作可以扫描书中的二维码看视频。

视频 2-4
一次指数平滑

图 2-4 "指数平滑"分析工具(注意:阻尼系数为 1-α)

> **小任务**
>
> 看完视频之后,你能自己独立完成例 2-2 的指数平滑预测吗?软件操作中遇到的问题是什么,请你记录下来。

如前所述,对于火花塞的销量预测问题,我们根据实际销售量数据画出的折线图可以看出,数据随时间波动,起伏趋势平稳,没有明显的上升或下降趋势,也没有呈现明显的周期性特征,属于平稳无周期性时间序列预测问题。因此,可以利用一次移动平均法和一次指数平滑法来进行预测。在例 2-1 和例 2-2 中,我们详细地分析了一次移动平均法的两种情况 $k=2$,$k=4$ 下的计算(或软件操作)过程及预测结果、一次指数平滑法预测的两种情况 $\alpha=0.3$,$\alpha=0.7$ 下的计算(或软件操作)过程及预测结果。

二、线性趋势性时间序列预测

时间序列 $\{x_t\}$ 均值呈线性上升或线性下降趋势,但没有明显的周期性,这样的时间序列称为线性趋势性时间序列。可以选择的预测方法有二次移动平均法和二次指数平滑法。

这两种方法有着相同的预测模型表达式:

$$y_{t+\tau} = a_t + b_t \tau \quad (\tau = 1, 2, \cdots) \tag{2-2}$$

式(2-2)是一个关于时间变量 τ 的线性函数;τ 是从时刻 t 开始预测未来的时期数;a_t,b_t 是预测模型的系数;二次移动平均法和二次指数平滑法最主要的区别在于计算预测

模型系数 a_t，b_t 的方法不同。

$y_{t+\tau}$ 是从时刻 t 开始，预测未来 τ 个时期的预测值。如果 $\tau = 1$，$y_{t+1} = a_t + b_t$ 就是 t 时刻的下一时刻 $t+1$ 的预测值。

值得注意的是，a_t，b_t 是随时间变化的两个系数，它们将随实际观测值 x_t 和预测值 y_t 的变化而变化。对于某一个时刻 t，得到相应的 a_t 和 b_t 以后，固定 a_t 和 b_t 不变，分别取 $\tau = 1，2，3，\cdots$，就可以用预测模型式（2-2）计算 $t+1$，$t+2$，$t+3$，$\cdots$ 的预测值 y_{t+1}，y_{t+2}，y_{t+3}，$\cdots$。

（一）二次移动平均法

当时间序列出现线性变动趋势时，用一次移动平均数来预测就会出现滞后偏差。因此，需要进行修正，修正的方法是在一次移动平均的基础上再做二次移动平均，利用移动平均滞后偏差的规律找出曲线的发展方向和发展趋势，然后才建立线性函数的预测模型。

设阶数为 k 的一次移动平均值为 m_t，二次移动平均值为 d_t，即

$$m_t = \frac{x_{t-1} + x_{t-2} + \cdots + x_{t-k}}{k}$$

$$d_t = \frac{m_{t-1} + m_{t-2} + \cdots + m_{t-k}}{k} \tag{2-3}$$

则预测模型式（2-2）中 a_t，b_t 系数的计算公式为

$$a_t = 2m_t - d_t$$

$$b_t = \frac{2(m_t - d_t)}{k-1} \tag{2-4}$$

在实际应用时，阶数 k 的选择十分关键，它取决于预测目标和实际数据的变化规律。

【例 2-3】表 2-3 前两列为某新产品 12 个月的市场需求量，试用二次移动平均法预测未来 3 个月的需求量。

表 2-3　新产品需求量及二次移动平均法预测

月份	需求量	m_t	d_t	a_t	b_t	$k=3$ 二次移动平均法预测值
1	17					
2	19					
3	20					
4	22	18.67				
5	25	20.33				
6	28	22.33				
7	30	25.00	20.44	29.56	4.56	
8	30	27.67	22.56	32.78	5.11	34.12
9	32	29.33	25.00	33.67	4.33	37.89
10	35	30.67	27.33	34.00	3.33	38.00

续表

月份	需求量	m_t	d_t	a_t	b_t	$k=3$ 二次移动平均法预测值
11	37	32.33	29.22	35.44	3.11	37.33
12	41	34.67	30.78	38.56	3.89	38.55
13						42.45
14						46.34
15						50.23

解：若取 $k=3$，按式(2-3)计算得到 m_t 和 d_t，如

$$m_4 = \frac{x_1+x_2+x_3}{3} = \frac{17+19+20}{3} = 18.67$$

…

$$d_7 = \frac{m_4+m_5+m_6}{3} = \frac{18.67+20.33+22.33}{3} = 20.44$$

视频2-5
二次移动平均预测

…

将上述计算结果填入表2-3的第3、4列。

然后，依据式(2-4)计算 a_t 和 b_t，如

$$a_7 = 2m_7 - d_7 = 2 \times 25.00 - 20.44 = 29.56$$

$$b_7 = \frac{2(m_7-d_7)}{3-1} = 25.00 - 20.44 = 4.56$$

…

计算结果见表2-3的第5、6列。

最后，依据预测模型式(2-2)，取 $\tau=1$，利用 $y_{t+1}=a_t+b_t$ 即可得到二次移动平均法的预测值，注意所用到的系数 a_t，b_t 是随时间 t 而变化的，如

$$y_8 = a_7 + b_7 = 29.56 + 4.56 = 34.12$$

$$y_9 = a_8 + b_8 = 32.78 + 5.11 = 37.89$$

…

但是，当继续推进预测至第14和15个月时，$y_{t+1}=a_t+b_t$ 不再适用，如 $y_{14}=a_{13}+b_{13}$，而系数 a_{13} 和 b_{13} 是未知的。此时，可以将最后一期即 $t=12$ 对应的 a_{12} 和 b_{12} 固定下来，利用预测模型 $y_{12+\tau}=a_{12}+b_{12}\tau$，分别取 $\tau=1,2,3$ 即可计算出 y_{13}，y_{14}，y_{15}，通过这种方法得到该新产品未来3个月的需求量预测值，如

$$y_{12+1} = y_{13} = 38.56 + 3.89 \times 1 = 42.45$$

$$y_{12+2} = y_{14} = 38.56 + 3.89 \times 2 = 46.34$$

$$y_{12+3} = y_{15} = 38.56 + 3.89 \times 3 = 50.23$$

最终的计算结果见表2-3的最右边一列。

新产品需求量实际值和预测值的图形如图2-5所示，由图可以看出，二次移动平均预测法可以反映该时间序列的线性上升趋势。

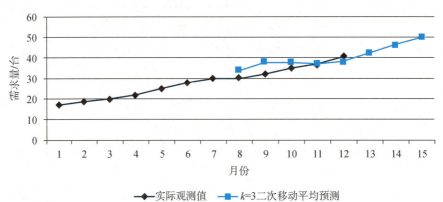

图 2-5 实际需求量与二次移动平均预测量的折线图

二次移动平均法预测的主要步骤如下：
(1) 根据已知的观测值资料，利用式(2-3)逐一求出 m_t 和 d_t；
(2) 再利用式(2-4)计算出系数 a_t，b_t，建立预测模型 $y_{t+\tau} = a_t + b_t\tau$；
(3) 通过预测模型，求出预测值。

> **小任务**
>
> 你能利用 Excel 自己独立完成例 2-3 的预测过程吗？你是否理解了二次移动平均法的预测步骤？软件操作中遇到的问题是什么，请你记录下来。

(二) 二次指数平滑法

1. 二次简单指数平滑法

二次简单指数平滑的目的是对原时间序列进行两次修匀，使得其不规则波动或循环波动尽量消除掉，让时间序列的长期趋势性更能显示出来。对于呈现线性趋势的时间序列，在一次指数平滑的基础上用同一个平滑系数 α 再进行一次指数平滑，就是二次简单指数平滑，其基本的预测步骤与上述二次移动平均法相类似。

设平滑系数为 α 的一次指数平滑值为 m_t，二次指数平滑值为 d_t，即

$$m_t = \alpha x_{t-1} + (1-\alpha)m_{t-1}$$
$$d_t = \alpha m_t + (1-\alpha)d_{t-1} \tag{2-5}$$

则预测模型式(2-2)中 a_t，b_t 系数的计算公式为

$$a_t = 2m_t - d_t$$
$$b_t = \frac{\alpha(m_t - d_t)}{1-\alpha} \tag{2-6}$$

在实际应用中，平滑系数 α 值的选取十分关键，类似一次指数平滑法，可以依据经验，也可以根据误差最小原则来确定最合适的 α 值。

【例 2-4】对于例 2-3 的问题，如果用二次简单指数平滑法预测会有怎样的结果？

表 2-4 新产品需求量及二次简单指数平滑法预测

月份	需求量	m_t	d_t	a_t	b_t	$\alpha=0.2$ 二次指数平滑预测值
1	17					
2	19	17.00				
3	20	17.40	17.00	17.80	0.10	
4	22	17.92	17.08	18.76	0.21	17.90
5	25	18.74	17.25	20.22	0.37	18.97
6	28	19.99	17.55	22.43	0.61	20.59
7	30	21.59	18.03	25.15	0.89	23.04
8	30	23.27	18.75	27.80	1.13	26.04
9	32	24.62	19.65	29.59	1.24	28.93
10	35	26.09	20.64	31.54	1.36	30.83
11	37	27.88	21.73	34.02	1.54	32.90
12	41	29.70	22.96	36.44	1.68	35.56
13						38.12
14						39.80
15						41.48

解：根据实际需求量折线图 2-5，可知该产品市场需求量数据呈现明显的线性趋势，故可用二次指数平滑法预测。由于数据波动幅度较小，可以选用较小的平滑系数。取 $\alpha=0.2$，利用式（2-5）计算得到 m_t 和 d_t，如

$$m_4 = 0.2x_3 + 0.8m_3 = 0.2 \times 20 + 0.8 \times 17.40 = 17.92$$
……
$$d_4 = 0.2m_3 + 0.8d_3 = 0.2 \times 17.40 + 0.8 \times 17.00 = 17.08$$
……

将计算结果填入表 2-4 的第 3、4 列。

然后，依据式（2-6）计算 a_t 和 b_t，如

$$a_4 = 2m_4 - d_4 = 2 \times 17.92 - 17.08 = 18.76$$

$$b_4 = \frac{0.2(m_4 - d_4)}{1 - 0.2} = \frac{0.2 \times (17.92 - 17.08)}{0.8} = 0.21$$

……

计算结果见表 2-4 的第 5、6 列。

最后，依据预测模型式（2-2），取 $\tau=1$，利用 $y_{t+1} = a_t + b_t$ 即可得到二次简单指数平滑法的预测值，注意所用到的系数 a_t，b_t 是随时间 t 而变化的，如

$$y_4 = a_3 + b_3 = 17.80 + 0.10 = 17.90$$
$$y_5 = a_4 + b_4 = 18.76 + 0.21 = 18.97$$
……

但是，当继续推进预测至第 14 和 15 个月时，$y_{t+1} = a_t + b_t$ 不再适用，如 $y_{14} = a_{13} + b_{13}$，而系数 a_{13} 和 b_{13} 是未知的。此时，可以将最后一期即 $t = 12$ 对应的 a_{12} 和 b_{12} 固定下来，利用预测模型 $y_{12+\tau} = a_{12} + b_{12}\tau$，分别取 $\tau = 1$，2，3 即可计算出 y_{13}，y_{14}，y_{15}，通过这种方法得到该新产品未来 3 个月的需求量预测值，如

$$y_{12+1} = y_{13} = 36.44 + 1.68 \times 1 = 38.12$$
$$y_{12+2} = y_{14} = 36.44 + 1.68 \times 2 = 39.80$$
$$y_{12+3} = y_{15} = 36.44 + 1.68 \times 3 = 41.48$$

最终的计算结果见表 2-4 的最右边一列。

新产品需求量实际值和预测值的图形如图 2-6 所示，由图可以看出，二次简单指数平滑预测法可以反映该时间序列的线性上升趋势。

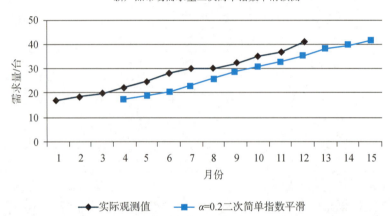

图 2-6 实际需求量与二次简单指数平滑预测量的折线图

> **小任务**
> 你能利用 Excel 自己独立完成例 2-4 的预测过程吗？你是否理解了二次简单指数平滑法的预测步骤？软件操作中遇到的问题是什么，请你记录下来。

2. 二次趋势调整指数平滑法

还有一种二次指数平滑法，和上面介绍的二次简单指数平滑法不太一样，该方法增加了一个趋势调整系数 β（包含两个系数 α 和 β，均在 0~1 取值），称为二次趋势调整指数平滑法。类似地，我们可以依据经验，也可以根据误差最小原则来确定最合适的 α 和 β 值。

二次趋势调整指数平滑法预测的主要步骤为

(1) 设初始预测系数 $a_1 = x_1$，$b_1 = x_2 - x_1$，利用式 (2-7) 计算出系数 a_t，b_t。

$$\begin{cases} a_t = \alpha x_t + (1-\alpha)(\alpha_{t-1} + b_{t-1}) \\ b_t = \beta(a_t - a_{t-1}) + (1-\beta)b_{t-1} \end{cases} \quad (2-7)$$

(2) 建立预测模型 $y_{t+\tau} = a_t + b_t\tau$，通过预测模型，求出预测值。

【例 2-5】对于例 2-3 的问题，如果用二次趋势调整指数平滑法预测会有怎样的结果？

表 2-5　新产品需求量及二次趋势调整指数平滑法预测

月份	需求量	a_t	b_t	$\alpha = 0.2,\ \beta = 0.5$ 二次指数平滑预测值
1	17	17.00	2.00	
2	19	19.00	2.00	19.00
3	20	20.80	1.90	21.00
4	22	22.56	1.83	22.70
5	25	24.51	1.89	24.39
6	28	26.72	2.05	26.40
7	30	29.02	2.17	28.77
8	30	30.95	2.05	31.19
9	32	32.81	1.95	33.01
10	35	34.81	1.98	34.76
11	37	36.83	2.00	36.79
12	41	39.26	2.22	38.83
13				41.48
14				43.70
15				45.92

解：取 $\alpha = 0.2$，$\beta = 0.5$。首先，初始化预测系数 $a_1 = x_1 = 17$，$b_1 = x_2 - x_1 = 19.00 - 17.00 = 2.00$。

然后，依据式(2-7)计算 a_t 和 b_t，如

$a_2 = 0.2x_2 + 0.8(a_1 + b_1) = 0.2 \times 19.00 + 0.8 \times (17.00 + 2.00) = 19.00$
$b_2 = 0.5(a_2 - a_1) + 0.5b_1 = 0.5 \times (19.00 - 17.00) + 0.5 \times 2.00 = 2.00$
…

计算结果见表 2-5 的第 3、4 列。

最后，依据预测模型式(2-2)，取 $\tau = 1$，利用 $y_{t+1} = a_t + b_t$ 即可得到二次趋势调整指数平滑法的预测值，注意所用到的系数 a_t，b_t 是随时间 t 而变化的，如

$$y_2 = a_1 + b_1 = 17.00 + 2.00 = 19.00$$
$$y_3 = a_2 + b_2 = 19.00 + 2.00 = 21.00$$
…

但是，当继续推进预测至第 14 和 15 个月时，$y_{t+1} = a_t + b_t$ 不再适用，如 $y_{14} = a_{13} + b_{13}$，而系数 a_{13} 和 b_{13} 是未知的。此时，可以将最后一期即 $t = 12$ 对应的 a_{12} 和 b_{12} 固定下来，利用预测模型 $y_{12+\tau} = a_{12} + b_{12}\tau$，分别取 $\tau = 1,\ 2,\ 3$ 即可计算出 y_{13}，y_{14}，y_{15}，通过这种方法得到该新产品未来 3 个月的需求量预测值，如

$$y_{12+1} = y_{13} = 39.26 + 2.22 \times 1 = 41.48$$
$$y_{12+2} = y_{14} = 39.26 + 2.22 \times 2 = 43.70$$
$$y_{12+3} = y_{15} = 39.26 + 2.22 \times 3 = 45.92$$

最终的计算结果见表 2-5 的最右边一列。

新产品需求量实际值和预测值的图形如图2-7所示,由图可以看出,二次趋势调整指数平滑法可以反映该时间序列的线性上升趋势。

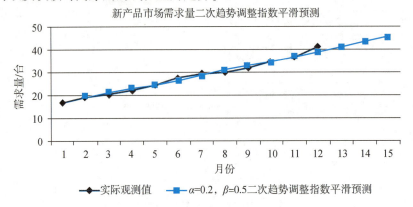

图 2-7 实际需求量与二次趋势调整指数平滑预测量的折线图

> **小任务**
>
> 你能利用 Excel 自己独立完成例 2-5 的预测过程吗?你是否理解了二次趋势调整指数平滑法的预测步骤?

如前所述,对于新产品的市场需求量预测问题,我们根据实际需求量数据画出的折线图可以看出,数据随时间波动,有明显的上升趋势,但没有呈现明显的周期性特征;它属于有线性趋势无周期性时间序列的预测问题。因此,可以利用二次移动平均法和二次指数平滑法来进行预测。在例 2-3、例 2-4 和例 2-5 中,我们详细地分析了二次移动平均法在 $k=3$ 情况下的计算(或软件操作)过程及预测结果,二次简单指数平滑法在 $\alpha=0.2$ 情况下的预测的计算(或软件操作)过程及预测结果,二次趋势调整指数平滑法在 $\alpha=0.2$、$\beta=0.5$ 情况下的计算过程及预测结果。

三、预测误差评价指标

从上面的例题我们可以看到,同样的案例与初始数据,可以选择不同的方法来预测,其预测结果是不同的;而且所有的预测值都与实际需求有所偏离,预测不可能绝对精确。

预测值和真实值之间的差别称为预测误差,虽然一些预测误差是不可避免的,但预测的目标仍然是使误差尽可能小。当然,如果误差较大,可能表明使用的预测方法是错误的或者需要通过改变其参数(如指数平滑预测中的 α,移动平均预测中的 k)来调整预测方法。

有很多不同的指标可以度量预测误差,本节的讨论集中于最常用的三种评价指标:平均绝对误差、均方误差和均方误差平方根。在预测实践中,可以把这些指标作为选取最佳预测方法的一个参考。

1. 平均绝对误差(Mean Absolute Deviation,MAD)

MAD 的计算公式为

$$\text{MAD} = \frac{\sum_{i=1}^{n} |x_i - y_i|}{n} \tag{2-8}$$

式中，$\{x_i\}$ 为时间序列的观测值；$\{y_i\}$ 为时间序列的预测值；n 为数据对个数。

MAD 也可以利用 Excel 中的 ABS 与 COUNT 函数来计算。

2. 均方误差(Mean Square Error，MSE)

MSE 的计算公式为

$$\text{MSE} = \frac{\sum_{i=1}^{n}(x_i - y_i)^2}{n} \tag{2-9}$$

MSE 也可以利用 Excel 中的 SUMXMY2 来计算。

3. 均方误差平方根(Root of Mean Square Error，RMSE)

RMSE 的计算公式为

$$\text{RMSE} = \sqrt{\frac{\sum_{i=1}^{n}(x_i - y_i)^2}{n}} \tag{2-10}$$

从式(2-10)可以看出，RMSE 就是 MSE 的平方根，可以利用 Excel 中的 SQRT 函数来计算。

【例 2-6】 在第一节的例题中，火花塞销售量的预测，分别利用了 $k=2$，$k=4$ 的一次移动平均法，$\alpha=0.3$，$\alpha=0.7$ 一次指数平滑法来进行预测。如何评价它们的预测效果呢？

解： 根据预测误差评价指标 MAD，MSE，RMSE 的计算式(2-8)~式(2-10)，对上述四种预测方法进行比较，计算结果见表 2-6。也可以利用 Excel 来实现计算过程，具体操作请扫描书中的二维码看视频。

表 2-6 四种预测方法的误差评价指标对比表

预测方法 评价指标	$k=2$ 一次移动平均法	$k=4$ 一次移动平均法	$\alpha=0.3$ 一次指数平滑法	$\alpha=0.7$ 一次指数平滑法
MAD	53.2	38.69	42.26	48.98
MSE	3 682.3	2 749.72	2 664.08	3 339.91
RMSE	60.68	52.44	51.61	57.79

由表 2-6 可以看出，可以选择阶数 $k=4$ 的一次移动平均法(评价指标 MAD 最小)来预测，或者选择平滑系数 $\alpha=0.3$ 的一次指数平滑法(评价指标 MSE，RMSE 最小)来预测，这两种方法的预测效果相对较好。虽然有时不同的评价指标比较结果不一致，但它仍然可以指导我们选择出最好的或最适合的预测方法。

视频 2-8
三种误差评价指标的计算

【例 2-7】 在第二节的例题中，新产品市场需求量的预测，分别利用了 $k=3$ 的二次移动平均法，$\alpha=0.2$ 的二次简单指数平滑法，$\alpha=0.2$、$\beta=0.5$ 的二次趋势调整指数平滑法来进行预测。如果用 RMSE 指标来评价，以上三种预测方法哪种方法更好呢？

解： 根据预测误差评价指标 RMSE 的计算公式，对上述三种预测方法进行比较，计算结果见表 2-7。也可以利用 Excel 来实现计算过程，具体操作请扫描书中的二维码看视频。

表 2-7 三种预测方法的 RMSE 对比

预测方法 评价指标	$k = 3$ 二次移动平均法	$\alpha = 0.2$ 二次简单指数平滑法	$\alpha = 0.2$、$\beta = 0.5$ 二次趋势调整指数平滑法
RMSE	3.65	5.22	1.09

由表 2-7 可以看出,二次趋势调整指数平滑法比前两种方法更好。

> **小任务**
> 你能利用 Excel,自己独立完成例 2-6 和例 2-7 的评价指标的计算吗?

视频 2-9 RMSE 指标对比

四、利用软件工具实现时间序列预测

在前面两节中,我们介绍了时间序列预测方法以及 Excel 软件辅助实现,相应的例题都有详细的操作步骤,可以用图 2-8 来进行总结。

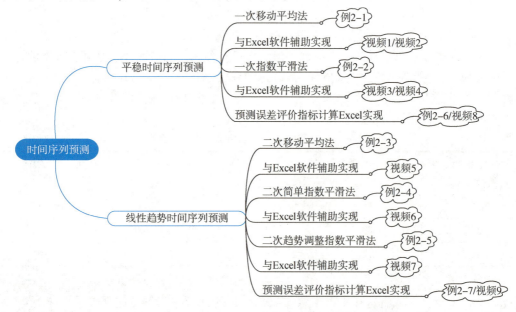

图 2-8 时间序列预测方法以及 Excel 软件辅助实现对应图

在上述例题中,无论是移动平均法,还是指数平滑法,都需要提前设置一些参数,如指数平滑预测中的 α 值、移动平均预测中的 k 值。通常的做法是决策者在应用某种预测方法时,先根据经验确定几个参数值进行计算,然后对比其预测误差的大小,最终选择能够使预测误差相对较小的参数值以及相应的预测方法。除了依据经验进行试探外,我们还可以利用 Excel 软件的"规划求解"工具来确定最优参数,从而选择最适合的预测方法。

特别是,对于参数比较多的二次指数平滑法,应用 Excel"规划求解"工具来确定最优平滑系数就显得非常方便。下面我们通过一个具体的例题来介绍在二次指数平滑法中是如何确定最优平滑系数的。

【例 2-8】某品牌家用汽车最近 20 个月的销售数据见表 2-8,汽车销售的图形如图 2-9

所示。可以看出，这个时间序列是线性趋势时间序列，可以采用二次指数平滑法来进行预测。现要对该品牌汽车未来 4 个月的销售情况进行预测，平滑系数该如何确定？二次简单平滑法和二次趋势调整平滑法，哪种预测方法更好？确定了最优平滑系数和最佳预测方法后，最终的预测结果是怎样的？

表 2-8　某品牌家用汽车最近 20 个月的销售数据

月	1	2	3	4	5	6	7	8	9	10
销售量/百辆	2 372	2 566	2 517	2 922	3 196	3 154	2 982	3 486	3 650	3 456
月	11	12	13	14	15	16	17	18	19	20
销售量/百辆	3 470	3 873	4 472	4 707	4 070	4 413	4 625	5 232	5 396	5 351

图 2-9　某品牌家用汽车最近 20 个月的销售数据

1. 利用 Excel 电子表格实现二次简单指数平滑，如图 2-10 所示。

	A	B	C	D	E	F	G	H	I
1	某品牌家用汽车最近20个月的销售量数据								
2	二次简单指数平滑法预测：		a可以在0~1之间取值，最优值是多少呢？						
3	月	销售量	m_t	d_t	a_t	b_t	预测值y_t	α=	0.26
4	1	2372	2372.00						
5	2	2566	2372.00	2372.00				MSE=	171218
6	3	2517	2422.07	2372.00	2472.15	17.42			
7	4	2922	2446.57	2384.92	2508.22	21.45	2490		
8	5	3196	2569.29	2400.84	2737.73	58.60	2530		
9	6	3154	2731.04	2444.31	3017.78	99.75	2796		
10	7	2982	2840.21	2518.32	3162.10	111.99	3118		
11	8	3486	2876.81	2601.40	3152.21	95.81	3274		
12	9	3650	3034.05	2672.49	3395.60	125.79	3248		
13	10	3456	3193.03	2765.81	3620.25	148.63	3521		
14	11	3470	3260.90	2876.08	3645.73	133.88	3769		
15	12	3873	3314.87	2975.40	3654.34	118.10	3780		
16	13	4472	3458.93	3063.02	3854.84	137.74	3772		
17	14	4707	3720.41	3165.21	4275.61	193.16	3993		
18	15	4070	3975.06	3308.51	4641.60	231.89	4469		
19	16	4413	3999.56	3480.55	4518.57	180.57	4873		
20	17	4625	4106.27	3614.51	4598.04	171.09	4699		
21	18	5232	4240.16	3741.44	4738.88	173.51	4769		
22	19	5396	4496.16	3870.16	5122.16	217.79	4912		
23	20	5351	4728.42	4031.74	5425.10	242.38	5340		

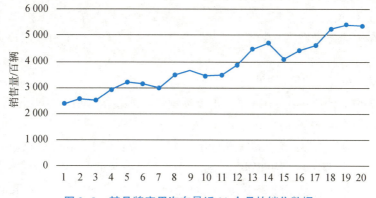

图 2-10　二次简单指数平滑法的电子表格实现

单元格 I3 代表 α 值所在位置(初始状态可以为空)，将二次简单指数平滑预测法中所涉及的式(2-5)、式(2-6)和式(2-2)依次录入相应的单元格中，具体情况如下：

(1)录入表中对应 m_t 这一列的公式：

单元格 C4 中的公式为：=B4；

单元格 C5 中的公式为：=＄I＄3＊B4+(1−＄I＄3)＊C4，下拉复制该公式直至最后 C23 单元格。

(2)录入表中对应 d_t 这一列的公式：

单元格 D5 中的公式为：=C5；

单元格 D6 中的公式为：=＄I＄3＊C5+(1−＄I＄3)＊D5，下拉复制该公式直至最后 D23 单元格。

(3)录入表中对应 a_t、b_t 这两列的公式：

单元格 E6 中的公式为：=2＊C6-D6，下拉复制该公式直至最后 E23 单元格；

单元格 F6 中的公式为：=＄I＄3＊(C6-D6)/(1−＄I＄3)，下拉复制该公式直至最后 F23 单元格。

(4)录入表中对应 y_t 这一列的公式：

单元格 G7 中的公式为：=E6+F6，下拉复制该公式直至最后 G23 单元格。

(5)录入均方误差 MSE 的公式：

单元格 I5 中的公式为：=SUMXMY2(B7：B23，G7：G23)/COUNT(G7：G23)。

所有公式录入完毕后，就可以调出 Excel 中的"规划求解"加载项(具体方法见第六章第一节)，进行参数设置，如图 2-11 所示。设置目标是使 MSE 最小，约束是使 $0 \leq \alpha \leq 1$。注意，这是一个非线性优化问题，因此，选择的求解方法为非线性 GRG。单击"求解"。最终在可变单元格 I3 处就可以得到该问题的最优解，即 $\alpha = 0.26$，如图 2-10 所示。

图 2-11　求最优平滑系数 α 的规划求解参数设置窗口

2. 利用 Excel 电子表格实现二次趋势调整指数平滑，如图 2-12 所示。

单元格 I3，I4 分别代表 α，β 值所在位置（初始状态可以为空），将二次趋势调整指数平滑预测法中所涉及的式（2-7）和式（2-2）依次录入相应的单元格中，具体情况如下：

	A	B	C	D	E	F	G	H	I
1		某品牌家用汽车最近20个月的销售量数据							
2		二次趋势调整指数平滑法预测：	a、β可以在0~1之间取值，最优值是多少呢？						
3	月	销售量	a_t	b_t	预测值y_t			$\alpha=$	0.29
4	1	2372	2372.00	194.00				$\beta=$	0.07
5	2	2566	2566.00	194.00	2566			MSE=	80397
6	3	2517	2688.92	188.94	2760				
7	4	2922	2890.77	189.86	2878				
8	5	3196	3114.38	192.26	3081				
9	6	3154	3261.99	189.08	3307				
10	7	2982	3313.86	179.31	3451				
11	8	3486	3491.08	179.16	3493				
12	9	3650	3664.32	178.74	3670				
13	10	3456	3729.84	170.68	3843				
14	11	3470	3774.59	161.71	3901				
15	12	3873	3917.79	160.39	3936				
16	13	4472	4193.38	168.60	4078				
17	14	4707	4462.90	175.78	4362				
18	15	4070	4472.34	163.94	4639				
19	16	4413	4570.97	159.29	4636				
20	17	4625	4699.47	157.10	4730				
21	18	5232	4966.38	164.92	4857				
22	19	5396	5208.73	170.43	5131				
23	20	5351	5370.92	169.84	5379				

图 2-12　二次趋势调整指数平滑法的电子表格实现

（1）录入表中对应 a_t 这一列的公式：

单元格 C4 中的公式为：=B4；

单元格 C5 中的公式为：=\$I\$3*B5+(1-\$I\$3)*(C4+D4)，下拉复制该公式直至最后 C23 单元格。

（2）录入表中对应 b_t 这一列的公式：

单元格 D4 中的公式为：=B5-B4；

单元格 D5 中的公式为：=\$I\$4*(C5-C4)+(1-\$I\$4)*D4，下拉复制该公式直至最后 D23 单元格。

（3）录入表中对应 y_t 这一列的公式：

单元格 E5 中的公式为：=C4+D4，下拉复制该公式直至最后 E23 单元格。

（4）录入均方误差 MSE 的公式：

单元格 I5 中的公式为：=SUMXMY2(B5：B23，E5：E23)/COUNT(E5：E23)。

所有公式录入完毕后，就可以调出 Excel 中的"规划求解"加载项（具体方法见第六章第一节），进行参数设置，如图 2-13 所示。设置目标是使 MSE 最小，约束是使 $0 \leq \alpha$，$\beta \leq 1$。注意，这是一个非线性优化问题，因此，选择的求解方法为非线性 GRG。单击"求解"。最终在可变单元格 I3，I4 处就可以得到该问题的最优解，即 $\alpha=0.29$，$\beta=0.07$，如图 2-12 所示。

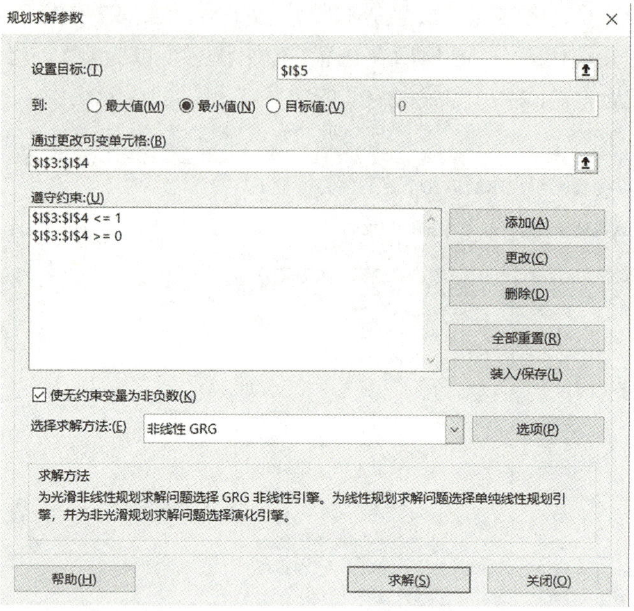

图 2-13　求最优平滑系数 α，β 的规划求解参数设置窗口

从图 2-10 和图 2-12 的最终结果可以看出，二次趋势调整指数平滑法的预测效果更好（MSE＝80 397），比二次简单指数平滑中计算得到的均方误差更小。因此，可以选择二次趋势调整指数平滑法对未来 4 个月的汽车销量进行预测。

3．利用预测模型 $y_{20+\tau} = a_{20} + b_{20}\tau$，分别取 $\tau = 1，2，3，4$ 进行预测。

在图 2-14 中，单元格 E24 中录入公式：＝＄C＄23+A24＊＄D＄23，并下拉复制该公式直至最后单元格 E27，即可得到未来 4 个月的汽车销量预测值。

月	销售量	a_t	b_t	预测值 y_t			
					$\alpha=$	0.29	
1	2372	2372.00	194.00		$\beta=$	0.07	
2	2566	2566.00	194.00	2566	MSE=	80397	
3	2517	2688.92	188.94	2760			
4	2922	2890.77	189.86	2878			
5	3196	3114.38	192.26	3081			
6	3154	3261.99	189.08	3307			
7	2982	3313.86	179.31	3451			
8	3486	3491.08	179.16	3493			
9	3650	3664.32	178.74	3670			
10	3456	3729.84	170.68	3843			
11	3470	3774.59	161.71	3901			
12	3873	3917.79	160.39	3936			
13	4472	4193.38	168.60	4078			
14	4707	4462.90	175.78	4362			
15	4070	4472.34	163.94	4635			
16	4413	4570.97	159.29	4636			
17	4625	4699.47	157.10	4730			
18	5232	4966.38	164.92	4857			
19	5396	5208.73	170.43	5131			
20	5351	5370.92	169.84	5379			
1				5541			
2				5711			
3				5880			
4				6050			

图 2-14　未来 4 个月的汽车销售量预测电子表格实现

> **小任务**
> 你能利用 Excel，按照上述的操作步骤，自己独立完成例 2-8 的最优平滑系数确定以及完整的预测过程吗？软件操作中遇到的问题是什么，请你记录下来。

第三节 物流需求预测——线性回归预测法

回归分析预测法是根据事物内部因素变化的相关(或因果)关系来预测事物未来的发展趋势。它和时间序列预测法的一个不同之处是：回归分析通过研究各个变量之间的相互关系，建立适当的数学模型，进而进行预测与控制；而时间序列预测法是根据待预测变量的历史数据进行预测。

根据回归模型中变量之间的关系，可分为线性回归分析和非线性回归分析；根据模型中所考虑自变量的个数，又可分为一元回归分析和多元回归分析。下面主要介绍线性回归分析方法及其预测步骤。

线性回归分析是研究某一随机变量(因变量)与其他一个或几个普通变量(自变量)之间的线性数量变动关系的一种方法。应用该方法进行预测的主要步骤包括：

(1)根据研究现象之间的内在联系，确定自变量和因变量。通常，作为原因的变量为自变量，作为结果的变量为因变量；或者说影响因素为自变量，被影响因素为因变量。

(2)确定回归分析模型的表达式。通过对具体变量数据的分析，找出合适的回归分析模型，进一步求出模型中的未知参数，得到回归方程。

(3)对回归模型进行检验。得到具体的回归方程后，还需对其进行检验，包括拟合度检验、回归系数的显著性检验、回归方程的显著性检验等。若没有通过检验，还需对其进行适当改进。

(4)利用回归模型进行预测。根据自变量的数值去估计、预测因变量的取值及置信区间。

一、一元线性回归预测法

一元线性回归预测法是指当两个变量(一个自变量和一个因变量)的数据分布大体呈直线趋势时，通过建立一元线性回归模型，从而根据自变量的变化来预测因变量的平均变化。它是最基本、最简单的回归预测方法，也是掌握其他回归预测方法的基础。

(一)一元线性回归模型

设变量 y 与 x 之间存在着某种线性关系，则一元线性回归模型为

$$y = a + bx + \varepsilon \qquad (2-11)$$

式中，a，b 为回归系数；x 为自变量，一般认为它是可以控制或预先给定的；ε 为随机变量，可以认为它服从均值为 0 的正态分布；y 为因变量，是将要预测的对象。

因为 y 的值既与自变量 x 有关，同时又受各种随机因素的影响，所以它也是一个随机变量。给定 x 某个值，会有大量的 y 值与之对应（总体），式（2-11）右边去掉随机变量 ε 后的形式即为总体 y 的期望值关于自变量 x 的理论回归方程：$E(y) = a + bx$，若该回归方程中的参数 a，b 已知，则对于一个给定的 x 值，就可以计算出 y 的期望值。但是，在一个具体的回归问题中，我们通常不知道总体参数 a，b 的具体数值。为了求出它们的数值，必须在任意给定 x 下观察因变量 y 的总体，这通常是一项根本不可能完成的工作。不过，可以通过取 x 的 n 个不全相同的值 $x_1, x_2, \cdots, x_n$，对 y 值抽取样本，利用样本 $(x_i, y_i)(i = 1, 2, \cdots, n)$ 估计出总体参数 a 和 b 的值。

若将回归系数 a 和 b 的估计值分别记为 $\hat{a}$ 和 $\hat{b}$，则根据最小二乘法（具体推导过程详见相关数理统计教材），可以求出总体参数 a，b 的估计值如下：

$$\hat{a} = \bar{y} - \hat{b}\bar{x} \tag{2-12}$$

$$\hat{b} = \frac{\sum_{i=1}^{n} x_i y_i - n\bar{x}\bar{y}}{\sum_{i=1}^{n} x_i^2 - n\bar{x}^2} \tag{2-13}$$

式中，$\bar{x}$，$\bar{y}$ 是样本 x_i，y_i 的均值。从而得到可用于预测的样本回归方程：

$$\hat{y} = \hat{a} + \hat{b}x \tag{2-14}$$

【例 2-9】 表 2-9 是某一区域 2000—2009 年的国内生产总值（GDP）与货运总量的数据。可以看出，区域货运总量会随着 GDP 的增加而增加。这种关系可否通过线性回归模型来描述？我们是否可以根据所建立的回归模型来预测不同 GDP 下的货运量？

表 2-9 某地区货物运输总量以及国内生产总值

序号	年份	国内生产总值/亿元	货运总量/万吨
1	2000	974	37 860
2	2001	1 207	38 400
3	2002	1 491	42 852
4	2003	1 644	46 782
5	2004	1 793	48 448
6	2005	1 855	50 781
7	2006	1 955	52 452
8	2007	2 074	53 198
9	2008	2 232	55 013
10	2009	2 465	58 664

解：根据表 2-9 中的数据画出区域货运量与 GDP 之间的散点图，如图 2-15 所示。由图可以看出，货运总量与国内生产总值二者之间存在明显的线性正相关关系，因此可以进行一元线性回归分析。

某区域货运总量与国内生产总值之间的关系

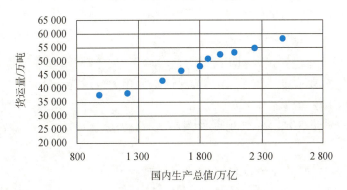

图 2-15 货运总量与国内生产总值的散点图

根据表中数据，利用式(2-12)、式(2-13)，可得

$$\hat{b} = \frac{\sum_{i=1}^{10} x_i y_i - 10\bar{x}\,\bar{y}}{\sum_{i=1}^{10} x_i^2 - 10\bar{x}^2} = 15.131$$

$$\hat{a} = \bar{y} - \hat{b}\bar{x} = 21\,678.778$$

因此，回归方程为

$$\hat{y} = 21\,678.778 + 15.131x$$

可以看出，参数 $\hat{a}$ 和 $\hat{b}$ 具体公式的计算过程较为烦琐，我们将在后面的"利用软件工具实现一元线性回归预测"中介绍直接利用 Excel"回归"工具得到参数值以及一元线性回归方程。

（二）一元线性回归模型的检验

对于上面得到的一元线性回归模型，还需要进一步检验其合理性。检验的内容包括：模型整体的拟合效果是否理想；模型的参数 a，b 以及回归方程在统计意义上是否显著；模型中参数的取值是否符合经济意义；模型的假设条件是否满足等。以下重点讨论三个方面。

1. 模型拟合优度的检验

所谓拟合优度，是指由样本数据拟合回归直线的优劣程度。判定系数 R^2 是衡量模型拟合优度的重要指标，它的定义为

$$R^2 = \frac{SSR}{SST} = 1 - \frac{SSE}{SST} \qquad (2-15)$$

式中，SST=SSR+SSE；SST 为总离差平方和；SSR 为回归离差平方和；SSE 为误差平方和。（详细解释请参见相关数理统计教材）

显然，$0 \leq R^2 \leq 1$，R^2 越接近于 1，表明回归平方和占总离差平方和的比例越大，用 x 的变动来解释 y 变动的部分就越多，这样回归直线的拟合优度就越高，因此通过判定系数可以判断回归方程的拟合优度。

实际上，判定系数的平方根就是相关系数，但是要注意它们在概念上是不同的。判定系数反映了回归直线的拟合优度，同时如果 y 与 x 之间线性关系越密切，则判定系数越

大。因此，判定系数也能间接反映这两个变量之间的线性相关程度。而相关系数只反映变量之间线性关系的强弱和方向，不能说明观测值 y 的变动中有多大比例可由 x 来解释。

2. 回归方程的显著性检验

回归方程的显著性检验就是利用统计方法检验所建立的回归方程是否有意义。可利用 F 检验法来完成，其大致步骤如下(详细情况请参见相关数理统计教材)：

(1) 建立假设 H_0：$b=0$，H_1：$b\neq 0$。

(2) 构造 F 统计量(公式略)，根据观测样本 $(x_i, y_i)(i=1, 2, \cdots, n)$ 计算统计量 F 的估计值 $\hat{F}$。

(3) 对给定的显著性水平 α，查 F 分布表得到临界值 $F_\alpha(1, n-2)$。若 $\hat{F} \geq F_\alpha(1, n-2)$，则拒绝原假设，即认为两个变量 y 与 x 之间线性关系显著；否则若 $\hat{F} < F_\alpha(1, n-2)$，则认为 y 与 x 之间线性关系不显著，这时回归方程不能用于预测。

3. 回归系数的显著性检验

回归系数的显著性检验主要用于判断每一个自变量与因变量的线性关系是否显著，在一元线性回归方程中，主要是检查参数 a，b 是否显著异于0，可利用 t 检验法完成。下面以参数 b 为例来说明其大致的步骤(详细情况请参见相关数理统计教材)：

(1) 建立假设 H_0：$b=0$，H_1：$b\neq 0$。

(2) 构造 t 统计量(公式略)，根据观测样本 $(x_i, y_i)(i=1, 2, \cdots, n)$ 计算 t 统计量的估计值 $\hat{t}$。

(3) 对给定的显著性水平 α，查 t 分布表得到临界值 $t_{\alpha/2}(n-2)$。若 $|\hat{t}| \geq t_{\alpha/2}(n-2)$，则拒绝原假设，即认为自变量 x 对 y 有显著影响；否则若 $|\hat{t}| < t_{\alpha/2}(n-2)$，接受原假设，说明自变量 x 对于 y 无显著影响，这时回归方程不能用于预测。

需要说明的是，一元线性回归模型，由于自变量只有一个，因此回归方程的显著性检验与回归系数 b 的显著性检验是等价的。但是，在多元线性回归分析中，自变量不止一个，回归方程的显著性检验的结果就可能与回归系数的检验结果不同。因为回归方程的显著性检验结果说明的是全体自变量和因变量的结果是否显著，而回归系数的显著性检验是检验每一个自变量单独和因变量的关系是否显著。因此，有可能 F 检验的结果是显著的，而 t 检验的所有结果不一定都是显著的，这时应根据具体情况考虑更换或去除某些变量。

一元线性回归模型若统计检验不能通过，则说明回归效果不显著。造成这种结果的原因可能有如下几种：

(1) 除 x 影响 y 之外，尚有不可忽略的其他因素对 y 有重大影响。如果是这种情况，可以考虑建立多元线性回归方程。

(2) y 与 x 的相关关系不是线性的。如果是这种情况，可以考虑建立非线性回归方程。

(3) y 与 x 无关。如果是这种情况，则需要进一步分析，重新确定影响 y 的主要因素。

可以看出，上述假设检验过程涉及很多统计量的计算，工作量较大，我们将在后面的"利用软件工具实现一元线性回归预测"中介绍直接利用 Excel "回归"工具完成上述检验。

(三) 一元线性回归预测及误差分析

如果一个回归方程通过了上面的 F，t 统计检验，而且判定系数 R^2 也相当接近1，此时，还要再检验一下回归系数是否符合常理，如符号和取值范围是否符合相关学科理论或实际表现。然后，我们才可以用该回归方程进行预测。具体来说，若给定一个自变量值 x_i，代入通过上述检验的回归方程 $\hat{y}_i = \hat{a} + \hat{b}x_i$，即可求得预测值 $\hat{y}_i$（也称为点估计值）。

回归模型的预测精度可以用标准误差 S_e 来衡量，公式如下：

$$S_e = \sqrt{\frac{\sum_{i=1}^{n}(y_i - \hat{y}_i)}{n - k - 1}} \tag{2-16}$$

式中，n 表示样本数据集的观测值数目；k 表示回归模型中自变量的数目（一元线性回归 $k = 1$）。此公式类似于前面提到的 RMSE 公式。

标准误差这一指标衡量了实际数据在回归方程周围的分散或者变动的程度。在对回归方程求得的预测值 $\hat{y}_i$ 的不确定性进行评估时，标准误差是非常有用的。根据一个很粗略的经验准则，实际值会有大约 95% 的概率落在预测值 $\hat{y}_i \pm 2S_e$ 之内。

二、利用软件工具实现一元线性回归预测

将例 2-9 中的数据录入 Excel 的电子表格，我们可以利用 Excel "数据分析" 加载项中提供的 "回归" 工具来求解。具体情况如下：

（1）选择数据分析中的 "回归" 命令后，出现一个对话窗口，如图 2-16 所示。

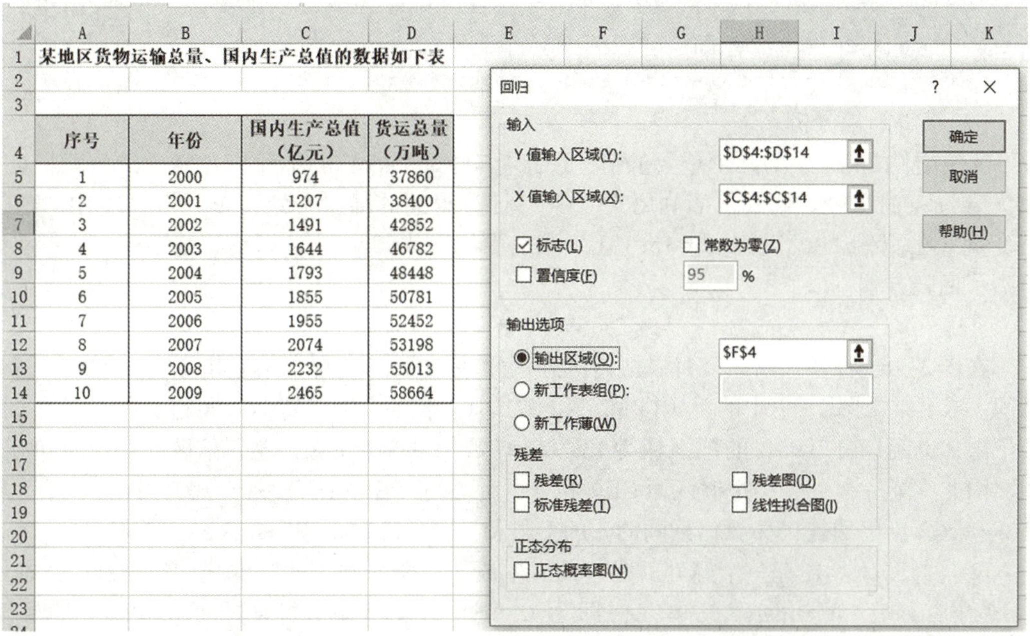

图 2-16 录入数据后，调出 "回归" 对话框设置

对话框里有很多选项，此时最需要关注的是三个选项：输入 Y 值的范围、X 值的范围和输出范围。Y 值的范围对应电子表格中包含因变量样本观测值的单元格，即图 2-16 中的单元格 D4 到 D14；X 值的范围对应电子表格中包含自变量样本观测值的单元格，即图中的单元格 C4 到 C14；还需要指定回归结果的输出范围，即图中的单元格 F4。对话框的选项选择完毕后，单击 "确定" 按钮，Excel 就会用最小二乘法算出 $\hat{a}$ 和 $\hat{b}$ 以及其他统计量，图 2-17 是求解结果。

	F	G	H	I	J	K	L	M	N
4	SUMMARY OUTPUT								
5									
6	回归统计								
7	Multiple R	0.989265636							
8	R Square	0.978646499							
9	Adjusted R Square	0.975977311							
10	标准误差	1082.068042							
11	观测值	10							
12									
13	方差分析								
14		df	SS	MS	F	Significance F			
15	回归分析	1	429295046	429295046	366.6458178	5.73427E-08			
16	残差	8	9366970	1170871.2					
17	总计	9	438662016						
18									
19		Coefficients	标准误差	t Stat	P-value	Lower 95%	Upper 95%	下限 95.0%	上限 95.0%
20	Intercept	21678.77839	1439.1317	15.063791	3.7287E-07	18360.13484	24997.42	18360.135	24997.4219
21	国内生产总值（亿元）	15.13070753	0.7901979	19.147998	5.73427E-08	13.30850791	16.95291	13.308508	16.9529071

图 2-17 "回归"计算结果

> **小任务**
> 你能利用 Excel，按照上述的操作步骤，得到例 2-9 的一元线性回归方程吗？软件操作中遇到的问题是什么，请你记录下来。

视频 2-10
EXCEL 一元回归

（2）求解结果分析。

①先看图 2-17 中的几个重要的值，注意标有"Intercept"的单元格 G20 中的值就是 $\hat{a}$ 的最优值，$\hat{a}=21\,678.778$ 和前面利用式(2-12)计算得到的结果一致；单元格 G21 中的值就是变量 x 的系数 $\hat{b}$ 的最优值，$\hat{b}=15.131$，和前面利用式(2-13)计算得到的结果一致；从而得到了回归方程：

$$\hat{y} = 21\,678.778 + 15.131x$$

在图 2-16 所示的"回归"对话框，有置信度选项（95%），可以给它指定一个不同的置信区间。求解结果图 2-17 中的单元格 M21 和 N21 中，给出了 95% 置信区间的 b 真实值的上限和下限，也就是说有 95% 的把握认为 $13.308 \le b \le 16.953$。注意，该置信区间并没有包括 0 值，因此，至少有 95% 的把握认为 GDP 和货运量之间存在线性关系（$b \ne 0$）。同理，单元格 M20 和 N20 给出的是 95% 置信区间的 a 的上限和下限，$18\,360.135 \le a \le 24\,997.421\,9$。

②"回归"工具还有一个好处就是它同时生成了所研究问题的其他统计量。例如，在图 2-17 中，标有"R Square"的单元格即为 R^2 统计量，从单元格 G8 可以看出判定系数 $R^2=0.978\,6$，表明因变量变动量的 97.86% 是由自变量决定的，这说明回归方程和数据拟合得很好。

③图 2-17 中单元格 I21 和单元格 J21，给出了系数 b 的 t 统计量和 p 值。这是检测 b 是否为 0 的另外一种方法。在 Excel 的求解结果中，回归系数的 p 值检验与 t 统计量检验的结果是一致的。如从单元格 J21 中可以看到 p 近似为 0，这表示当 $b=0$ 时得到一个比 $\hat{b}$ 的观测值更极端结果的概率为 0。因此，可以得出 $b \ne 0$ 的结论。可见，用 p 值对回归系数的显著性进行判断比 t 统计量检验更方便，只需将 p 值和显著性水平 α 相比较（小于 α）就可以了，不需要计算拒绝域的临界值。同理，截距 a 的 t 统计量和 p 值的计算结果见单元

格 I20 和单元格 J20；从单元格 J20 中可以看到 p 近似为 0，表明系数 a 也通过了显著性检验。

④图 2-17 中方差分析(ANOVA)的结果，提供了另外一种检验 b 是否为 0 的方法。在 ANOVA 表中，MS 列的值分别是均方回归 MSR(单元格 I15)和均方误差 MSE(单元格 I16)；SS 列的值分别是回归离差平方和 SSR(单元格 H15)和均方误差 SSE(单元格 H16)。其中，单元格 I15，I16 中的 MS 值是单元格 H15，H16 中的 SS 值分别除以单元格 G15 和 G16 中对应的自由度(df)得到的。单元格 J15 中是"F 的统计量"，是由 MSR(单元格 I15)与 MSE(单元格 I16)的比值得到的。

标有"Significance F"(F 显著性)的单元格 K15 的值和前面描述的 p 值类似：当 Significance F 小于 α 时，说明回归的总体效果是显著的。从图 2-17 中可以看出，Significance F 近似为 0，这表明通过了 F 检验，$b \neq 0$，这和前面 t 检验的结论是一致的。

视频 2-11
Excel 一元回归

一元线性回归模型只有一个变量，在这种情况下，t 统计量检验和 F 统计量检验是等价的；然而，F 统计量还有不同的用途，在有一个以上自变量的多元回归模型中，其作用将变得明显。

(3) 预测。

根据求解结果分析，回归方程通过了 F 检验、回归系数也通过了 t 检验，并且判定系数 R^2 非常接近于 1，再结合物流货运实践中的经验，我们得出结论：回归方程 $\hat{y} = 21\,678.778 + 15.131x$ 可以用于货运量的预测，如图 2-18 所示。

①在图 2-18 中的 E 列录入公式，计算出每一个样本观测值的估计值 $\hat{y}_i$，即为预测的货运量。

图 2-18　利用一元线性回归方程进行预测

单元格 E5 的公式：=＄G＄20+＄G＄21*C5，复制公式直至单元格 E14。

还可以利用 Excel 中的函数 TREND( ) 来计算 $\hat{y}_i$ 的值，其函数格式如下：

TREND(y 的范围，x 的范围，用于预测的 x 的值)

因此，可以将单元格 E5 中的公式改为

单元格 E5 的公式：=TREND(＄D＄5：D14，＄C＄5：＄C＄14，C5)，复制公式直至单元格 E14，所得到的预测值相同，如图 2-18 所示。

②若已知该地区 2010 年的 GDP 为 2 500 亿元(写入单元格 C15)，则可以预测 2010 年

的货运量(单元格 E15);并估计其预测区间(单元格 D16 和 E16),货运量会在预测值上下两个标准误差($\pm 2S_e$)的范围内变动。图 2-18 中单元格 G10 即为标准误差 S_e 的值。

单元格 E15 的公式为:= \$G\$20+ \$G\$21 * C15;

单元格 D16 的公式:=E15-2 * G10;

单元格 E16 的公式:=E15+2 * G10。

即 2010 年区域货运总量的预测值为 59 505.55 万吨,并且有 95% 的把握认为实际货运量会落在 57 341.41 万 ~61 669.68 万吨的区间内。

三、多元线性回归预测法及其软件实现

一元线性回归预测讨论的是一个因变量和一个自变量之间的关系。但是,在实际问题中,因变量一般受多个重要因素的影响,而不止一个。例如,在例 2-9 中区域货运量,除了与当地的 GDP 有关,还可能与人均可支配收入有关。因此,在许多情况下,需要考虑一个因变量与多个自变量之间关系的模型,从而获得较全面、准确的分析结果。研究某一个因变量和多个自变量之间线性相互关系的方法就是多元线性回归分析,它在理论和方法上与一元线性回归基本相同。

(一)多元线性回归模型

当预测对象 y 受到多个因素 x_1, x_2, $\cdots$, x_m 影响时,且每个因素 x_1, x_2, $\cdots$, x_m 与 y 的关系近似地呈线性关系,则可以建立如下的多元线性回归模型:

$$y = b_0 + b_1 x_1 + b_2 x_2 + \cdots + b_m x_m + \varepsilon \qquad (2\text{-}17)$$

式中,x_1, x_2, $\cdots$, x_m 为自变量;y 为因变量;b_0, b_1, b_2, $\cdots$, b_m 为参数;ε 为随机变量,表示误差。

设来自因变量 y 和各影响因素 x_1, x_2, $\cdots$, x_m 的样本数据由下列 n 组数据构成:

$(y_1; x_{11}, x_{21}, \cdots, x_{m1})$,$(y_2; x_{12}, x_{22}, \cdots, x_{m2})$,$\cdots$,$(y_n; x_{1n}, x_{2n}, \cdots, x_{mn})$

对应于式(2-17)的样本回归方程可描述为

$$\hat{y_i} = \hat{b_0} + \hat{b_1} x_{1i} + \hat{b_2} x_{2i} + \cdots + \hat{b_m} x_{mi} \qquad i = 1, 2, \cdots, n \qquad (2\text{-}18)$$

将 n 组样本数据改写成矩阵形式,令

$$\boldsymbol{Y} = \begin{bmatrix} y_1 \\ y_2 \\ \vdots \\ y_n \end{bmatrix}, \quad \hat{\boldsymbol{Y}} = \begin{bmatrix} \hat{y_1} \\ \hat{y_2} \\ \vdots \\ \hat{y_n} \end{bmatrix}, \quad \boldsymbol{X} = \begin{bmatrix} 1 & x_{11} & x_{21} & \cdots & x_{m1} \\ 1 & x_{12} & x_{22} & \cdots & x_{m2} \\ \vdots & \vdots & \vdots & & \vdots \\ 1 & x_{1n} & x_{2n} & \cdots & x_{mn} \end{bmatrix}, \quad \hat{\boldsymbol{B}} = \begin{bmatrix} \hat{b_0} \\ \hat{b_1} \\ \vdots \\ \hat{b_m} \end{bmatrix}$$

根据矩阵运算法则,式(2-18)可表示为:

$$\hat{\boldsymbol{Y}} = \boldsymbol{X}\hat{\boldsymbol{B}} \qquad (2\text{-}19)$$

用最小二乘法估计模型参数 b_0, b_1, b_2, $\cdots$, b_m,即满足误差平方和最小,误差平方和的形式为

$$Q = \sum (y_i - \hat{y_i})^2 = \sum (y_i - \hat{b_0} - \hat{b_1} x_{1i} - \hat{b_2} x_{2i} - \cdots - \hat{b_m} x_{mi})^2 \qquad (2\text{-}20)$$

对上式中的回归参数估计量分别求偏导,并令其等于零,得到如下正规方程组:

$$\begin{cases} \sum y_i = n\hat{b}_0 + \hat{b}_1 \sum x_{1i} + \hat{b}_2 \sum x_{2i} + \cdots + \hat{b}_m \sum x_{mi} \\ \sum x_{1i} y_i = \hat{b}_0 \sum x_{1i} + \hat{b}_1 \sum x_{1i}^2 + \hat{b}_2 \sum x_{1i} x_{2i} + \cdots + \hat{b}_m \sum x_{1i} x_{mi} \\ \sum x_{2i} y_i = \hat{b}_0 \sum x_{2i} + \hat{b}_1 \sum x_{1i} x_{2i} + \hat{b}_2 \sum x_{2i}^2 + \cdots + \hat{b}_m \sum x_{2i} x_{mi} \\ \cdots \\ \sum x_{mi} y_i = \hat{b}_0 \sum x_{mi} + \hat{b}_1 \sum x_{1i} x_{mi} + \hat{b}_2 \sum x_{2i} x_{mi} + \cdots + \hat{b}_m \sum x_{mi}^2 \end{cases} \quad (2-21)$$

正规方程组式(2-21)的矩阵形式为 $\boldsymbol{X'Y} = \boldsymbol{X'X\hat{B}}$。

解这个正规方程组即可得出回归参数的估计值:

$$\hat{\boldsymbol{B}} = (\boldsymbol{X'X})^{-1}\boldsymbol{X'Y} \quad (2-22)$$

多元线性回归分析的计算量非常大,一般借助于常见的统计分析软件如 SPSS 或 Excel 来计算。

(二)多元线性回归工具

下面我们通过一个例题来解释如何利用 Excel 的"回归"工具来进行多元线性回归分析。

【例 2-10】依据经验,区域货运总量除了与当地的 GDP 有关,还可能与人均可支配收入有关,因此在例 2-9 的已知数据基础上,我们又收集了人均月收入的有关数据,如表 2-10 所示。由于增加了影响因素,此时所建立的回归模型会是怎样的呢?

表 2-10 某地区货运总量、国内生产总值以及人均月收入

序号	年份	国内生产总值/亿元	人均月收入/元	货运总量/万吨
1	2000	974	2 000	37 860
2	2001	1 207	2 200	38 400
3	2002	1 491	2 500	42 852
4	2003	1 644	3 000	46 782
5	2004	1 793	4 000	48 448
6	2005	1 855	5 700	50 781
7	2006	1 955	6 100	52 452
8	2007	2 074	6 200	53 198
9	2008	2 232	6 400	55 013
10	2009	2 465	7 200	58 664

解:从表 2-10 中可看出,货运总量随着该地区的国内生产总值和人均月收入的增加而增加,因此,货运总量与这两个因素之间存在线性相关关系,可用二元线性回归方程表示,即

$$\hat{y} = \hat{b}_0 + \hat{b}_1 x_1 + \hat{b}_2 x_2$$

式中,x_1 为国内生产总值;x_2 为人均月收入。在 Excel 的电子表格中录入表 2-10 中的样本数据,利用"回归"工具来求解。具体情况如下:

(1)求得多元回归方程的系数,从而得出回归方程。

选择数据分析中的"回归"命令后,出现一个对话窗口,如图 2-19 所示。

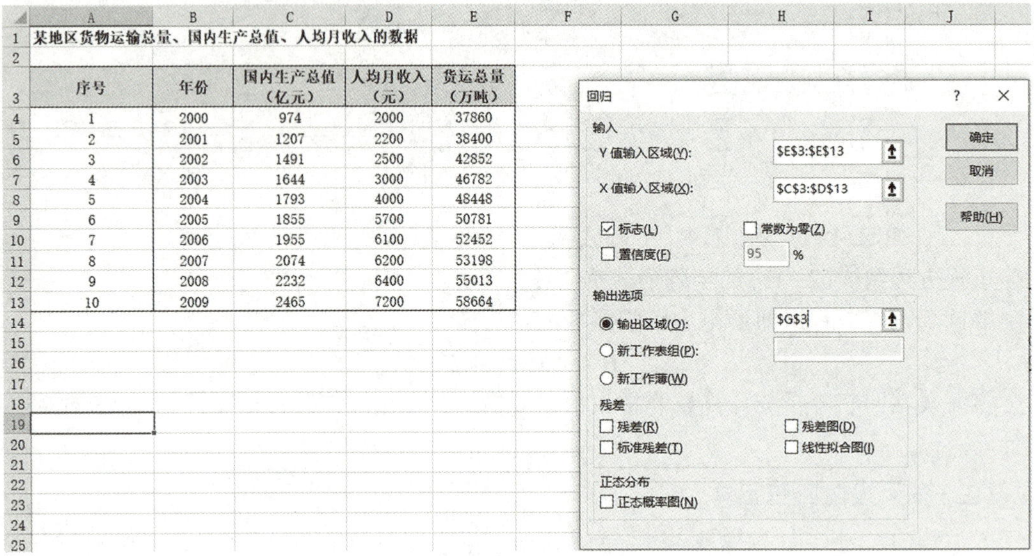

图 2-19　录入数据后，"回归"对话框设置

在对话框中的"Y 值输入区域"，选择图 2-19 中的单元格 E3 到 E13；"X 值输入区域"，选择与 x_1（国内生产总值）和 x_2（人均月收入）对应的区域，即单元格 C3 到 D13；选择输出区域（单元格 G3）之后，单击"确定"按钮。Excel 进行相应计算，显示出回归结果如图 2-20 所示。

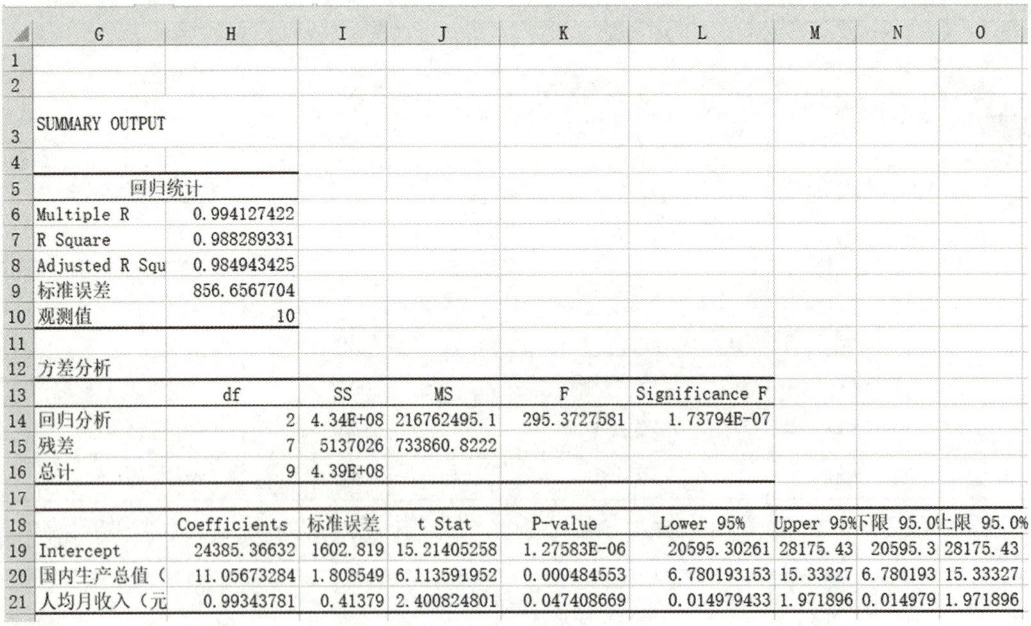

图 2-20　多元线性回归模型的求解结果

在图 2-20 中的 Coefficients（系数）列中列出三个数值，这些数值分别对应着参数的估计值 $\hat{b}_0$、$\hat{b}_1$ 和 $\hat{b}_2$。可以看出，自变量 x_1 是国内生产总值，x_2 是人均月收入，估计的回归方程为 $\hat{y} = 24\,385.366 + 11.057x_1 + 0.993x_2$。

对比前面的一元线性回归模型,可以看出回归模型中系数的值会根据模型中变量的个数而变化。

(2)求解结果分析——多元线性回归模型的检验。

增加自变量会使 R^2 统计量的值变大,从图 2-20 中可以看出多元线性回归的 R^2 = 0.988 3,高于一元线性回归的 R^2 值(0.978 6)。值得注意的是,只要在回归方程中添加足够多的自变量,无论新增加的自变量是否和因变量相关,都可以使 R^2 的值任意增大,这会导致模型对数据的过度拟合。为此,引入调整的 R^2 统计量(Adjusted R^2),它把回归模型中自变量的数目考虑在内,其定义如下:

$$R^2_{adj} = 1 - \left(\frac{SSE}{SST}\right)\left(\frac{n-1}{n-k-1}\right)$$

式中,n 表示样本中观测值的数目;k 表示模型中自变量的数目。当给回归模型新增一个自变量时,调整的 R^2 的值会减小。因此,调整的 R^2 可以作为经验准则,帮助我们判断新增一个自变量,是否提高了回归模型的预测能力。图 2-20 中单元格 H8 = 0.985,即为调整的 R^2 的值。判定系数 R^2 为 0.988,调整的 R^2 为 0.985,这说明该多元回归方程对数据的拟合度比一元线性回归方程更好。

例 2-10 只有两个自变量,当有多个自变量($m>2$),可以选择建立不同的多元回归模型时,调整的 R^2 这个指标尤其有用。可以证明调整的 R^2 最大的回归模型,其标准误差最小。所以,调整的 R^2 有时就是用于选择在给定问题中使用哪种多元回归模型的唯一标准。

与一元线性回归相同,多元线性回归的假设检验也分为回归方程的假设检验和回归系数的假设检验。同样地,可以从图 2-20 的 Excel"回归"求解结果中得到如下结论:

①F 检验。图 2-20 中单元格 K14 为 F 显著性(Significance F)接近于 0。Significance $F = 1.74 \times 10^{-7} < 0.05$,拒绝原假设(所有自变量的系数值 $b_i = 0$),这说明至少有一个回归系数不为 0。因此,这个多元回归方程总体回归效果是显著的,通过了 F 检验。

②t 检验。图 2-20 中单元格 K19 ~ K21 为 P-value。例如单元格 K20 中 x_1 的 p 值为 0.000 48,表明当模型中的自变量为 x_1 和 x_2 时,$b_1 = 0$ 的概率只有 0.048%,因此,可以得出 $b_1 \neq 0$ 的结论,即 x_1(国内生产总值)的回归系数是显著的;通过了 t 检验。以显著性水平 α 为衡量标准,只要 p 值小于 $\alpha = 0.05$,就认为通过了 t 检验。

值得注意的是,多元线性回归经常会遇到的一个问题是多重共线性,即由多个自变量引起的有关因变量变化的信息重复度。多重共线性问题在自变量高度相关的情况下经常发生。关于多重共线性的问题及其处理,详细情况请参考其他统计学或计量经济学教材,在本书的多元线性回归部分不再讨论。

(3)多元线性回归预测。

综上所述,多元线性回归方程

$$\hat{y} = 24\,385.366 + 11.057x_1 + 0.993x_2$$

通过了 F 检验、回归系数也通过了 t 检验,并且判定系数 R^2、调整的 R^2 都非常接近于 1;再结合物流货运的实践经验,可以认为该多元线性回归方程用于区域货运量的预测是可行的。

与一元线性回归类似，在图 2-21 中的 F 列录入公式，计算出每一个样本观测值的估计值 $\hat{y}_i$，即为货运量的预测值。

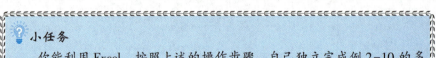

图 2-21 利用多元线性回归方程进行预测

单元格 F4 的公式：＝＄H＄19+＄H＄20*C4+＄H＄21*D4，复制公式直至单元格 F13。

或者，也可以利用 TREND( ) 函数，写入

单元格 F4 的公式：＝TREND(＄E＄4：＄E＄13,＄C＄4：＄D＄13,C4:D4)，复制公式直至单元格 F13，所得到的预测值相同，如图 2-21 所示。

对比图 2-21 和图 2-18 中的货运量预测值以及 R^2、调整的 R^2 和标准误差（相当于RMSE）等指标，可以发现，多元线性回归模型比一元线性回归的预测效果更佳。

小任务

你能利用 Excel，按照上述的操作步骤，自己独立完成例 2-10 的多元线性回归预测吗？软件操作中遇到的问题是什么，请你记录下来。

视频 2-12
Excel 多元回归

本章小结

物流需求预测是物流系统中最重要的组成部分之一，是物流企业规划和经营决策的前提与基础。需求预测的准确性将直接影响企业未来发展战略，也影响着企业对未来市场的决策。因此需求预测在整个物流系统运作中扮演很重要的角色。

物流决策者要进行的定量预测一般是与库存控制、运输调度、仓库装卸计划等活动有关的需求预测。常用的定量预测方法包括时间序列分析预测和回归分析预测两大类。其中时间序列分析预测主要介绍了移动平均法和指数平滑法；回归分析预测介绍了一元线性回归预测和多元线性回归预测。需要注意的是，回归方程还要经过各种相关检验才能应用于实际预测之中。

案例分析

物流公司的广告支出和渠道选择决策

某物流公司想知道在传统媒体上做广告和在新媒体上做广告哪种渠道更有效。调查者搜集了该公司20个月,每月的销售收入和每月用在两种不同媒体上的广告支出,如表2-11所示。

表2-11 广告支出情况表(单位:万元)

销售收入	新媒体	传统媒体
818	13	17
1 101	23	37
781	33	30
1 076	41	22
1 253	22	30
836	17	21
710	24	25
684	17	25
1 007	23	23
952	11	28
876	12	27
821	31	22
633	10	30
1 428	32	25
1 159	27	23
711	17	18
800	21	29
718	15	30
1 516	34	31
752	23	16

请你根据所学知识对以下问题进行思考:销售收入是否与两种媒体的广告支出有关?每种媒体上的广告支出额对销售收入的影响如何?哪种广告形式带来的效益更好?你能为该物流公司选择一种最佳的广告形式吗?

讨论题

1. 可以选择哪些方法辅助物流公司进行决策?可以选择回归方法吗?
2. 如果进行回归分析,应该如何选择自变量和因变量?
3. 如果只能选一种广告形式,你建议选择哪种?

一、思考题

1. 物流需求预测的影响因素有哪些？你能举例说明吗？
2. 当变量间关系呈现什么特征时，可以选用回归方法作为预测工具？回归分析预测的步骤是怎样的？
3. 运用一次移动平均法进行预测时应注意哪些问题？与二次移动平均法相比有哪些不同？
4. 指数平滑法和移动平均法的特点各是什么？

二、练习题

1. 某卡车运输公司必须决定每周所需的卡车和司机的数量。通常的做法是司机在星期一出发去取货/送货，在星期五回到出发点。对卡车的需求可由该周要运送的货物总量来决定。但为了制订计划，必须提前一周得到有关数据。表 2-12 给出的是过去 10 周中的货运量，试运用一次指数平滑法预测下一周的货运量。（提示：为使预测误差尽量小，可依据最早的 4 周数据的平均数作为初始平滑值；同时以 0.1 的递增幅度寻找合适的平滑系数 α 值。）

表 2-12 过去 10 周的货运量

周	货运量/万吨	周	货运量/万吨
1 周	250.8	6 周	119.4
2 周	239.9	7 周	151.4
3 周	203.9	8 周	189.5
4 周	265.3	9 周	234.9
5 周	226.8	10 周	205.6

2. 某集团公司近 8 个月物流费用支出和物流收入资料如表 2-13 所示，若公司 9 月份物流费用支出预计为 16 万元，试预测 9 月份的物流收入。

表 2-13 物流费用支出和物流收入

月份	1	2	3	4	5	6	7	8
物流费用支出/万元	2	3	5	6	7	9	10	12
物流收入/万元	60	80	110	140	160	190	220	250

第三章　物流设施选址决策与优化

本章学习要点

1. 理解物流设施选址的意义，设施选址的原则；
2. 了解影响设施选址的经济因素及非经济因素；
3. 理解并掌握选址模型的分类及距离计算；
4. 掌握连续选址模型中的重心法模型、交叉中值法模型及其软件实现；
5. 掌握离散选址模型中的覆盖模型、p-中值模型及其软件实现。

第一节　物流设施选址决策概述

一、物流设施选址的意义

物流设施是物流系统运行所需的固定资产的统称。设施选址是确定在何处建厂或建立物流配送中心等设施，是指运用科学的方法决定设施的地理位置，使之与企业或组织的整体经营运作系统有机结合，以便有效地、经济地达到企业或组织的经营目的。

设施选址恰当与否，对生产力布局、城镇建设、企业投资、建设速度及建成后的生产经营状况都具有重大影响。设施选址对设施建成后的设施布置以及投产后的生产经营费用、产品和服务质量以及成本都具有重要的意义，一旦确定，设施建设完工，一般不能轻易改动。因此，在进行设施选址时，必须充分考虑多方面因素的影响，慎重决策。而且，除新建企业或组织的设施选址问题以外，随着经济的发展，城市规模的扩大以及地区之间的发展差异，很多企业面临着迁址的问题。

因此，设施选址需要进行充分的调查研究与勘察，应科学分析，不能凭主观意愿决定，不能过于仓促，要考虑自身设施和产品的特点，注意自然条件、市场条件、运输条件，应有长远的观点。如果选址不当，会给企业或组织带来意想不到的损失。

二、设施选址的基本原则

物流设施布局的最优方案，是在选定备选地址的基础上建立起数学模型，然后进行优化计算完成的。因此，备选地址的选择是否恰当，对最优方案和计算求解的过程，以及运算成本有直接的影响。备选地址选得过多，会使模型变得十分复杂，计算的工作量也很大，成本高；相反，如果备选地址选得太少，则可能使所得的方案偏离最优解太远，达不到合理布局的目的。由此可见，选择备选地址对于物流设施布局的合理与否是一个关键性的步骤。为使备选地址选得恰当，进行备选地址选择时应遵循以下几项原则：

（一）有利于商品运输合理化

物流设施的选址是商品运输的起点和终点。物流设施的布局是否合理将直接影响运输效益，因此从运输系统的角度考虑，物流设施选址应设置在交通方便的地方，一般应在交通干线上。

（二）方便用户

物流设施的服务对象是商品的供需双方，而且主要是商品的需求用户。因此，应使物流中心网点尽量靠近用户，特别应在用户比较集中的地方设置物流网点。尤其对于服务业，几乎无一例外都需要遵循这一原则，如银行储蓄所、邮局、电影院、医院、学校、零售业的所有商店等。许多制造企业也把工厂建到消费市场附近，以降低运费和损耗。

（三）能集聚人才

人才是企业最宝贵的资源，合适的设施选址将有利于吸引人才。因企业搬迁造成员工生活不便，导致员工流失的事件常有发生。

（四）有利于节省基建投资

物流设施的基建费用是物流设施布局需要考虑的主要费用之一，为降低基建费用，应在地形环境比较有利的位置对物流设施进行选址。

（五）能适应国民经济一定时期内发展需要

国民经济的不断发展，必然产生生产力布局的变更，生产结构和运输条件也会随之发生变化，这些变化无疑对物流系统的效益产生新的要求和影响。在选择物流网点时，除了考虑当前的情况外，还应对计划区域内的生产发展水平和建设规划进行预测，以使物流设施网点的布局方案对今后一定时期内国民经济的发展有较好的适应能力。

三、设施选址考虑的因素

设施选址对企业或组织的成功起着至关重要的作用，它需要考虑众多复杂的因素，涉及许多方面。影响设施选址的因素可分为两大类：经济因素与非经济因素。

（一）经济因素

1. 运输条件与费用

对企业来说，运输成本占有较大比重。因此在选址时，如存在铁路、公路、河海及航空运输等多种运输条件时，应分析比较它们的运价、载重能力、运输均衡性等条件，注意缩短运输距离、减少运输环节中的装卸次数，并尽量靠近码头、公路、铁路等交通设施，且尽可能选择和利用现有的或拟建的交通设施。

2. 原料供应条件

某些行业对原料的量和质都有严格要求，这类部门长期以来主要分布在原料产地附近，以降低运费，减少时间延迟，从而得到较低的采购价格。下述企业应该接近原材料或材料产地。

1）原料笨重而价格低廉的企业，如砖瓦厂、水泥厂、玻璃厂、钢铁冶炼厂和木材厂等。

2）原料易变质的企业，如水果、蔬菜、罐头厂。

3）原料笨重，产品由原料中的一小部分提炼而成，如金属选矿和制糖厂。

4）原料运输不便，如屠宰厂。

但由于技术进步引起单位产品原料消耗的下降，原料精选导致单位产品原料用量、运费的减少，以及工业专业化的发展，使得加工工业向成品消费地转移，运输条件的改善引起单位产品运费的降低，目前工业企业对原料产地的依赖性逐渐呈缩小趋势。

3. 动力、能源的供应条件

对于火力发电厂、有色金属冶炼、石油化工等行业，动力、能源的消耗在生产成本中的比例达到 $35\% \sim 60\%$。对于重型机器、水泥、玻璃、造纸等行业，动力、能源的供应量和成本的影响也举足轻重。酿酒工业、矿泉水业、钢铁工业、水力发电厂等必须靠近江河水库。

4. 市场条件

工厂位于接近消费市场的主要目的是节约运费并及时提供服务。因此设施选址时，下列企业应接近消费市场。

1）产品运输不便，如家具厂、预制板厂。

2）产品易变化或变质，如制冰厂、食品厂。

3）大多数服务业，如商店、消防队、医院等。

5. 劳动力条件

劳动力素质对技术密集型和劳动密集型企业产生不同的影响，构成不同的劳动力成本。应考虑地区的人口状况，重点考虑专业技术人员、熟练工人和其他劳动力的来源及其数量、质量是否能满足本企业或组织的需要。要考虑当地条件是否能就近解决这些人员的生活供应和居住问题。同时，还要考虑当地的人事劳动工资政策是否能吸引满足数量和质量要求的劳动力。

6. 建筑成本

建筑成本指土地征用、赔偿拆迁、平整的费用，并注意应尽量少占用农业用地。

（二）非经济因素

1. 政治因素

政治因素是指一个国家的政权是否稳定、法制是否健全、是否存在贸易禁运政策等。这一点的重要性是显而易见的，大多数的企业都不愿意在动乱的国家或地区投资。政治因素是无法量化的指标，主要依靠企业的主观评价。

要了解当地政府的政策、法规。有些地区政府为了鼓励在当地投资建厂,专门划出工业区及各种经济开发区,低价出租或出售土地、厂房、仓库,并在税收、资金等方面提供优惠政策,同时拥有良好的基础设施,营造一个有利的投资环境。另外,要了解当地的有关法律法规,如环境保护方面的法规,不能将污染环境的工厂建在法规不允许的地方。

2. 社会因素

投资建厂要考虑的社会因素包括居民的生活习惯、文化教育水平、宗教信仰和生活水平等。

(1)居民的生活习惯情况。不同国家和地区、不同民族的生活习惯不同,企业的产品一定要适合当地的需要,注意产品的本地化。

(2)科技、教育发展情况。在文化教育水平高的地区设厂,不仅有利于招收受过良好教育和训练的员工,而且文化教育水平高的地区的氛围也有利于吸引更多的优秀人才;到贫困地区设厂,人工费用低,如果产品的科技含量不高,对劳动力素质要求不高,这是可行的。

(3)生产技术协作条件。厂址应便于将来同相邻企业和依托城市在科技、信息、生产、修理、公共设施、交通运输、综合利用和生活福利等方面建立广泛的协作关系。

(4)宗教信仰。到经济不发达的地区建厂,要注意当地居民的开化程度和宗教信仰,如果生产企业的性质与当地的宗教信仰相矛盾,则不仅原料来源和产品销路有问题,招收职工有困难,而且会遭到无端的干涉和破坏。

(5)生活水平。建厂地方的生活条件和水平决定了对职工的吸引力,人们的住房、交通工具、饮食、衣着以及能耗反映了当地的生活水平。生活水平高的地区,企业付给员工的工资也高,从而产品的成本也高。

(6)社区情况。了解当地服务行业、商店、加油站和娱乐设施等的状况。

3. 自然因素

(1)地形地貌条件。地形和面积应能满足工艺过程露天作业的需要和容纳全部建筑物。各类设施对场地外形和面积大小的要求,不仅因设施的性质和类别而不同,而且与工艺流程、机械化程度、运输方式、建筑形式、建筑密度等有关。因此,厂区内的地形应有利于车间布置、运输联系及场地排水。场地应预留必要的发展余地,扩建用地应尽可能预留在场外,避免早征迟用。

(2)气候条件。厂址应具备与企业性质相适应的气候条件,如温度、湿度、降雨量、降雪量、风力风向变化等。特别要考虑高温、高湿、云雾、风沙和雷击地区对生产的不良影响。对于严寒地带,还应考虑冰冻对建筑物基础和地下管线敷设的影响。

(3)水文地质、工程地质条件。厂址所在地地下水位最好低于地下室和地下构筑物的深度,地下水对建筑物基础最好无侵蚀性。

(4)给水排水条件。厂址最好靠近水源,保证供水的可靠性,水质、水温、水量应符合生产要求。同时,生产污水应便于经处理后排入附近的江河或城市排污系统。

从以上各项因素看,有的属于经济因素,有的属于非经济因素,在进行比较时要根据项目的具体情况而采取不同的方法。

四、设施选址影响因素的权衡

在做选址比较时,由于影响方案的因素很多,就要根据设施的要求,针对几个主要因素进行分析。有时经济因素是决定方案的关键，但也可能非经济因素起决定性作用，成为方案取舍的关键。在考虑这些因素时，需要注意以下几个方面：

首先，必须仔细权衡所列出的影响因素，决定哪些是与设施选址紧密相关的，哪些虽然与企业经营或经营结果有关，但是与设施位置的关系并不大，以便在决策时分清主次，抓住关键。否则，有时候所列出的影响因素太多，在具体决策时容易分不清主次，难以做出最佳的决策。

其次，在不同情况下，同一影响因素会有不同的影响作用，因此，绝不可生搬硬套任何原则条文，也不可完全模仿照搬已有的经验。

最后，还应该注意的一点是，对于制造业和非制造业的企业来说，要考虑的影响因素以及同一因素的重要程度可能有很大的不同。

第二节　物流设施选址模型分类与距离计算

当确定了物流网络层次数、设施所在区域及潜在的地址后，需要应用某种数学方法从备选地址中选择最佳和最满意的地址，并对设施间的产能进行最佳分配。在物流决策中，通常会用到选址优化模型，即通过建立选址问题的数学模型，应用优化方法求出物流设施网点的最佳位置。

一、选址优化模型的分类

在建立一个选址模型之前，首先需确定以下几个问题：
(1) 选址的对象是什么？
(2) 选址的目标区域是怎样的？
(3) 选址目标和成本函数是什么？
(4) 有一些什么样的约束？

根据上述不同的问题，选址模型可以分为相应的类型，不同的类型将建立不同的数学模型，进而选择相应的算法进行求解，就可以得到具体的最佳选址方案。

一般可将选址问题按以下几个方面进行分类：

1. 按设施对象划分

不同的物流设施其功能不同，选址时所考虑的因素也不相同。在决定设施定位的因素中，通常某一个因素会比其他因素更重要。

在工厂和仓库选址中，最重要的因素通常是经济因素。

服务设施(如零售网点)选址时，到达的容易程度则可能是首要的选址要素，在收入和成本难以确定时，尤其如此。

2. 按设施的维数划分

根据被定位设施的维数，可以分为体选址、面选址、线选址和点选址。

体选址是用来定位三维物体的，例如卡车和飞机的装卸或箱子外货盘负载的堆垛。

面选址是用来定位二维物体的，例如一个制造企业内的部门布置。

线选址是用来定位一维物体的，例如在配送中心的分拣区域，分拣工人像传送带按照订单拣选所需要的货品。

点选址是用来定位零维设施的。当相对于设施的目标位置区域而言，设施的尺寸可以忽略不计时，可使用点选址模型。大多数选址问题和选址算法都是基于这种情况的。本章主要介绍的是点选址模型。

3. 按设施的数量划分

根据选址设施的数量，可以将选址问题分为单一设施选址问题和多设施选址问题。单一设施选址，无须考虑竞争力、设施之间需求的分配、集中库存的效果、设施成本与数量之间的关系等，而运输成本是要考虑的首要因素。单一设施的选址与同时对多个设施选址是截然不同的两个问题，多设施选址相对比较复杂。

4. 按选址目标区域的离散程度划分

按照选址目标区域的特征，选址问题分为连续选址和离散选址两类。

连续选址问题是指在一个连续空间内所有的点都是可选方案，需从数量是无限的点中选择其中一个最优的点。这种方法称为连续选址法，常应用于物流设施的初步定位问题。

离散选址问题是指目标选址区域是一个离散的候选位置的集合。候选位置的数量通常是有限的，可能事先已经过了合理分析和筛选。这种模型是较切合实际的，称为离散选址法，常应用于设施的详细选址设计问题。

5. 按目标函数划分

按照选址问题所追求的目标和要求不同，模型的目标函数可分以下几种：

(1) 可行点/最优点。

对于许多选址问题来说，首要的目标是得到一个可行的解决方案，即一个满足所有约束的解决方案。可行方案得到以后，第二步的目标是找到一个更好的解决方案。

(2) 中值问题。

在区域中选择一个或若干个设施位置，使得该位置离各客户的距离（或成本）的合计最小。这种目标通常在企业问题中应用，也称为"经济效益性"。在中值问题中被选择设施的数量往往预先确定，当选择设施数量为 p 时，称为 p-中值问题。

(3) 中心问题。

在区域中选择设施的位置，使得距离（或成本）最大的客户到设施的距离（或成本）最小，也称为最小最大问题。其目标是优化"最坏的"情况，所以称为"经济平衡性"。

(4) 单纯选址问题/选址-分配问题。

如果新设施和已存在设施间的关系（权重）与新设施的位置无关，权重固定，则选址问题称为单纯选址问题，也称为固定权重选址问题。如果这种关系（权重）与新设施的位置相关，这些权重本身就成为变量，这种问题称为选址-分配问题，也称可变权重问题。例如配送中心的选址问题，添加一个新的配送中心，不仅改变了原配送中心的客户分配，同时也改变了客户到配送中心的距离。

6. 按能力约束划分

根据选址问题的约束种类，可以分为有能力约束的选址问题和无能力约束的选址问题。如果新设施的能力可充分满足客户需求，选址问题就是无能力约束设施选址问题；反之，若各设施具有所能满足需求的上限，就是有能力约束的选址问题。

二、选址问题中的距离计算

选址问题模型中,最基本的一个参数是各个网点之间的距离。一般采用两种方法来计算网点之间的距离,一种是直线距离,也称欧几里得距离;另一种是折线距离,也称城市距离,如图 3-1 所示。

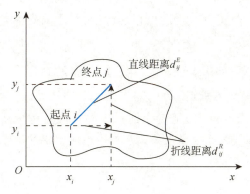

图 3-1 直线距离与折线距离比较

1. 直线距离

当选址区域的范围较大时,网点间的距离常可用直线距离近似替代,或用直线距离乘以一个适当的系数 w 来近似替代实际距离,如城市间的运输距离、大型物流园区间的间隔距离等都可用直线距离来近似计算。

区域内两点 (x_i, y_i) 和 (x_j, y_j) 间的直线距离 d_{ij} 的计算公式为

$$d_{ij} = w_{ij}\sqrt{(x_i - x_j)^2 + (y_i - y_j)^2} \tag{3-1}$$

式中,$w_{ij}(\geq 1)$ 称为迂回系数,一般可取定一个常数,其大小要视区域内的交通情况而定。在交通较发达地区,w_{ij} 的取值较小;反之,w_{ij} 的取值较大。如在美国大陆,w_{ij} 是 1.2,而在南美洲,w_{ij} 是 1.26。

2. 折线距离

如图 3-1 所示,折线距离也称城市距离,当选址区域的范围较小而且区域内道路较规则时,可用折线距离代替两点间的距离。如城市内的配送问题、具有直线通道的配送中心、工厂及仓库内的布置、物料搬运及设备的顺序移动等问题。

折线距离的计算公式如下:

$$d_{ij} = w_{ij}(|x_i - x_j| + |y_i - y_j|) \tag{3-2}$$

第三节 常见的连续选址模型与方法

连续选址问题指的是在一条路径或一个区域内的任何位置都可以选取作为最为合适的一个或一组位置的最优方案,相应的模型称为连续选址模型。本节主要介绍重心法和交叉中值法模型两种。

一、重心法模型及其求解

重心法是一种模拟方法。这种方法将物流系统中的需求点和资源点看成分布在某一平面范围内的物流系统，各点的需求量和资源量分别看成物体的重量，物体系统的重心作为物流网点的最佳设置点，利用求物体系统重心的方法来确定物流网点的位置。重心法模型是选址问题中最常用的一种模型，可解决连续区域直线距离的单点选址问题。

1. 选址问题描述

设有 n 个货物需求点，如图 3-2 所示，它们各自的坐标已知，可以表示为 (x_j, y_j) $(j=1,2,3,\cdots,n)$，w_j 为需求点 j 处的需求量，h_j 为从设施到需求点 j 的运送费率（即单位吨公里的运送费）。确定物流设施的坐标 (x, y)，使总运输费用最小。其中，运输费用是设施与客户之间的直线距离、需求量以及单位运输费率的函数。

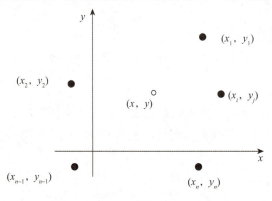

图 3-2　需求点的坐标

2. 建立模型

目标函数为

$$\min H = \sum_{j=1}^{n} h_j w_j d_j \tag{3-3}$$

其中，

$$d_j = \sqrt{(x-x_j)^2 + (y-y_j)^2} \tag{3-4}$$

式中，H 表示总运费；h_j 表示从设施到需求点 j 的运送费率（即单位吨公里的运送费）；w_j 表示需求点 j 的需求量；d_j 表示从设施到需求点 j 的距离。

3. 模型求解

为了求解上述模型，令

$$\frac{\partial H}{\partial x} = \sum_{j=1}^{n} [h_j w_j (x-x_j)/d_j] = 0 \tag{3-5}$$

$$\frac{\partial H}{\partial y} = \sum_{j=1}^{n} [h_j w_j (y-y_j)/d_j] = 0 \tag{3-6}$$

从式 (3-5) 和式 (3-6) 中可分别求得最合适的 x^* 和 y^*，即

$$x^* = \frac{\sum_{j=1}^{n} h_j w_j x_j / d_j}{\sum_{j=1}^{n} h_j w_j / d_j} \quad (3-7)$$

$$y^* = \frac{\sum_{j=1}^{n} h_j w_j y_j / d_j}{\sum_{j=1}^{n} h_j w_j / d_j} \quad (3-8)$$

因式(3-7)和式(3-8)中还含有 d_j，即还含有要求的未知数 x 和 y，而要从两式的右边完全消去 x 和 y，计算起来很复杂。因此可以采用迭代法来进行计算。

4. 逐步逼近迭代算法(不动点算法)

算法步骤如下：

(1) 确定物流设施的初始地点 (x_0, y_0)；

(2) 利用式(3-3)和式(3-4)，计算距离以及与 (x_0, y_0) 相应的总运费 H_0；

(3) 利用式(3-7)和式(3-8)，计算物流设施的改善地点 (x_1, y_1)；

(4) 利用式(3-3)和式(3-4)，计算距离以及与 (x_1, y_1) 相应的总运费 H_1；

(5) 把 H_1 和 H_0 进行比较，如果 $H_1 < H_0$，则返回(3)的计算，再次利用式(3-7)和式(3-8)，计算物流设施的再改善地点 (x_2, y_2)。如果 H_1 与 H_0 相比基本相同，或不能再减小，则说明 (x_0, y_0) 就是最优解。

这样反复计算下去，即可求出最优解 (x_k, y_k)。

由上述步骤可知，应用迭代法的关键是确定物流设施的初始地点 (x_0, y_0)，初始地点的选取方法可以不同，具体做法有：

(1) 将各需求点之间的重心点作为初始地点，即

$$x_0 = \sum_{j=1}^{n} h_j w_j x_j \Big/ \sum_{j=1}^{n} h_j w_j \quad (3-9)$$

$$y_0 = \sum_{j=1}^{n} h_j w_j y_j \Big/ \sum_{j=1}^{n} h_j w_j \quad (3-10)$$

(2) 以需求点坐标的均值作为初始地点，即

$$x_0 = \frac{1}{n} \sum_{j=1}^{n} x_j \quad (3-11)$$

$$y_0 = \frac{1}{n} \sum_{j=1}^{n} y_j \quad (3-12)$$

(3) 还可以根据各需求点的位置和商品的需要量的分布情况选取初始地点；

(4) 也可采用任选初始地点的方法。

【例3-1】设物流设施选址范围内有5个需求点，其坐标、需求量和运送费率如表3-1所示。现要设置一个物流设施 S，问：该设施的最佳位置为何处？

表3-1 需求点的需求状况

需求点	坐标	需求量(w_j)	运送费率(h_j)	综合权重($h_j w_j$)
A	(3, 8)	2 000	0.5	1 000
B	(8, 2)	3 000	0.5	1 500
C	(2, 5)	2 500	0.75	1 875
D	(6, 4)	1 000	0.75	750
E	(8, 8)	1 500	0.75	1 125

解：第一步，以各需求点之间的重心点作为设施的初始地点(x_0, y_0)，即代入式(3-9)、式(3-10)得到

$$x^0 = \frac{1\,000 \times 3 + 1\,500 \times 8 + 1\,875 \times 2 + 750 \times 6 + 1\,125 \times 8}{1\,000 + 1\,500 + 1\,875 + 750 + 1\,125} = 5.16$$

$$y^0 = \frac{1\,000 \times 8 + 1\,500 \times 2 + 1\,875 \times 5 + 750 \times 4 + 1\,125 \times 8}{1\,000 + 1\,500 + 1\,875 + 750 + 1\,125} = 5.18$$

第二步，以$(5.16, 5.18)$作为设施点S坐标，利用式(3-3)、式(3-4)计算与各需求点的距离以及总运输费用：

$$d_{1s}^0 = [(5.16 - 3)^2 + (5.18 - 8)^2]^{1/2} = 3.6$$

$$d_{2s}^0 = [(5.16 - 8)^2 + (5.18 - 2)^2]^{1/2} = 4.3$$

$$d_{3s}^0 = [(5.16 - 2)^2 + (5.18 - 5)^2]^{1/2} = 3.2$$

$$d_{4s}^0 = [(5.16 - 6)^2 + (5.18 - 4)^2]^{1/2} = 1.4$$

$$d_{5s}^0 = [(5.16 - 8)^2 + (5.18 - 8)^2]^{1/2} = 4.0$$

$$H_0 = 1\,000 \times 3.6 + 1\,500 \times 4.3 + 1\,875 \times 3.2 + 750 \times 1.4 + 1\,125 \times 4.0 = 21\,471$$

第三步，利用式(3-7)、式(3-8)，计算物流设施的改善地点(x_1, y_1)：

$$x_1 = \frac{1\,000 \times 3/3.6 + 1\,500 \times 8/4.3 + 1\,875 \times 2/3.2 + 750 \times 6/1.4 + 1\,125 \times 8/4.0}{1\,000/3.6 + 1\,500/4.3 + 1\,875/3.2 + 750/1.4 + 1\,125/4.0} = 5.04$$

$$y_1 = \frac{1\,000 \times 8/3.6 + 1\,500 \times 2/4.3 + 1\,875 \times 5/3.2 + 750 \times 4/1.4 + 1\,125 \times 8/4.0}{1\,000/3.6 + 1\,500/4.3 + 1\,875/3.2 + 750/1.4 + 1\,125/4.0} = 5.06$$

以$(5.04, 5.06)$作为设施点S的新坐标，重复上述第二步、第三步，并继续迭代，所得结果如表3-2所示。

表3-2 迭代结果列表

迭代次数	x_k	y_k	总运输H_k
0	5.16	5.18	21 471
1	5.04	5.06	21 431
2	4.99	5.03	21 427
⋮	⋮	⋮	⋮
59	4.91	5.06	21 425
60	4.91	5.06	21 425

由于H_{59}与H_{60}相同，因此$(4.91, 5.06)$即为近似最优解，在此处设置物流设施

最佳。

5. 重心法的优缺点

在连续型模型中，物流设施地址的选择是不加特定限制的，有自由选择的长处。然而，重心法模型的自由度过多也是一个缺点。因为由迭代法计算求得的最佳地址实际上往往很难找到，有的地址很可能在河流湖泊上或街道中间等。此外，迭代计算量较大（虽然逻辑上并不复杂），这也是重心法模型的缺点之一。

重心法选址模型的更大弊病还在于，模型中将运输距离用坐标（两点间的直线距离）来表示，并认为运输费用是两点间直线距离的函数，这与实际情况有较大的差距，在实际运用过程中需要加以修正，这样才能较好地反映问题本身的特点。

二、交叉中值法模型及其求解

当网点间距离要求用折线距离计算时，可用如下交叉中值方法进行设施选址。

1. 选址问题描述

设有 n 个顾客 $p_1, p_2, \cdots, p_n$ 分布在平面上，其坐标分别为 (x_i, y_i)，顾客的需求量为 w_i，费用函数为设施与顾客之间的城市距离乘以需求量。确定一个设施 p_0 的位置 (x_0, y_0)，使总费用 H（即加权的城市距离和）最小。

2. 建立模型

目标函数为

$$\min H = \sum_{i=1}^{n} w_i (|x_i - x_0| + |y_i - y_0|) \tag{3-13}$$

$$= \sum_{i=1}^{n} w_i |x_i - x_0| + \sum_{i=1}^{n} w_i |y_i - y_0|$$

$$= H_x + H_y \tag{3-14}$$

3. 模型求解

由于式(3-14)由两个互相独立的部分 H_x 与 H_y 相加而成，其中

$$H_x = \sum_{i=1}^{n} w_i |x_i - x_0| = \sum_{i \in \{i | x_i \geq x_0\}} w_i (x_i - x_0) + \sum_{i \in \{i | x_i \leq x_0\}} w_i (x_0 - x_i)$$

得到

$$\frac{dH_x}{dx_0} = \sum_{i \in \{i | x_i \leq x_0\}} w_i - \sum_{i \in \{i | x_i \geq x_0\}} w_i = 0$$

即

$$\sum_{i \in \{i | x_i \leq x_0\}} w_i = \sum_{i \in \{i | x_i \geq x_0\}} w_i \tag{3-15}$$

这说明当 x_0 是最优解时，其两方的权重都为 50%，即 H_x 的最优值点 x_0 是在 x 方向对所有的权重 w_i 的中值点。同理，可得 H_y 的最优值点 y_0 是在 y 方向对所有的权重 w_i 的中值点，即 y_0 需满足

$$\sum_{i \in \{i | y_i \leq y_0\}} w_i = \sum_{i \in \{i | y_i \geq y_0\}} w_i \tag{3-16}$$

由于 x_0, y_0 的取值或者是唯一值，或者在某一范围，故最优的位置也相应可能是一个点，或者是线段，也可能是一个区域。

【例 3-2】 S 超市连锁公司准备在某区域新开办一家超市，主要服务该区附近的 9 个小区居民，如图 3-3 所示。各小区的坐标及需求权重见表 3-3，其中的需求权重由对应小区的居民数目比例确定。试确定一个地点，使顾客到超市的行走距离总和为最小。

表 3-3　9 个居民小区的坐标及需求权重

需求点 P_i	坐标 (x_i)	坐标 (y_i)	需求权重
1	1	6	6
2	2	4	3
3	3	3	8
4	5	3	8
5	4	5	4
6	6	5	8
7	6	2	6
8	3	1	7
9	1	2	2

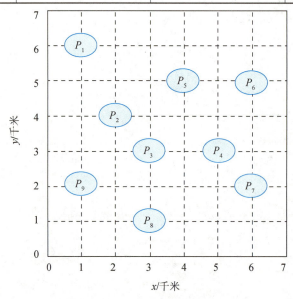

图 3-3　9 个居民小区分布图

解： 由于是在同一个城市内进行选址，使用城市距离是合适的，故用交叉中值选址模型来解决这个问题。

确定中值：

$$w_z = \frac{1}{2}\sum_{i=1}^{9} w_i = 52/2 = 26$$

对于 x 方向，由于

$$\sum_{i \in \{i|x_i \leq 3\}} w_i = w_1 + w_9 + w_2 + w_3 + w_8 = 26 = w_z$$

$$\sum_{i \in \{i | x_i \geq 4\}} w_i = w_5 + w_4 + w_6 + w_7 = 26 = w_z$$

所以 H_x 极小值点为 $3(千米) \leq x_0 \leq 4(千米)$，在这个范围内对于 x 轴方向都是一样的。
对于 y 方向，由于

$$\sum_{i \in \{i | y_i \leq 2\}} w_i = 15 < 26 = w_z \qquad \sum_{i \in \{i | y_i \leq 3\}} w_i = 31 > 26 = w_z$$

$$\sum_{i \in \{i | y_i \geq 4\}} w_i = 21 < 26 = w_z \qquad \sum_{i \in \{i | y_i \geq 3\}} w_i = 37 > 26 = w_z$$

所以 H_y 极小值点为 $y_0 = 3(千米)$。

综合考虑 x，y 方向的影响，选出的地址为 $A(3, 3)$ 至 $B(4, 3)$ 之间的一条线段，如图 3-4 所示。

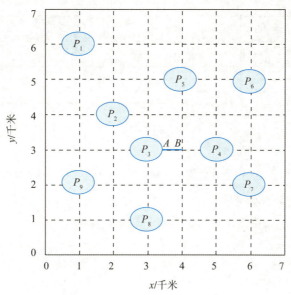

图 3-4 选出地址的坐标示意图

此时，直接计算点 A 和点 B 的加权距离值并经行比较，发现它们的值相等，说明在实际情况下，可在 A，B 间选一个合适的点作为超市的地址。

$$H_A = \sum_{i=1}^{9} w_i(|x_i - 3| + |y_i - 3|)$$
$$= 6 \times 5 + 3 \times 2 + 8 \times 0 + 8 \times 2 + 4 \times 3 + 8 \times 5 + 6 \times 4 + 7 \times 2 + 2 \times 3$$
$$= 148$$

$$H_B = \sum_{i=1}^{9} w_i(|x_i - 4| + |y_i - 3|)$$
$$= 6 \times 6 + 3 \times 3 + 8 \times 1 + 8 \times 1 + 4 \times 2 + 8 \times 4 + 6 \times 3 + 7 \times 3 + 2 \times 4$$
$$= 148$$

在本例中，如果 y 方向也是一个范围，则整个可能的选择范围就是一个区域；如果 x 方向也是一个点，则可选的地点就只有一个点了。可见利用交叉中值模型选址时可以为决策者提供更多的选择方案。

三、利用软件工具实现模型的求解

上述重心法模型和交叉中值法模型的手工求解相对比较烦琐,可以利用软件来方便求解过程。

对于例3-1,可以利用Excel规划求解,具体操作如下:

(1)在Excel表格中输入已知数据,如图3-5所示。重心法模型式(3-3)和式(3-4)中的决策变量、目标函数以及距离分别对应Excel中的单元格B10:C10,B11和G3:G7。此时,需要在单元格G3:G7中录入相应的距离式(3-4),在单元格B11中录入目标函数式(3-3)。

	A	B	C	D	E	F	G
1	例1						
2	需求点	横坐标x_j	纵坐标y_j	需求量(w_j)	运输费率(h_j)	综合权重($h_j w_j$)	距离d_j
3	A	3	8	2000	0.5	1000	
4	B	8	2	3000	0.5	1500	
5	C	2	5	2500	0.75	1875	
6	D	6	4	1000	0.75	750	
7	E	8	8	1500	0.75	1125	
8							
9		x	y				
10	新设施位置						
11	总运输费用H						

图3-5 例3-1的重心法模型Excel规划求解前初始状态

(2)在Excel的规划求解参数窗口,如图3-6所示,选择目标单元格B11,可变单元格即为决策变量对应的单元格B10:C10,选择非线性求解方法,单击"求解"即可得到最终结果。

图3-6 规划求解参数窗口

(3)得到最优的设施选址方案如图3-7所示,可以看出与前面介绍的迭代算法求解结果是一致的。

	A	B	C	D	E	F	G
1	例1						
2	需求点	横坐标x_i	纵坐标y_i	需求量(w_i)	运输费率(h_i)	综合权重($h_i w_i$)	距离d_i
3	A	3	8	2000	0.5	1000	3.51
4	B	8	2	3000	0.5	1500	4.35
5	C	2	5	2500	0.75	1875	2.91
6	D	6	4	1000	0.75	750	1.52
7	E	8	8	1500	0.75	1125	4.27
8							
9		x	y				
10	新设施位置	4.91	5.06				
11	总运输费用H	21425.14					

图3-7 例3-1的重心法模型Excel规划求解后最优解状态

小任务

你能利用Excel,按照上述的操作步骤,自己独立完成重心法模型的规划求解吗?软件操作中遇到的问题是什么,请你记录下来。

视频3-1
重心法模型Excel

同样地,对于例3-2,也可以利用Excel规划求解,具体操作如下:

(1)在Excel表格中输入已知数据,如图3-8所示。交叉中值法模型式(3-13)中的决策变量、目标函数以及折线距离分别对应Excel中的单元格B14:C14,B15和E3:E11。与重心法模型的求解类似,此时需要在单元格E3:E11中录入相应的折线距离公式,在单元格B11中录入目标函数公式。

	A	B	C	D	E
1	例2				
2	需求点P_i	横坐标(x_i)	纵坐标(y_i)	需求权重w_i	折线距离d_i
3	1	1	6	6	
4	2	2	4	3	
5	3	3	3	8	
6	4	5	3	8	
7	5	4	5	4	
8	6	6	5	8	
9	7	6	2	6	
10	8	3	1	7	
11	9	1	2	2	
12					
13		x	y		
14	新设施位置				
15	总加权距离H				

图3-8 例3-2的交叉中值法模型Excel规划求解前初始状态

(2)在Excel的规划求解参数窗口,如图3-9所示,选择目标单元格B15,可变单元格即为决策变量对应的单元格B14:C14,选择非线性求解方法,单击"求解"即可得到最终结果。

图 3-9 规划求解参数窗口

(3) 得到最优的设施选址方案如图 3-10 所示，与前面介绍的手工算法对比可以看出，软件求解只能求得一个最优解。

	A	B	C	D	E
1	例2				
2	需求点P_i	横坐标（x_i）	纵坐标（y_i）	需求权重w_i	折线距离d_i
3	1	1	6	6	5.02
4	2	2	4	3	2.02
5	3	3	3	8	0.02
6	4	5	3	8	1.98
7	5	4	5	4	2.98
8	6	6	5	8	4.98
9	7	6	2	6	3.98
10	8	3	1	7	2.02
11	9	2	2	2	3.02
12					
13		x	y		
14	新设施位置	3.02	3.00		
15	总加权距离H	148.00			

图 3-10 例 3-2 的交叉中值法模型 Excel 规划求解后最优解状态

💡 **小任务**

你能利用 Excel，按照上述的操作步骤，自己独立完成交叉中值法模型的规划求解吗？软件操作中遇到的问题是什么，请你记录下来。

视频 3-2
交叉中值法 Excel

总之，重心法模型和交叉中值法模型，这两种模型的求解方法都是既可以用手工算法，也可以利用软件求解。在 Excel 中，只要能分别对应不同的模型，有正确的输入（如单元格与参数设置），就可以利用"规划求解"中内置的标准算法方便地求得选址模型的最优解。

第四节　常见的离散选址模型与方法

离散选址问题指的是在有限的候选位置里面，选取最为合适的一个或一组位置为最优方案，相应的模型称为离散点选址模型。

离散选址模型与连续选址模型的区别在于它所拥有的候选方案只有有限个元素。对于离散点选址问题，目前主要有两种模型，分别是覆盖模型和 p-中值模型。

一、覆盖模型及其求解

覆盖模型，是对于需求已知的一些需求点，确定一组服务设施来满足这些需求点的需求。在这个模型中，需要确定服务设施的最小数量和合适的位置。该模型适用于商业物流系统，如零售点的选择问题、加油站的选址、配送中心的选址问题等以及公共服务系统等。

根据解决问题的方法不同，覆盖模型又可以分为两种不同的主要模型：

集合覆盖模型：用最小数量的设施去覆盖所有的需求点；

最大覆盖模型：在给定数量的设施下，覆盖尽可能多的需求点。

（一）集合覆盖模型

1. 选址问题描述

已知若干个需求点（客户）的位置和需求量，需从一组候选地点中选择若干个位置作为物流设施网点，在满足各需求点服务需求的条件下，使所建的设施点数量最少。

集合覆盖模型的目标是用尽可能少的设施去覆盖所有的需求点，如图 3-11 所示。

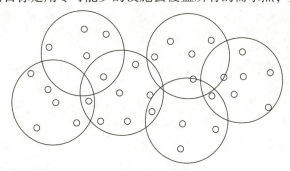

图 3-11　集合覆盖模型

2. 建立模型

设 N——区域中的需求点（客户）集合，$N=\{1, 2, \cdots, n\}$；

M——区域中可建设设施的候选点集合，$M=\{1, 2, \cdots, m\}$；

d_i——第 i 个需求点的需求量;

D_j——设施点 j 的服务能力;

$A(j)$——设施网点 j 可以覆盖的需求点 i 的集合;

$B(i)$——可以覆盖需求网点 i 的设施网点 j 的集合;

x_j——为 0-1 变量,$x_j=1$,在 j 点建立设施;$x_j=0$,不在 j 点建立设施,$j \in M$;

y_{ij}——网点 i 需求中被分配给设施点 j 的部分(比例)。

则数学模型可以表示为

$$\min \sum_{j \in M} x_j \tag{3-17}$$

$$\text{s.t.} \sum_{j \in B(i)} y_{ij} = 1, \ i \in N \tag{3-18}$$

$$\sum_{i \in A(j)} d_i y_{ij} \leq D_j x_j, \ j \in M \tag{3-19}$$

$$x_j \in \{0, 1\}, \ j \in M$$
$$y_{ij} \geq 0, \ i \in N, j \in M \tag{3-20}$$

式(3-17)最小化设施的数目;式(3-18)保证每个需求点的需要得到满足;式(3-19)是对每个提供服务的服务网点的服务能力的限制;式(3-20)表示变量的 0-1 约束和非负约束,保证一个地方最多只能投建一个设施,而且允许一个设施只提供部分的需求。

3. 模型求解

集合覆盖模型是 NP-Hard 问题,所以当规模较小时,可设计枚举法和隐枚举法(如分枝定界法等)求模型的最优解;当需求点数 n 和可供选择的候选点数 m 较大时,一般仍需设计启发式算法来对模型进行近似求解,一个较简单的贪婪算法如下:

该算法的设计思路是以一个空集合作为初始的解集合,然后在剩下的所有其他候选点中选择一个具有最大满足能力的候选点加入原来的候选集合中,如此反复,直到全部需求得到满足为止。具体步骤如下:

第一步:初始化。令所有的 $y_{ij}=0$,$x_j=0$,$y_i = \sum_{j \in M} y_{ij} = 0$(已分配的需求),并确定集合 $A(j)$ 和集合 $B(i)$。

第二步:选择下一个设施点。在 M 中选择 $x_j = 0$ 且 $A(j)$ 的模为最大的点 j' 为设施点,即 $|A(j')| = \max_{j \in M} \{|A(j)|\}$,令 $x_{j'} = 1$,并在 M 集合中剔除网点 j',即 $M = M \setminus \{j'\}$。

第三步:确定网点 j' 的覆盖范围。将 $A(j')$ 中的元素按 $B(i)$ 的模从小到大的顺序指派给 j',直到 j' 的容量为 $D_j = 0$ 或 $A(j')$ 为空。

第四步:若 N 或 M 为空,停止;否则,更新集合 $A(j)$ 和集合 $B(i)$,转第二步。

【例 3-3】在某区域需规划建设若干个农贸市场为将来该区 9 个主要居民点提供服务,除第 6 居民点外,其他各点均有建设市场的条件,如图 3-12 所示。已知市场的最大服务直径为 3 千米,为保护该区域的环境,希望尽可能少地建造农贸市场。问:应如何规划?

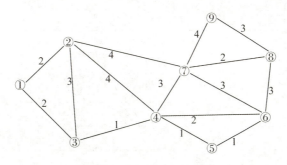

图 3-12 小区居民点位置图

解：$N=\{1,2,3,4,5,6,7,8,9\}$，$M=\{1,2,3,4,5,6,7,8,9\}$，由图 3-12 求两点间的最短距离，根据最大服务半径为 3 千米的约束及第 6 居民点不适合建市场的要求，可确定集合 $A(j)$ 和 $B(i)$，如表 3-4 所示。值得指出的是，本问题没有需求量和容量，故无须考虑约束式(3-19)。

第一步，初始化，令建设市场的解集合 $S=\Phi$，并确定集合 $A(j)$ 和 $B(i)$。

表 3-4 集合 $A(j)$ 和 $B(i)$

居民点号	$A(j)$	$B(i)$
1	1, 2, 3, 4	1, 2, 3, 4
2	1, 2, 3	1, 2, 3
3	1, 2, 3, 4, 5, 6	1, 2, 3, 4, 5
4	1, 3, 4, 5, 6, 7	1, 3, 4, 5, 7
5	3, 4, 5, 6	3, 4, 5
6		3, 4, 5, 7, 8
7	4, 6, 7, 8	4, 7, 8
8	6, 7, 8, 9	7, 8, 9
9	8, 9	8, 9

第二步，确定一个设施点。因为 $A(3)=\{1,2,3,4,5,6\}$，$|A(3)|=6$ 为最大，故首先选取 $j'=3$，$S=\{3\}$。

第三步，由于无容量约束，故可依次指派 2、5、1、3、4、6 点归网点 3 服务。

第四步，更新。此时，$N=\{7,8,9\}$，$M=\{1,2,4,5,7,8,9\}$，更新集合 $A(j)$ 和集合 $B(i)$ 如表 3-5 所示。

表 3-5 更新后的集合 $A(j)$ 和 $B(i)$

居民点号	$A(j)$	$B(i)$
1		
2		
3		
4	7	

续表

居民点号	$A(j)$	$B(i)$
5		
6		
7	7,8	4,7,8
8	7,8,9	7,8,9
9	8,9	8,9

第五步，再次确定一个设施点。因为 $A(8)=\{7,8,9\}$，$|A(8)|=3$ 为最大，故首先选取 $j'=8$，$S=\{3,8\}$。并依次指派 9，7，8 三点归网点 8 服务。

第六步，此时，$N=\{\}$，$M=\{1,2,4,5,7,9\}$，结束。

因此，最终结果为 $S=(3,8)$，即在 3，8 号居民点建设农贸市场。其中，3 号位置的农贸市场建成后，将服务 1，2，3，4，5，6 居民小区；8 号位置的农贸市场建成后，将服务 7，8，9 居民小区。

（二）最大覆盖模型

1. 问题

已知若干个需求点（客户）的位置和需求量，需从一组候选地点中选择 p 个位置作为物流设施网点，使得尽可能多地满足需求点的服务。

最大覆盖模型的目标是对有限的服务网点进行选址，为尽可能多的对象提供服务，如图 3-13 所示。

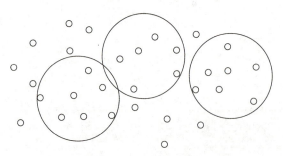

图 3-13　最大覆盖模型

2. 建立模型

设 N——区域中的需求点（客户）集合，$N=\{1,2,\cdots,n\}$；

M——区域中可建设设施的候选点集合，$M=\{1,2,\cdots,m\}$；

d_i——第 i 个需求点的需求量；

D_j——设施点 j 的服务能力；

p——允许建设的设施的数目；

$A(j)$——设施节点 j 可以覆盖的需求点 i 的集合；

$B(i)$——可以覆盖需求网点 i 的设施网点 j 的集合；

x_j——为 0-1 变量，$x_j=1$，在 j 点建立设施；

$x_j=0$，不在 j 点建立设施，$j \in M$；

y_{ij}——网点 i 需求中被分配给设施点 j 的部分（比例）。

则数学模型可以表示为

$$\max \sum_{j \in M} \sum_{i \in A(j)} d_i y_{ij} \tag{3-21}$$

$$\text{s.t.} \sum_{j \in B(i)} y_{ij} \leq 1, \ i \in N \tag{3-22}$$

$$\sum_{i \in A(j)} d_i y_{ij} \leq D_j x_j, \ j \in M \tag{3-23}$$

$$\sum_{j \in M} x_j = p \tag{3-24}$$

$$x_j \in \{0, 1\}, \ j \in M$$
$$y_{ij} \geq 0, \ i \in N, \ j \in M \tag{3-25}$$

式（3-21）尽最大可能对需求提供服务；式（3-22）需求的限制，服务不可能大于当前的总和；式（3-23）是对每个提供服务的服务网点的服务能力的限制；式（3-24）是问题本身的限制，即最多可能投建的设施数目为 p；式（3-25）表示变量的 0-1 约束和非负约束，保证一个地方最多只能投建一个设施，而且允许一个设施只提供部分的需求。

3. 模型求解

类似于集合覆盖模型，同样可以设计启发式算法来对最大覆盖模型进行近似求解，最常用的算法是 Richard Church 和 Charles Re Velle 设计的贪婪算法，该算法是以一个空集合作为原始的解集合，然后在剩下的所有其他候选点中选择一个具有最大满足能力的候选点加入原来的候选集合中，如此反复，直到达到设施数目的限制或全部需求得到满足为止。

集合覆盖模型要满足所有的需求点，而最大覆盖模型可以只覆盖有限的需求点，两种模型的应用情况取决于服务设施的资源充足与否。

二、p-中值模型及其求解

1. 选址问题描述

已知需求集合和候选设施位置的数量与位置，试确定 p 个设施的位置，并指派每个需求点到一个特定的设施，使设施和需求点之间的运输费用最低。

p-中值模型是在需求集合确定以及给定数量和候选位置的设施集合的前提下，分别为 p 个设施找到合适的位置并指派每个需求点到一个特定的设施，使之达到在设施与需求点之间的运输费用最低。

p-中值模型的图形表达如图 3-14 所示，图中说明了当 $p=3$ 时的 p-中值模型的一个可行解。这里的物流设施可以是物流园区、物流中心、配送中心、工厂、商场、仓库等，而设施数 p 一般是在物流网络设计中根据实际情况结合设施规模预先确定的。

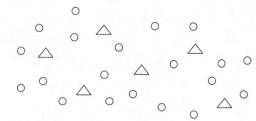

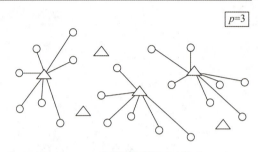

图 3-14　p-中值模型的图形表达

2. 建立模型

设 N——区域中的需求点（客户）集合，$N=\{1, 2, \cdots, n\}$；

M——区域中可建设设施的候选点集合，$M=\{1, 2, \cdots, m\}$；

d_i——第 i 个需求点的需求量；

c_{ij}——从需求点 i 到设施点 j 的单位运输费用；

p——允许建设的设施的数目；

x_j——为 0-1 变量，$x_j=1$，在 j 点建立设施；$x_j=0$，不在 j 点建立设施，$j \in M$；

y_{ij}——为 0-1 变量，$y_{ij}=1$，表示需求点 i 由网点 j 提供服务；$y_{ij}=0$，表示需求点 i 不由网点 j 提供服务。

则数学模型可以表示为

$$\min \sum_{j \in M} \sum_{i = N} d_i c_{ij} y_{ij} \tag{3-26}$$

$$\text{s.t.} \sum_{j \in B(i)} y_{ij} = 1, \ i \in N \tag{3-27}$$

$$\sum_{j \in M} x_j = p \tag{3-28}$$

$$y_{ij} \leq x_j, \ i \in N, j \in M \tag{3-29}$$

$$x_j \in \{0, 1\}, \ j \in M$$

$$y_{ij} \in \{0, 1\}, \ i \in N, j \in M$$

式（3-26）为模型的目标函数，即总运费最小；式（3-27）保证每个需求点只有一个设施来提供相应的服务；式（3-28）限制了总的设施数目为 p 个；式（3-29）有效地保证没有设施的地点不会有客户对应。

3. 模型求解

求解一个 p-中值模型需要解决两方面的问题：选择合适设施位置（x 变量）；指派客户到相应的设施中去（y 变量）。

因设施点无能力限制约束，所以一旦设施的位置确定之后，再确定每个客户到不同的设施中使总费用最小就十分简单了。

求解 p-中值模型的方法主要有两大类：精确算法和启发式算法。由于 p-中值模型是 NP-Hard 问题，因此精确算法一般只能求解规模较小的 p-中值问题。下面介绍一种求解 p-中值模型的启发式算法——贪婪取走算法（Greedy Dropping Heuristic Algorithm）。

贪婪取走算法步骤如下：

第一步：令当前选中设施点数 $k=m$，即将所有的 m 个候选位置都选中。

第二步：将每个客户指派给 k 个设施点中的离其距离最近的一个设施点；求出总运费费用 Z。

第三步：若 $k=p$，输出 k 个设施点及各客户的指派结果，停止；否则，进入第四步。

第四步：从 k 个设施候选点中确定一个取走点，满足：假如将它取走并将它的客户指派给其他最近的设施点后，总费用增加量最小。

第五步：从候选点集合中删去取走点，令 $k=k-1$，转第二步。

【例 3-4】某饲料公司在某新地区经过一段时间的宣传广告后，得到了 8 个超市的订单，由于该新地区离总部较远，该公司拟在该地区新建 2 个仓库，用最低的运输成本来满足该地区的需求。经过一段时间的实地调查之后，已有 4 个候选地址，如图 3-15 所示。

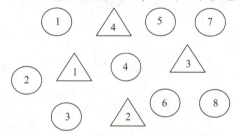

图 3-15　超市及仓库候选点位置

各候选地址到不同超市的运输成本、各个超市的需求量如表 3-6 所示。试选择其中的两个候选点作为仓库地址，使总运输成本最小。

表 3-6　各候选地址到不同超市的运输成本、超市的需求量

超市 i	仓库候选点 j				需求量 d_i
	1	2	3	4	
	单位运输成本 c_{ij}				
1	4	12	20	6	100
2	2	10	25	10	50
3	3	4	16	14	120
4	6	5	9	2	80
5	18	12	7	3	200
6	14	2	4	9	70
7	20	30	2	11	60
8	24	12	6	22	100

解：p-中值贪婪取走启发式算法：

首先，初始化。将所有4个候选位置都选中，即 $k=4$，然后将每个需求点分配给离其最近的 (c_{ij} 最小的) 一个候选位置，并计算总费用。第一次指派结果为 $A=(a_1, a_2, \cdots, a_8)=(1, 1, 1, 4, 4, 2, 3, 3)$，总运输费用 $Z=\sum_{i=1}^{8} c_{ia_i}d_i = 2\,480$。

分别对删去候选点1，2，3，4进行分析，并对各自的增量进行计算：

若删去候选点1，则 $(a_1, a_2, \cdots, a_8)=(4, 2, 2, 4, 4, 2, 3, 3)$，$Z=3\,200$，增量为 $3\,200-2\,480=720$；

若删去候选点2，则 $(a_1, a_2, \cdots, a_8)=(1, 1, 1, 4, 4, 3, 3, 3)$，$Z=2\,620$，增量为 140；

若删去候选点3，则 $(a_1, a_2, \cdots, a_8)=(1, 1, 1, 4, 4, 2, 4, 2)$，$Z=3\,620$，增量为 1 140；

若删去候选点4，则 $(a_1, a_2, \cdots, a_8)=(1, 1, 1, 2, 3, 2, 3, 3)$，$Z=3\,520$，增量为 1 040；

因此，移走第2个候选点所产生的增量最小，所以第一个被移走的是2号候选点。

然后，此时 $k=3$，$(a_1, a_2, \cdots, a_8)=(1, 1, 1, 4, 4, 3, 3, 3)$，$Z=2\,620$，又分别对删去候选点1，3，4进行分析，并对各自的增量进行计算：

若删去候选点1，则 $(a_1, a_2, \cdots, a_8)=(4, 4, 4, 4, 4, 3, 3, 3)$，$Z=4\,540$，增量为 $4\,540-2\,620=1\,920$；

若删去候选点3，则 $(a_1, a_2, \cdots, a_8)=(1, 1, 1, 4, 4, 4, 4, 4)$，$Z=5\,110$，增量为 2 490；

若删去候选点4，则 $(a_1, a_2, \cdots, a_8)=(1, 1, 1, 3, 3, 3, 3)$，$Z=3\,740$，增量为 1 120；

因此，移走第4个候选点所产生的增量最小，所以第二个被移走的是4号候选点。

最后，此时 $k=2=p$，计算结束。

结果为在候选点1，3投建新的仓库，总运输成本为3 740，可以满足所有客户的需求如图3-16所示。

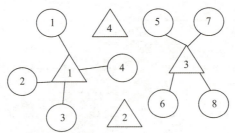

图3-16　仓库选址及客户指派结果

三、利用软件工具实现模型的求解

上面介绍的覆盖模型和 p-中值模型的求解方法均为启发式算法。启发式算法虽然不一定每次都能得到精确的最优解，但是它一定能得到比较接近最优的可行解。在实际决策问题中，特别是对于大规模的选址决策问题，启发式算法非常实用。

而对于小规模的选址问题，利用软件中内置的算法就可以实现模型的精确求解。例如，LINGO 软件中有分支定界法，就可以实现选址模型的精确求解。

对于例 3-3，只要给出具体的选址决策模型，将与之对应的代码录入 LINGO 软件窗口中，即可完成求解。具体操作如下：

（1）利用集合覆盖模型式（3-17）~式（3-20），将例 3-3 中的变量以及已知数据等代入，转化为如下具体的选址模型：

$$\min z = x_1 + x_2 + x_3 + x_4 + x_5 + x_6 + x_7 + x_8 + x_9$$

$$\text{s.t.} \begin{cases} y_{11} + y_{12} + y_{13} + y_{14} = 1 \\ y_{21} + y_{22} + y_{23} = 1 \\ y_{31} + y_{32} + y_{33} + y_{34} + y_{35} = 1 \\ y_{41} + y_{43} + y_{44} + y_{45} + y_{47} = 1 \\ y_{53} + y_{54} + y_{55} = 1 \\ y_{63} + y_{64} + y_{65} + y_{67} + y_{68} = 1 \\ y_{74} + y_{77} + y_{78} = 1 \\ y_{87} + y_{88} + y_{89} = 1 \\ y_{98} + y_{99} = 1 \end{cases}$$

$$\text{s.t.} \begin{cases} y_{11} + y_{21} + y_{31} + y_{41} \leq 9x_1 \\ y_{12} + y_{22} + y_{32} \leq 9x_2 \\ y_{13} + y_{23} + y_{33} + y_{43} + y_{53} + y_{63} \leq 9x_3 \\ y_{14} + y_{34} + y_{44} + y_{54} + y_{64} + y_{74} \leq 9x_4 \\ y_{35} + y_{45} + y_{55} + y_{65} \leq 9x_5 \\ y_{47} + y_{67} + y_{77} + y_{87} \leq 9x_7 \\ y_{68} + y_{78} + y_{88} + y_{98} \leq 9x_8 \\ y_{89} + y_{99} \leq 9x_9 \end{cases}$$

$$x_j \in \{0, 0\},\ j \in \{1, 2, 3, 4, 5, 6, 7, 8, 9\}$$
$$y_{ij} \geq 0,\ i \in \{1, 2, 3, 4, 5, 6, 7, 8, 9\},\ j \in \{1, 2, 3, 4, 5, 6, 7, 8, 9\}$$

（2）将与该选址模型对应的代码录入 LINGO 软件窗口中，单击求解按钮""，即可完成求解（见图 3-17）。

图 3-17 例 3-3 的 LINGO 软件录入代码窗口

（3）得到最优解如图3-18所示。从求解结果可以看出，最优选址位置信息（即 x_j），以及与之对应的客户分配关系信息（即 y_{ij}），均与前面启发式算法得到的方案一致。

```
Objective value:                        2.000000
Extended solver steps:                         0
Total solver iterations:                      19

          Variable        Value      Reduced Cost
                X1     0.000000          1.000000
                X2     0.000000          1.000000
                X3     1.000000          1.000000
                X4     0.000000          1.000000
                X5     0.000000          1.000000
                X6     0.000000          1.000000
                X7     0.000000          1.000000
                X8     1.000000          1.000000
                X9     0.000000          1.000000
               Y11     0.000000          0.000000
               Y12     0.000000          0.000000
               Y13     1.000000          0.000000
               Y14     0.000000          0.000000
               Y21     0.000000          0.000000
               Y22     0.000000          0.000000
               Y23     1.000000          0.000000
               Y31     0.000000          0.000000
               Y32     0.000000          0.000000
               Y33     1.000000          0.000000
               Y34     0.000000          0.000000
               Y35     0.000000          0.000000
               Y41     0.000000          0.000000
               Y43     1.000000          0.000000
               Y44     0.000000          0.000000
               Y45     0.000000          0.000000
               Y47     0.000000          0.000000
               Y53     1.000000          0.000000
               Y54     0.000000          0.000000
               Y55     0.000000          0.000000
               Y63     1.000000          0.000000
               Y64     0.000000          0.000000
               Y65     0.000000          0.000000
               Y67     0.000000          0.000000
               Y68     0.000000          0.000000
               Y74     0.000000          0.000000
               Y77     0.000000          0.000000
               Y78     1.000000          0.000000
               Y87     0.000000          0.000000
               Y88     1.000000          0.000000
               Y89     0.000000          0.000000
               Y98     1.000000          0.000000
               Y99     0.000000          0.000000
```

视频 3-3
集合覆盖模型的 LINGO
求解实操演示（通用模型）

图 3-18　例 3-3 的 LINGO 软件求解结果

同样地，对于例 3-4，LINGO 软件中的具体操作如下：

（1）利用 p-中值模型式（3-26）~式（3-29），将与之对应的通用代码（参见第六章第二节）录入 LINGO 软件窗口，如图 3-19 所示。

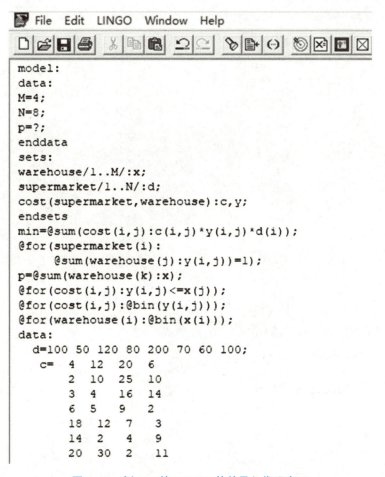

图 3-19 例 3-4 的 LINGO 软件录入代码窗口

（2）单击求解按钮，跳出如下窗口，如图 3-20 所示。此时需要输入 p 值大小，输入"2"，单击"OK"。

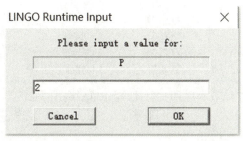

图 3-20 p 值输入窗口

（3）得到最优解如图 3-21 所示。

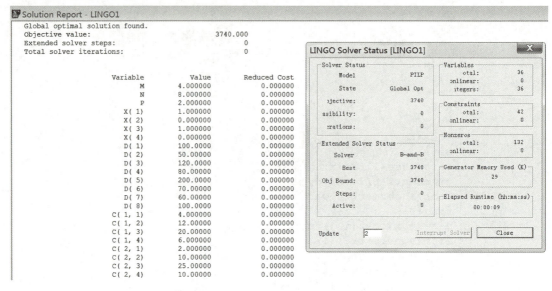

图 3-21　例 3-4 的 LINGO 软件求解结果

若将 LINGO 的运行结果仅保留非零变量，则显示为

```
Global optimal solution found.
Objective value:                     3740.000
Extended solver steps:                      0
Total solver iterations:                    0

        Variable       Value        Reduced Cost
          X( 1)       1.000000         0.000000
          X( 3)       1.000000         0.000000
         Y( 1, 1)     1.000000       400.0000
         Y( 2, 1)     1.000000       100.0000
         Y( 3, 1)     1.000000       360.0000
         Y( 4, 1)     1.000000       480.0000
         Y( 5, 3)     1.000000      1400.000
         Y( 6, 3)     1.000000       280.0000
         Y( 7, 3)     1.000000       120.0000
         Y( 8, 3)     1.000000       600.0000
```

根据 LINGO 软件的运行结果可知，在 1，3 位置建新的仓库，总运输成本为 3 740，可以满足所有客户的需求。其中，仓库 1 服务于 1，2，3，4 客户，仓库 3 服务于 5，6，7，8 客户。与前面启发式算法得到的方案一致。

> **小任务**
>
> 你能利用 LINGO 软件，按照上述的操作步骤，自己独立完成覆盖模型和 p-中值模型的输入与求解吗？软件操作中遇到的问题是什么，请你记录下来。

视频 3-4
p-中值模型 LINGO 求解

本章小结

物流设施选址是企业物流网络规划的重要内容，主要考虑的是根据费用或其他选择标准来决策设施网点的最佳地址。物流设施选址的恰当与否对生产力布局、企业投资、城镇建设以及建成后的生产经营状况都具有重大意义。因此，企业应该进行充分调查、研究与勘察，具体分析企业的自身设施、产品特点、资源需求状况和市场条件，慎重进行设施选址决策。

物流设施选址涉及的问题比较多，定量化分析是其中的重要内容，本章在介绍设施选址模型的分类以及距离计算的基础上，重点对几种建模方法及相应的求解算法进行探讨，这些方法包括了常见的连续选址模型和离散选址模型。值得注意的是，设施选址的标准已不仅仅局限在成本或运输距离的最小化，许多定性和定量的因素也影响企业的决策。因此，在进行设施选址的综合分析比较时，可根据条件采用定性的、定量的或定性定量相结合的方法。

案例分析

某机电公司的物流网点布局

某机电公司是一个国有大型机电设备公司，计划占领武汉市场。他们首先在武汉市7个区的每个区各设立了一个营业点，可以分别在各区进行市场营销和销售开票等工作。现在考虑开设物流网点，大致有以下3种意见：

第一种意见是一个营业点建一个仓库，这样每个营业点可以独立进行经营销售，管理方便，顾客就近提货也比较方便。但是，这种方案的设立费用高，以平均每个仓库投资50万元计算，6个仓库(总公司现在已有一个仓库投资)要投资300万元。这还只是设立费用，另外还有运行费用。每个仓库运行时，需要10个工作人员，每个人的工资加上办公费用、劳保福利费等平均每人每年10万元，新增6个仓库每年就要600万元的运行费用。而且仓库多了，分散库存量大，库存资金占用也就多，库存风险也就大，分散订货、分散运输的损失也就大。

第二种意见是不增建仓库，把原来的仓库加大，全市共用一个仓库。由各个营业点分别销售，总公司统一订货、统一运输、统一存储、统一配送。这个方案只要新增仓库设立费用50万元，新增5名仓库工作人员，主要承担配送工作。每年增加运行费用50万元，这样就可以减少库存资金占用，减少库存量，降低库存风险，提高库存物资利用率，提高资金利用率和资金周转率，还可以节省订货成本和运输成本等。但是，由于市区范围太大，因此这种方案的缺点一是送货路程长，送货成本高；二是送货响应慢，影响了顾客购买的积极性。

第三种意见就是采取折中的办法，分别在武昌和汉阳各新建一个仓库。再加上汉口原来的仓库，全公司共用3个仓库对全市实行供货，按长江、汉水自然分成的3个大区分别组织供货和配送。还是总公司统一订货、统一运输、统一存储，但是各个营业点分别销售、分大区配送。这种方案的优势在于，新增设立费用和设立后的运行费用不太高；配送车辆在大区内运行,不用过桥(由于过桥车辆多、堵车现象多,很费时间),所以大大缩短了运输距离、缩短了送货响应时间。分3个仓库储存,库存物资利用率比较高,库存资金占用和库存风险也不高,资金周转率、利用率也比较令人满意。

讨论题

1. 该机电公司在物流网点的选址时,哪个方案较合适呢?
2. 物流网点在选址时考虑的影响因素有哪些呢?
3. 根据本案例,对于企业的选址战略得到了什么启示?

一、思考题

1. 物流设施选址的意义和应当遵守的基本原则是什么?
2. 在设施选址过程中,应该主要考虑哪些因素?
3. 物流设施选址问题如何分类?
4. 物流设施选址决策中常见的模型与方法有哪些?

二、练习题

1. 已知4个零售点的坐标和物流需求量如表3-7所示,货物的运输费用为10(元/千米),试用交叉中值法模型为这4个零售点寻找合适的供货中心位置。

表 3-7 四个零售点的坐标和物流需求量

零售点	需求量(T)	横坐标/千米	纵坐标/千米
1	3	3	3
2	4	11	2
3	2.5	10	7
4	1.2	5	9

2. 某地区准备新建2个原料仓库以供应该地区6个工厂的原料,已有4个候选地址。从候选地址到各个工厂的运输成本 c_{ij}、各个工厂的需求量 d_i 都已经确定,试选择其中的两个候选点作为仓库地址,使总运输成本最小。其中

$$c_{ij} = \begin{bmatrix} 12 & 22 & 32 & 8 \\ 3 & 24 & 22 & 24 \\ 5 & 2 & 14 & 4 \\ 7 & 5 & 8 & 9 \\ 3 & 17 & 9 & 27 \\ 8 & 14 & 16 & 17 \end{bmatrix} ; \quad d_i = \begin{bmatrix} 120 \\ 200 \\ 90 \\ 120 \\ 210 \\ 100 \end{bmatrix}$$

3. 钢铁设备公司(SA)是一家生产高品质电冰箱和烹饪系列产品的制造商。SA在美国丹佛附近有一个装配工厂,一直由它来供应整个美国的市场。由于市场需求增长迅速,SA的CEO决定另外建立一个工厂以服务其东部的市场。公司要求物流管理者去寻找一个适合于新工厂的选址位置。已知三个坐落于布法罗、孟菲斯和圣路易斯的零部件工厂将为新工厂供应零部件,该新工厂将服务于亚特兰大、波士顿、杰克逊维尔、费城和纽约的市

场。每个零部件工厂的供应量、每个市场的需求量以及每个供应源或市场的坐标位置和运输成本如表3-8所示。问：该如何选址？

表3-8　SA公司的供应源和市场的地点

供应源/市场	运输成本/(美元·吨$^{-1}$·英里$^{-1}$①)	数量/吨	坐标 x	坐标 y
供应源				
布法罗	0.90	500	700	1 200
孟菲斯	0.95	300	250	600
圣路易斯	0.85	700	225	825
市场				
亚特兰大	1.50	225	600	500
波士顿	1.50	150	1 050	1 200
杰克逊维尔	1.50	250	800	300
费城	1.50	175	925	975
纽约	1.50	300	1 000	1 080

---

① 1英里=1.609 344千米。

第四章　运输及配送中的决策与优化

> 🔔 **本章学习要点**
> 1. 了解运输与配送在物流中的功能和作用；
> 2. 理解运输决策的主要内容和配送决策的主要内容；
> 3. 掌握直运与转运情况下的运输路线优化模型及其软件实现；
> 4. 理解巡回配送问题与运输问题的区别，了解 TSP 模型及 VRP 模型；
> 5. 掌握启发式算法求解巡回配送问题的步骤及其软件实现；
> 6. 了解运输决策中的其他方法——层次分析法及其软件实现。

第一节　运输及配送决策概述

一、运输与配送在物流中的功能与作用

(一) 运输在物流中的功能与作用

现代物流的产生与发展，促进了运输业的日臻完善并同时发挥着更重要的作用。在物流体系的所有动态功能中，运输功能是核心之一。

1. **运输在物流中的主要功能**

(1) 产品转移。物质产品的生产是以满足社会的各种需求为目的的。运输的主要目的是以最少的费用，将恰当的产品，在恰当的时间，运往恰当的地点，并留下良好的印象。只有通过运输将商品从生产地运往消费地，使商品的交易过程能顺利完成，实现物质产品的使用价值，社会各种需求才能得到满足。运输使商品发生转移，改变了产品的地点和位置，增加了产品的价值，创造了产品的空间效用。运输还使产品在规定的时间到达目的地，或者说在需要的时候发生，因而也创造了产品的时间效用。

运输、配送、搬运等环节都有改变物品空间位移的作用，但在物流运作过程中，它们

还是有区别的。一般来说,运输主要指在一个较大范围内对物品进行较长距离的空间移动,可以使用车、船、飞机等多种运输方式。配送属于运输中的末端运输,主要指在一个较小范围内对物品进行较短距离的空间移动,一般使用汽车作运输工具。搬运则指在同一场所内,对物品进行以水平移动为主的物流作业,一般使用叉车、牵引车等搬运工具。

(2)产品存储。将产品进行临时存储也是运输的职能之一,即将运输工具作为暂时的存储场所。在运输期间对产品进行临时存储的原因有两个:一是运输中的产品需要储运,但在短时间内又将再次运输,并且装卸货物的费用超过存储在运输工具中的费用;二是仓库空间有限,无法存储产品。这样,企业可以将货物装载于运输工具中,采用迂回路径或间接路径运往目的地。当然,运输工具在迂回路径上所用的时间要长于在直接路径上所用的时间。而且,使用运输工具作为产品的临时存储点的成本很高。但是,考虑装卸成本或仓库容量有限等限制条件,从总成本或完成任务的角度来分析,这样的方式可能是合理的。

2. 运输在物流中的作用

在现代物流观念未诞生之前,甚至就在今天,仍有不少人将运输等同于物流,其原因是物流中很大一部分责任是由运输担任的,运输在物流中占有重要的地位。

(1)运输是物流的主要功能要素之一。按物流的概念,物流是"物"的物理性运动,这种运动不但改变了物的时间状态,也改变了物的空间状态。而运输承担了改变空间状态的主要任务,运输是改变空间状态的主要手段,运输再配以搬运、配送等活动,就能圆满完成改变空间状态的全部任务。

(2)运输影响着物流的其他构成因素。例如,选择的运输方式决定着对装运货物的包装要求;使用不同类型的运输工具决定着其配套使用的装卸搬运设备以及接收和发运站台的设计;企业库存储备量的大小,直接受运输状况的影响;发达的运输系统能够适量地、快速地和可靠地补充库存,以降低储备水平,节约库存成本。

(3)运输是"第三利润源"的主要组成部分。运输是运动中的活动,它和静止的保管不同,要靠大量的动力消耗才能实现这一活动,而运输又承担着大跨度空间位移的任务,所以活动的时间长、距离长、消耗大。消耗的绝对数量大,其节约的潜力也就大。

从运费来看,运费在全部物流费中占的比例最高,一般综合分析计算社会物流费用,运输费在其中占接近50%的比例。有些产品运费高于产品的生产费,所以节约的潜力是很大的。由于运输总里程大,运输总量巨大,通过体制改革和运输合理化可大大缩短运输吨千米数,从而实现比较大的节约。

(4)运输能够促进社会分工的发展。随着社会的发展,为了实现真正意义上的社会高效率,必须推动社会分工的发展。而对于商品的生产和销售来说,也有必要进行分工,以达到最高的效率。但是,当商品的生产和销售两大功能分开之后,如果没有一个高效的商品运输体系,那么这两大功能就都不能实现。运输是商品生产和商品销售之间不可缺少的联系纽带。只有有了运输,才能真正实现生产和销售的分离,促进社会分工的发展。

(二)配送在物流中的功能与作用

配送是物流的基本功能之一,也是与客户满意度和物流运作效率联系最为紧密的重要环节,它直接影响着市场需求量和市场占有率。

配送已成为企业经营活动的重要组成部分。发展配送对于物流系统的完善,流通企业和生产企业的发展，以及整个经济社会效益的提高，都具有重要的作用。在社会再生产运动中，配送有其特殊的功能与作用，集中体现在以下五个方面：

1. 可以降低企业的库存水平

实行高水平的配送方式之后，尤其是采取定时配送方式之后，企业可以依靠配送中心的准时配送而不需保持自己的库存或者只需保持少量安全储备。这就可以实现生产企业的"零库存"，同时解放出大量储备资金，从而改善企业的财务状况。此外，发展配送，实行集中库存，库存的总量远低于各企业分散库存的总量，同时加强了调节能力，提高了社会经济效益。集中库存可以发挥规模经济优势，使单位存货成本下降。

2. 完善输送及整个物流系统

第二次世界大战之后，由于大吨位、高效率运输工具的出现，干线运输在铁路、海运、公路方面都达到了较高水平，长距离、大批量的运输实现了低成本化。但是，干线运输往往还要辅以支线转运，这种支线运输成了物流过程中的一个薄弱环节。这个环节与干线运输相比有着不同的要求和特点，如要求灵活性、适应性、服务性，致使运力往往不能充分利用、成本过高等问题总是难以解决。

3. 有利于提高物流效率，降低物流费用

批量进货、集中发货、将多个小批量集中于一起大批量发货，都可以有效地节省运力，实现经济运输，降低成本，提高物流经济效益。

4. 可以简化手续，方便用户采用配送方式

用户只需向一处订购，或和一个进货单位联系就可订购到以往需要去许多地方才能订到的货物，接货手续简化，因而大大减轻了用户工作量，也节省了开支。

5. 可以促进地区经济的快速增长

在市场经济体系中，物流配送把国民经济各个部分紧密地联系在一起。配送中心同交通运输设施一样，是连接国民经济及各地区沟通生产与消费、供给与需求的桥梁和纽带，是经济发展的保障，是拉动经济增长的内部因素，也是吸引投资的环境条件之一。

二、运输决策的主要内容

运输决策是物流决策中的重要内容，不仅影响着物流中的仓储、库存、配送和设施布局等决策，而且对物流系统运作成本、整体效益也具有重要的影响。运输决策包含的范围很广泛。从托运人的角度而言，运输决策的内容主要包括选择自营运输还是外包运输、运输方式的选择、运输服务商的选择、运输路线的选择等。

（一）选择自营运输和外包运输

考虑使用自营和外包运输或二者兼而有之，应基于企业自身的运输管理能力和运输业务对企业发展战略的重要性。当运量较小、运输业务不是企业成功的关键因素时，可以将运输业务外包给第三方承担，而专注于发展企业的核心业务；当运量大、客户响应程度重要时，运输业务对企业发展战略的成功影响非常大，企业应拥有自己的运输车队。

（二）运输方式的选择

选择适当的运输方式是物流运输合理化的重要前提。一般应根据物流系统要求的服务

水平和允许的物流成本来决定,选择一种运输方式或采用多式联运方式(Multimodal Transportation)。判断标准主要包括货物的性质、运输时间、交货时间的适用性、运输成本,批量的适用性、运输的机动性和便利性运输的安全性和准确性等,对于托运人而言运输的安全性和准确性、费用、运输时间等因素是其关注的重点。

(三)运输服务商的选择

确定了运输任务方案,如果选择运输外包,就需要确定运输服务商;或者在供应商确定运输方式后,选择合适的运输服务商。随着客户需求的变化,运输服务商也逐渐重组,由提供单一的运输方式的服务商发展到提供专门化运输(如包裹递送)、多式联运、运输代理服务等多种不同的运输服务商类型。在选择运输服务商时不同的决策者会有不同的决策标准和偏好,可以在综合考虑运输服务商的服务时间、质量、价格等因素的基础上进行决策。一旦选择合适的运输服务商,可以考虑与符合要求的运输服务商建立长期的战略合作伙伴关系。

(四)运输网络及路线的选择

在一定的运输网络中,对某种产品在供应地与需求地之间的供求关系的建立及具体运输路线所做的规划和选择,是运输决策中最重要的一类问题。

统一规划有关的运输任务,确定运输方式、运输路线、联合运输方案,设计运输蓝图,在满足各点需要的前提下,使总运输费用最小,其中会涉及多个企业、多个品种、多种方式、多条运输路线的组织规划等问题。通常的做法是根据物流正常运行的节拍,确定各点之间的正常运量,然后统一组织联合运输、配送和准时化供货。

三、配送决策的主要内容

配送决策的主要内容包括配送线路设计以及配送中心的规划决策问题。配送线路设计问题包括合理配送路线制定原则、行车路线和时间表制定方法,即车辆路径规划。

车辆路径是物流配送中最重要的决策任务之一。其决策内容包括根据客户的运输量、位置分布的特点指派合适的车辆、规划合理的送(取)货顺序,即车辆行驶最佳路径。车辆路径规划的目标是在满足客户服务水平要求的前提下,使用车辆数量最少、总行驶里程最短、成本最低。因此这是一个多目标决策问题,可以运用运筹学与系统工程等方法来获得最佳方案或满意方案。

第二节 运输网络的设计与路线优化

一、多起止点的运输网络及路线选择的决策问题

多点间运输线路规划问题是指起始点或目的点不唯一的运输调配决策问题,常见于以下两种运输网络之中。

(一)直接运输网络

采用直接运输(直运)模式时,货物直接从供应商处运达买方所在地,如图4-1所示。

在直接运输网络中,每一次运输的线路都是指定的,物流管理者只需要决定运输的数量并选择运输方式。要做出这一决策,物流管理者必须在运输费用和库存费用之间进行权衡。

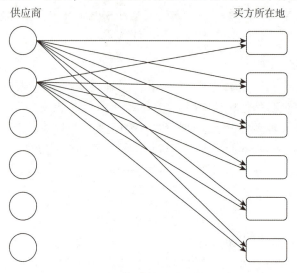

图4-1　直接运输网络

直接运输网络的主要优势在于无须中介仓库,而且在操作和协调上简单易行。运输决策完全是地方性的,一次运输决策不影响别的货物运输。同时,由于每次运输都是直达的,故从供应商到买方所在地的运输时间较短。

如果买方的需求量足够大,并足以使每个供应商对每个地区的最优补货批量接近于卡车的最大装载量,这种情况下直接运输网络就是非常有效的。但如果买方需求量很小,采用直接运输网络的成本就会很高。如果直接运输网络中采用整车承运商,由于每辆卡车的固定成本相对较高,故要求从供应商到每个买方的运货批量必须很大,这就会导致库存水平提高。如果选择零担承运商,尽管库存量较少,但却要花费较高的运输费用和较长的运输时间。如果采用包裹承运商,运输成本会非常高。由于每个供应商必须单独运输每批货物,因此供应商的直接运输将导致较高的货物接收成本。

(二)带中转的运输网络(通过配送中心发运)

随着经济的发展,各地区之间不断蓬勃发展的商贸活动对物流行业提出了更高的要求。原先买卖双方简单的小范围点对点运输已越来越显得不合时宜了,对于很多跨地区运输乃至全球范围的运输活动而言,运输中转(转运)是不可或缺的,它有助于整合资源,降低成本,实行有效调度,以满足现实要求。

在带中转的运输系统中,供应商并不直接将货物运送到买方,而是先运到配送中心,再由配送中心将相应的货物送至买方手中,如图4-2所示。在这种运输网络中,配送中心是供应商和买方之间的中间环节,它发挥两种不同作用:一方面保管货物;另一方面则起着转运点的作用。当供应商和买方之间的距离较远、运费高昂时,建立配送中心(通过货物保存和转运)有利于降低物流成本。这是因为每个供应商都将配送中心管辖范围内所有买方的进货送至该配送中心,因此通过配送中心可以获得规模经济效应;同时由于配送中心更靠近最终目的地,因此降低了外向运输成本。

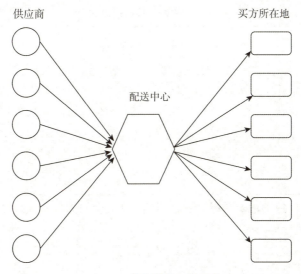

图 4-2 带中转的运输网络

以上两种情况均可利用运筹学中的运输问题模型及相关软件进行决策优化。

二、直运网络与直运问题模型

要解决直运网络中的决策问题,常用到的模型及其软件求解方法如下:

(一)直运问题模型

图 4-3 给出了 m 个产地,n 个销地的直运问题的示意图。

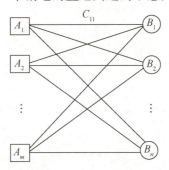

图 4-3 m 个产地 n 个销地的直运问题示意图

该运输问题一般可描述为:设有某种物资需要从 m 个产地 A_1,A_2,…,A_m 运到 n 个销地 B_1,B_2,…,B_n,其中每个产地的生产量为 a_1,a_2,…,a_m,每个销地的需求量为 b_1,b_2,…,b_n。设从产地 A_i 生产和运送单位数量到销地 B_j 的成本(成本可以包括生产、库存和运输,一般为了简化只考虑运输成本)为 $c_{ij}(i=1,2,…,m;j=1,2,…,n)$。问:如何调运或如何在不同的产地与销地之间分配运输量才能使总成本最少?以上数据可以汇总于如表 4-1 所示的产销表和单位成本表中。

表 4-1 产销表和单位成本表

销地＼产地	B_1	B_2	⋯	B_n	产量
A_1	c_{11}	c_{12}	⋯	c_{1n}	a_1
A_2	c_{21}	c_{22}	⋯	c_{2n}	a_2
⋮	⋮				⋮
A_m	c_{m1}	c_{m2}	⋯	c_{mn}	a_m
销量	b_1	b_2	⋯	b_n	

设 x_{ij} 为从产地 A_i 到销地 B_j 的运输量，则其数学模型为

$$\min z = \sum_{i=1}^{m}\sum_{j=1}^{n} c_{ij} x_{ij}$$

$$\text{s.t.} \begin{cases} \sum_{j=1}^{n} x_{ij} \leq a_i & i = 1, 2, \cdots, m \\ \sum_{i=1}^{m} x_{ij} = b_j & j = 1, 2, \cdots, n \\ x_{ij} \geq 0 \end{cases} \quad (4-1)$$

（二）软件求解

该模型可以利用软件工具求解，如 LINGO，Excel 规划求解，下面通过例题来演示。

【例 4-1】 设有 3 个产地和 4 个销地的运输问题，其产量、销量及单位成本如表 4-2 所示，试求总成本最少的运输方案以及总运费。

表 4-2 3 个产地 4 个销地的运输问题数据表

项目	B_1	B_2	B_3	B_4	产量
A_1	6	2	6	7	30
A_2	4	9	5	3	25
A_3	8	8	1	5	21
销量	15	17	22	12	

LINGO 程序：
MODEL：

```
1] ! 3 Warehouse, 4 Customer Transportation Problem;
2] sets:
3]    Warehouse /1..3/: a;
4]    Customer  /1..4/: b;
5]    Routes(Warehouse, Customer): c, x;
6] endsets
7] ! Here are the parameters;
8] data:
```

```
 9] a=30, 25, 21;
10] b=15, 17, 22, 12;
11] c=  6,  2,  6,  7,
12]     4,  9,  5,  3,
13]     8,  8,  1,  5;
14]enddata
15]! The objective;
16][OBJ] min=@sum(Routes: c * x);
17]! The supply constraints;
18]@for(Warehouse(i): [SUP]
19]   @sum(Customer(j): x(i, j))<=a(i));
20]! The demand constraints;
21]@for(Customer(j): [DEM]
22]   @sum(Warehouse(i): x(i, j))=b(j));
END
```

在上述程序中,第16]行表示运输问题中目标函数,第18]~22]行表示约束条件。

> **小任务**
>
> 你能利用LINGO软件,按照上述的操作步骤,自己独立完成运输问题模型的输入与求解吗?软件操作中遇到的问题是什么,请你记录下来。

视频4-1
例4-1 直运模型

由于LINGO软件中采用集、数据段和循环函数的编写方式,因此更便于程序推广到一般形式使用,如只需修改运输问题中产地和销地的个数,以及参数 a,b,c 的值,就可以求解任何运输问题。所以,从程序通用性的角度来看,推荐大家采用LINGO软件来求解运输问题。

三、转运网络与转运问题模型

要解决转运网络中的决策问题,常用到的模型及其软件求解方法如下:

(一)转运问题模型

转运问题(Transshipment Problem)与上述运输问题的区别在于不是将工厂生产出的产品直接送到顾客手中,而是要经过某些中间环节(如仓库、配送中心等),如图4-4表示的是一个三层级(即有一个中间环节)的转运问题。

对于一个一般的转运问题,设有 m 个产地,n 个销地和 l 个中间环节,a_i 表示第 i 个工厂的产量,b_k 表示第 k 个顾客的需求量,c_{ij}^1 表示工厂到仓库的运费单价,c_{jk}^2 表示仓库到顾客的运费单价,x_{ij}^1 表示工厂到仓库的运量,x_{jk}^2 表示仓库到顾客的运量,则转运问题的数学表达式为

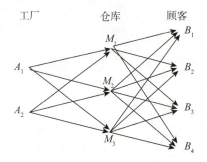

图4-4 2个工厂、3个仓库及4个顾客的转运问题

$$\min \sum_{i=1}^{m}\sum_{j=1}^{l} c_{ij}^1 x_{ij}^1 + \sum_{j=1}^{l}\sum_{k=1}^{n} c_{jk}^2 x_{jk}^2 \qquad (4-2)$$

$$\text{s.t.} \sum_{j=1}^{l} x_{ij}^1 \leq a_i \quad i=1,2,\cdots,m(运出量 \leq 生产量) \qquad (4-3)$$

$$\sum_{i=1}^{m} x_{ij}^1 = \sum_{k=1}^{n} x_{jk}^2 \quad j=1,2,\cdots,l(运入量 = 运出量) \qquad (4-4)$$

$$\sum_{j=1}^{l} x_{jk}^2 = b_k \quad k=1,2,\cdots,n(运入量 = 需求量) \qquad (4-5)$$

$$x_{ij}^1 \geq 0, \ x_{jk}^2 \geq 0 \qquad (4-6)$$

(二)软件求解

上述模型可以利用软件工具求解,如LINGO,Excel规划求解,下面通过例题来演示。

【例4-2】 根据图4-4,设有两个工厂A,B,产量分别为9,8个单位;四个顾客1,2,3,4需求量分别为3,5,4,5;还有三个仓库x,y,z。其中工厂到仓库、仓库到顾客的运费单价分别如表4-3所示。试求使总运费最少的运输方案以及总运费。

表4-3 工厂到仓库、仓库到顾客的运费单价

项目	A	B	1	2	3	4
x	1	3	5	7	—	—
y	2	1	9	6	7	—
z	—	2	—	6	7	4

说明:其中"—"表示两地无道路通行。

该模型可以直接利用LINGO软件求解,具体程序为

MODEL:

1]! 2 plants, 3 warehouses and 4 customers

2]　　 Transshipment Problem;

3] sets:

4]　Plant　/A, B/ : produce;

5]　Warhouse /x, y, z/;

6]　Customer /1..4/ : require;

7]　LinkⅠ　(Plant, Warhouse): cⅠ, xⅠ;

8] LinkⅡ(Warhouse, Customer): cⅡ, xⅡ;

9] endsets

10] ! Here are the parameters;

11] data:

12]   produce=9, 8;

13]   require=3, 5, 4, 5;

14]   cⅠ =1, 2, 100,

15]   3, 1, 2;

16]   cⅡ =5, 7, 100, 100,

17]   9, 6, 7, 100,

18]   100, 6, 7, 4;

19] enddata

20] ! The objective;

21] [OBJ] min=@sum(LinkⅠ: cⅠ * xⅠ)+@sum(LinkⅡ: cⅡ * xⅡ);

22] ! The supply constraints;

23] @for(Plant(i): [SUP]

24]   @sum(Warhouse(j): xⅠ(i, j))<=produce(i));

25] ! The warhouse constraints;

26] @for(Warhouse(j): [MID]

27]   @sum(Plant(i): xⅠ(i, j))=@sum(Customer(k): xⅡ(j, k)));

28] ! The demand constraints;

29] @for(Customer(k): [DEM]

30]   @sum(Warhouse(j): xⅡ(j, k))=require(k));

   END

在上述程序中，由14]至15]行定义的cⅠ是工厂到仓库的运费，由16]至18]行定义的cⅡ是仓库到顾客的运费。我们的目标是求最小运费，因此当两点无道路时，认为是运费无穷大。为了便于计算，只要取较大的数值就可以了，这里的取值为100。程序的第21]行表示目标函数式(4-2)，第23]、第24]行表示约束条件式(4-3)，第26]、第27]行表示约束条件式(4-4)，第29]、第30]行表示约束条件式(4-5)。

LINGO 软件的计算结果(仅保留非零变量)如下:

Global optimal solution found at iteration: 9
Objective value: 121.0000

Variable	Value	Reduced Cost
XⅠ(A, X)	3.000000	0.000000
XⅠ(A, Y)	6.000000	0.000000
XⅠ(B, Y)	3.000000	0.000000
XⅠ(B, Z)	5.000000	0.000000
XⅡ(X, 1)	3.000000	0.000000

XⅡ(Y, 2)	5.000000	0.000000
XⅡ(Y, 3)	4.000000	0.000000
XⅡ(Z, 4)	5.000000	0.000000

即工厂A向仓库x，y，z分别运输3，6，0个单位，工厂B向仓库x，y，z分别运输0，3，5个单位，仓库x向顾客1运输3个单位，仓库y向顾客2，3分别运输5，4个单位，仓库z向顾客4运输5个单位，总运费为121个单位。

> **小任务**
>
> 你能利用LINGO软件，按照上述的操作步骤，自己独立完成转运问题模型的输入与求解吗？软件操作中遇到的问题是什么，请你记录下来。

视频4-2
例4-2实操演示

四、直运、转运以及直运与转运混合的综合应用

前面介绍的直运网络是不包含中转站的，而带中转站的转运网络是不允许从上游跨过中转站直接运输给下游客户的，但是在现实情况中，有的时候会允许直运与转运同时混合发生。在这种情况下，运输网络与前面介绍的稍有不同，如图4-5所示。下面通过一道例题来比较三种不同运输网络的选择，会对运输成本以及决策产生何种影响。

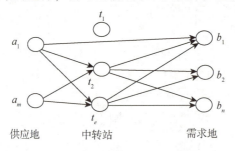

图4-5 直运与转运混合模式的示意图

【例4-3】天通公司有2个磁芯生产基地，可以从生产基地通过直运网络，将产成品运输给4个客户。为了企业的发展，公司近期与某物流公司签订了合作协议，获得了该物流公司3个配送中心的部分使用权，可由这3个配送中心负责2个磁芯生产基地的产成品运输工作。它们之间具体的供需情况以及各地之间的里程等信息已在表4-4～表4-6中列出，运输成本是每公里每吨0.4元，每个配送中心的年处理能力是5 500吨。天通公司希望在提升自身竞争力的同时，适当控制一下日益增长的运输成本。应该如何规划运输网络，并选择最优的运输路线？

表4-4 天通产品生产基地与客户之间运距及供需情况表

运距/千米	客户1	客户2	客户3	客户4	供应量/吨
生产基地1	342	453	127	234	4 000
生产基地2	234	256	134	43	6 000
需求量/吨	2 000	3 000	1 500	3 500	

表 4-5　天通产品生产基地与配送中心之间运距及供需情况表

运距/千米	配送中心 1	配送中心 2	配送中心 3	供应量/吨
生产基地 1	200	150	150	4 000
生产基地 2	200	200	160	6 000
处理能力/吨	5 500	5 500	5 500	

表 4-6　天通产品配送中心与客户之间运距及供需情况表

运距/千米	客户 1	客户 2	客户 3	客户 4	处理能力/吨
配送中心 1	45	35	25	45	5 500
配送中心 2	25	20	30	40	5 500
配送中心 3	20	25	35	45	5 500
需求量/吨	2 000	3 000	1 500	3 500	

分析该案例可以知道，天通公司有多种选择，如可以在直运网络中选择最优的运输路线，也可以在带中转的运输网络中选择最优的运输路线。但是，具体哪种方案最优，这需要在不同的场景下建立数学模型，求解得到不同的最优方案，进行对比分析才能决策。

1. 直运模式——在直运网络中选择最优运输路线

对于直运网络，可以利用前面介绍的直运问题模型与 LINGO 代码进行求解，最终得到最优决策。当然，也可以利用 Excel 的规划求解功能得到最优结果，如图 4-6 所示。

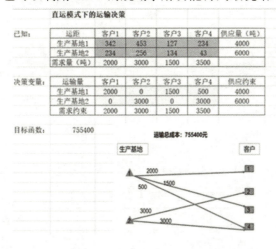

图 4-6　直运模式的 Excel 规划求解结果及最优方案示意图

即直运模式下的最优运输方案为：生产基地 1 运输 2 000 吨产成品给客户 1，运输 1 500 吨产成品给客户 3，运输 500 吨产成品给客户 4；生产基地 2 运输 3 000 吨产成品给客户 2，运输 3 000 吨产成品给客户 4；总运输成本最小为 755 400 元。

2. 转运模式——在转运网络中选择最优运输路线

如果由配送中心全权负责产成品运输工作，则供应商只需发货给配送中心，配送中心再发货给客户，因此这是一个典型的转运问题。

视频 4-3
例 4-3 直运模式 Excel

利用Excel进行规划求解，具体处理如下：

（1）在Excel中建立已知数据表，如图4-7所示。其中蓝色区域（C2：E3）的数据来源于表4-5，红色区域（F2：I3）的数据来源于表4-4，绿色区域（F4：I6）的数据来源于表4-6。

	A	B	C	D	E	F	G	H	I	J	K	L
1		运距	配送中心1	配送中心2	配送中心3	客户1	客户2	客户3	客户4	供应量（吨）		
2		生产基地1	200	150	150	342	453	127	234	4000		
3		生产基地2	200	200	160	234	256	134	43	6000		
4		配送中心1				45	35	25	45	5500		
5		配送中心2				25	20	30	40	5500		
6		配送中心3				20	25	35	45	5500		
7		需求量（吨）	5500	5500	5500	2000	3000	1500	3500			
8												

图4-7　在Excel中建立已知数据表

（2）在Excel中构建出决策变量、约束方程及目标函数所在区域，如图4-8所示，并进行相应的单元格的设置。其中蓝色区域（C10：I14）为决策变量所在区域。绿色区域（K10：K14以及C16：I16）为约束方程单元格设置所在区域，红色区域（D18）为目标函数单元格设置所在区域，它们的具体单元格设置见表4-7。

	A	B	C	D	E	F	G	H	I	J	K	L
1		运距	配送中心1	配送中心2	配送中心3	客户1	客户2	客户3	客户4	供应量（吨）		
2		生产基地1	200	150	150	342	453	127	234	4000		
3		生产基地2	200	200	160	234	256	134	43	6000		
4		配送中心1				45	35	25	45	5500		
5		配送中心2				25	20	30	40	5500		
6		配送中心3				20	25	35	45	5500		
7		需求量（吨）	5500	5500	5500	2000	3000	1500	3500			
8												
9		运量	配送中心1	配送中心2	配送中心3	客户1	客户2	客户3	客户4	供应量（吨）	约束	
10		生产基地1								4000		
11		生产基地2								6000		
12		配送中心1								5500		
13		配送中心2								5500		
14		配送中心3								5500		
15		需求量（吨）	5500	5500	5500	2000	3000	1500	3500			
16		约束										
17												
18		目标	min									

图4-8　在Excel中构建出决策变量、约束方程及目标函数

表4-7　图4-6中单元格的设置

单元格设置	扩展工作表的公式
K10（K11～K14单元格设置与此类似）	SUM（C10：I10）
C16（D16～I16单元格设置与此类似）	SUM（C10：C14）
D18	SUMPRODUCT（C2：I6，C10：I14）*0.4

（3）进入Excel规划求解参数设置界面，进一步确认目标单元格，并选择最小值选项；确认可变单元格，即决策变量单元格；添加约束，K10：K14＝J10：J14（即满足供应量限制），C16：I16＝C15：I15（即满足需求量要求），C10：I14＞＝0（即满足决策变量非负的要求）。此外，由于供应地不能直接发给客户，配送中心之间也不需要彼此移库运输，所以在约束中还需要添加C13：C14＝0，D12＝0，D14＝0，E12：E13＝0，F10：I11＝0。设置完毕后，采用线性模型，单击求解按钮，这样我们就能得到最后的结果了，如图4-9所示。

运输及配送中的决策与优化 第四章

	A	B	C	D	E	F	G	H	I	J	K	L
1		运距	配送中心1	配送中心2	配送中心3	客户1	客户2	客户3	客户4	供应量（吨）		
2		生产基地1	200	150	150	342	453	127	234	4000		
3		生产基地2	200	200	160	234	256	134	43	6000		
4		配送中心1				45	35	25	45	5500		
5		配送中心2				25	20	30	40	5500		
6		配送中心3				20	25	35	45	5500		
7		需求量（吨）	5500	5500	5500	2000	3000	1500	3500			
8												
9		运量	配送中心1	配送中心2	配送中心3	客户1	客户2	客户3	客户4	供应量（吨）	约束	
10		生产基地1	0	4000	0	0	0	0	0	4000	4000	
11		生产基地2	500	0	5500	0	0	0	0	6000	6000	
12		配送中心1	5000	0	0	0	0	500	0	5500	5500	
13		配送中心2	0	1500	0	0	0	1000	3000	5500	5500	
14		配送中心3	0	0	0	2000	3000	0	500	5500	5500	
15		需求量（吨）	5500	5500	5500	2000	3000	1500	3500			
16		约束	5500	5500	5500	2000	3000	1500	3500			
17												
18		目标	min	752000								

图4-9 转运问题 Excel 规划求解的结果

即转运模式下的最优方案为：生产基地1运输4 000吨产成品给配送中心2，生产基地2分别运输500吨、5 500吨产成品给配送中心1和配送3；再由配送中心1运输500吨产成品给客户3，配送中心2分别运输3 000吨、1 000吨产成品给客户4和客户3，配送中心3分别运输2 000吨、3 500吨产成品给客户1、客户2和客户4；总运输成本最小为752 000元。比以前的直运模式节省了3 400元。

视频4-4
例4-3 纯中转 Excel

3. 混合模式——在直运与转运混合的网络中选择最优运输路线

对于天通公司的运输方案优化决策问题我们来做进一步的研究，看看是否还有更经济的方案。考虑一下将运输工作全部移交给第三方物流公司可能出现的衔接问题，天通公司决定合作前3个月为衔接期，在此期间运输工作部分交由物流公司负责。也就是说，生产基地既可以通过配送中心发货给客户，也可以直接发货给客户，这就变成了直运与转运相混合的情况。

在这种情况下，同样可以利用 Excel 规划求解，将转运情况下的相关约束进行调整，由于允许供应方直接发货给客户，因此在上述步骤(3)的约束条件中删掉 F10：I11 = 0，其他设置不变，单击求解按钮，其结果如图4-10所示。

	A	B	C	D	E	F	G	H	I	J	K	L
1		运距	配送中心1	配送中心2	配送中心3	客户1	客户2	客户3	客户4	供应量（吨）		
2		生产基地1	200	150	150	342	453	127	234	4000		
3		生产基地2	200	200	160	234	256	134	43	6000		
4		配送中心1				45	35	25	45	5500		
5		配送中心2				25	20	30	40	5500		
6		配送中心3				20	25	35	45	5500		
7		需求量（吨）	5500	5500	5500	2000	3000	1500	3500			
8												
9		运量	配送中心1	配送中心2	配送中心3	客户1	客户2	客户3	客户4	供应量（吨）	约束	
10		生产基地1	0	3000	1000	0	0	0	0	4000	4000	
11		生产基地2	0	0	1000	0	0	1500	3500	6000	6000	
12		配送中心1	5500	0	0	0	0	0	0	5500	5500	
13		配送中心2	0	2500	0	0	3000	0	0	5500	5500	
14		配送中心3	0	0	3500	2000	0	0	0	5500	5500	
15		需求量（吨）	5500	5500	5500	2000	3000	1500	3500			
16		约束		5500	5500	5500	2000	3000	1500	3500		
17												
18		目标	min	484600								

图4-10 直运与转运混合问题 Excel 规划求解的结果

现在我们发现在直运与转运混合的情况下,也就是不完全由配送中心负责运输工作时运输成本更低,仅为 484 600 元。因此,天通公司最后决策层表示,将生产基地 1 的货物全部交由物流公司的配送中心 2 和配送中心 3 运作(配送中心 2 运作 3 000 吨,配送中心 3 运作 1 000 吨);生产基地 2 的货物部分交由配送中心 3 运作(配送中心 3 运作 1 000 吨,余下的 5 000 吨由基地自有的运输车辆分别送到客户 3 和客户 4,各 1 500 吨和 3 500 吨)。

小任务

你能利用 Excel,按照上述的操作步骤,自己独立完成直运、转运以及混合模式下运输问题的规划求解吗?软件操作中遇到的问题是什么,请你记录下来。

视频 4-5
例 4-3 混合中转 Excel

第三节 配送路线优化与车辆调度

一、起止点重合的巡回配送问题

配送是运输中一个重要的直接与消费者相连的环节。配送是将货物从物流环节点送达收货人的过程。配送是在集货、配货基础上,完全按用户要求,包括种类、品种搭配、数量、时间等方面的要求所进行的运送,是"配"和"送"的有机结合形式。

巡回配送问题一般定义为:从起始点出发对一系列货点和(或)卸货点,组织适当的行车路线,使车辆有序地通过它们,在满足一定的约束条件(如货物需求量、发送量、交发货的时间、车辆容量限制、行驶里程限制、时间限制等)下,达到一定的目标(如路程最短、费用最少、时间尽量少、使用车辆尽量少等),最后回到起始点。

有两种典型的巡回配送场景:①单回路配送场景:一辆车从起点出发,按照一定的配送路线及送货顺序,依次完成送货任务,回到起点,如图 4-11 所示。②多回路配送场景:多辆车从同一起点出发,分别按照不同的配送路线及送货顺序,依次完成送货任务,回到起点,如图 4-12 所示。由图可以看出,也可以把单回路配送看成多回路配送场景的一种特殊情况。

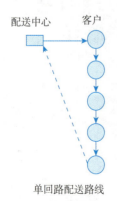

图 4-11 一辆车单回路巡回配送示意图　　图 4-12 多辆车多回路巡回配送示意图

巡回配送路线，也称为"送奶路线"（Milk Run），是现实中十分普遍的一种调配问题，特别是对于有大量服务对象的配送问题，配送路线合理与否对配送速度、成本、效益影响很大。采用科学的、合理的方法来确定配送路线，是配送活动中非常重要的一项工作。

解决此类问题时，核心问题是对配送路线进行安排以及对配送车辆进行调度。车辆运行路线和时间安排，是配送路线选择问题的延伸，它受到的约束条件很多，如

①每个停留点规定的提货数量和送货数量；
②所使用的多种类型的车辆的载重量和载货容积；
③车辆在路线上休息前允许的最大的行驶时间；
④停留点规定的在一天内可以进行的提货的时间；
⑤可能只允许送货后再提货；
⑥司机可能只能在一天的特定时间进行短时间的休息或进餐等。

这些约束条件大大地使问题复杂化，甚至使人们难以去寻找最优化的解。国外有文献将其分为两类问题来研究：车辆路径问题（Vehicle Routing Problem，VRP）和车辆调度问题（Vehicle Scheduling Problem，VSP）。一般认为，当不考虑时间要求，仅从空间位置考虑车辆路线的安排和车辆调度时，称为 VRP 问题；考虑时间要求安排线路时，称为 VSP 问题；同时考虑空间和时间要求时，称为 VRSP 问题。但也有学者认为可以不区分两者，而把 VSP 问题看成有时间约束的 VRP 问题，因此在 VRP 的基础上加上与时间有关的修饰词即可，如 VRP with Time Windows。

对于 VRP 问题，目前有许多种标准进行分类，如表 4-8 所示。

表 4-8 VRP 问题的分类

分类原则	子问题	分类原则	子问题
任务特征	纯装问题	车场数目	单车场问题
	纯卸问题		多车场问题
	装卸混合问题	车辆种类	单车型问题
任务性质	对弧服务问题		多车型问题
	对点服务问题	车辆归属	车辆开放问题
	混合服务问题		车辆封闭问题
载货状况	单车单任务问题	优化目标	单目标问题
	单车多任务问题		多目标问题

按任务特征分，有纯装问题或纯卸问题（Pure Pick Up or Pure Delivery，车辆在所有任务点装货或卸货，即集货或送货问题）和装卸混合问题（Combined Pick Up and Delivery，每项任务有不同的装货点和卸货点，即集货、送货一体化问题）。

按任务性质分，有对弧服务问题（如中国邮递员问题）和对点服务问题（如旅行商问题）以及混合服务问题（如交通车线路安排问题）。

按车辆载货状况分，有满载问题（货运量不小于车辆容量，完成一项任务至少需要一辆车）和非满载问题（货运量小于车辆容量，一辆车可以完成多项任务）。

按配送中心（或货场、车场等）数目分，有单配送中心问题和多配送中心问题。

对于配送车辆不需要加以区别的情况，称为是同类问题（Homogeneous）或单车型问题，

否则称为异类问题(Heterogeneous)或多车型问题。

按车辆对车场的所属关系分,有车辆开放问题(车辆可以不返回其发出车场)和车辆封闭问题(车辆必须返回其发出车场)。

按优化目标数来分,有单目标问题和多目标问题。

更多地,可以按以下约束条件分类:

对于被分配到一条线路的配送车辆移动距离需满足不超过车辆运距上限的限制条件,称为具有距离约束的车辆路径问题(Distance Constrained Vehicle Routing Problem)。此外,对于移动费用或移动时间满足上限约束的情况,仍然称为具有距离约束的车辆路径问题。若没有移动距离(时间、费用)的约束,仅需满足装载量约束的问题,称为装载量约束的车辆路径问题。

对于车辆在任意两点间的移动费用无方向区别时,则问题称为对称车辆路径问题;反之,称为非对称问题。

对于移动费用满足任意两点间的费用小于经过第三点费用之和,称为满足三角不等式问题。

通常的配送问题可以设两点之间的最小费用(最短距离、最短时间)为该两点之间的移动费用,因此可以假设满足三角不等式,但由于拥挤、单行道、交叉口左右转时间的差异,未必能够是对称问题。

对于所有客户的需求量相同的情况,称为等需求问题(Equal Demand),否则称为非等需求问题(Unequal Demand)。

对于需求点的作业时间有一定要求时,即需满足客户点指定的时间范围内开始和结束,则称为具有时间窗约束的车辆路径问题(Vehicle Routing Problem with Time Window Constraints)。具有时间窗约束的车辆路径问题与一般的车辆路径问题的最大差别,在于到达客户位置比给定时间窗早的情况下,产生了等待;而如果到达时间比给定时间窗晚,则产生了延误。两种情况由于破坏了时间窗约束,使得实施成为不可能。

实际中,常常允许有少许的延误,为此,也有将超出时间窗的部分作为罚函数添加到目标函数的做法。或者,当比时间窗的最早时间更早到达情况下,代替在客户地点的等待采用惩罚项添加到目标函数。

对于不是绝对不允许破坏时间窗约束,而是采用相应于超出时间窗程度的罚函数的处理方法,称为柔性时间窗约束(Soft Time Window Constraint)。通常意义上的时间窗约束称为刚性时间窗约束。可以将刚性时间窗约束看作对于柔性时间窗约束采用非常大的罚值的情况。

二、单回路巡回配送路线优化与 TSP 模型

要解决单回路配送的路线优化问题,常用到的模型及其软件求解方法如下:

(一) TSP 模型概述

旅行商问题(Traveling Salesman Problem,TSP),可描述如下:

在一个由 n 个顶点构成的网络中,要求找出一个包括所有顶点的具有最小耗费(如最短距离或最小时间代价)的环路。

可以用多种方法把 TSP 表示成整数规划模型。这里介绍的一种建立模型的方法,是把

该问题的每个解(不一定是最优的)看作一次"巡回"。

在下述意义下，引入 6-1 整数变量：$x_{ij} = \begin{cases} 1, & \text{是从 } i \text{ 到 } j, \text{ 且 } i \neq j \\ 0, & \text{其他情况} \end{cases}$，其目标是使 $\sum_{i=1}^{n}\sum_{j=1}^{n} c_{ij}x_{ij}$ 为最小。

这里有两个明显的必须满足的条件：访问点 i 后必须有一个即将访问的点；访问城市 j 前必须要有一个刚刚访问过的点。于是，数学模型可以表示如下：

$$\min z = \sum_{i=1}^{n}\sum_{j=1}^{n} c_{ij}x_{ij}$$

$$\text{s.t.} \begin{cases} \sum_{i=1}^{n} x_{ij} = 1 & j = 1, 2, \cdots, n \\ \sum_{j=1}^{n} x_{ij} = 1 & i = 1, 2, \cdots, n \\ x_{ij} = 0 \text{ 或 } 1, & i \quad j = 1, 2, \cdots, n \end{cases}$$

显然，它是一个指派问题的整数规划模型。但以上两个条件对于 TSP 来说并不充分，仅仅是必要条件。例如，图 4-13 所示的情况，模型中两个约束条件都满足，但它显然不是 TSP 的解，它存在两个子巡回。

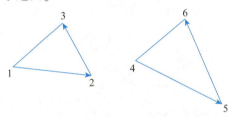

图 4-13 含两个子巡回的可行解

这里，我们将叙述一种在原模型上附加充分的约束条件以避免产生子巡回的方法。把额外变量 $u_i (i = 2, 3, \cdots, n)$ 附加到问题中。可把这些变量看作连续的(虽然这些变量在最优解中取普通的整数值)。现在附加下面形式的约束条件 $u_i - u_j + nx_{ij} \leq n - 1$，$2 \leq i \neq j \leq n$。为了证明该约束条件有预期的效果，必须证明：①任何含子巡回的路线都不满足该约束条件；②全部巡回都满足该约束条件。其中①可以用反证法证明；②可以采用构造法证明(证明过程可以查阅运筹学相关书籍，本书略)。这样我们把 TSP 转化成了一个混合整数规划问题，其模型如下：

$$\min z = \sum_{i=1}^{n}\sum_{j=1}^{n} c_{ij}x_{ij}$$

$$\text{s.t.} \begin{cases} \sum_{i=1}^{n} x_{ij} = 1 & j = 1, 2, \cdots, n \\ \sum_{j=1}^{n} x_{ij} = 1 & i = 1, 2, \cdots, n \\ u_i - u_j + nx_{ij} \leq n - 1 & 2 \leq i \neq j \leq n \\ x_{ij} = 0 \text{ 或 } 1 & i, j = 1, 2, \cdots, n \\ u_i \geq 0 & i = 2, 3, \cdots, n \end{cases}$$

(二)利用软件求解 TSP 模型

对于小规模问题,经典的整数规划求解方法还是有效的,此时可利用 LINGO 软件辅助模型求解,代码如下所示:

```
！旅行售货员问题；
model：
sets：
  city / 1..5/： u；
  link( city，city)：
      dist,   ！距离矩阵；
        x；
endsets
  n=@ size( city)；
data：  ！距离矩阵,它并不需要是对称的；
  dist=@ qrand(1)；   ！随机产生,这里可改为你要解决的问题的数据；
enddata
  ！目标函数；
  min=@ sum( link： dist * x)；
  @ FOR( city(K)：
    ！进入城市 K；
    @ sum( city(I) | I #ne# K： x(I，K))=1；
    ！离开城市 K；
    @ sum( city(J) | J #ne# K： x(K，J))=1；
  )；
  ！保证不出现子圈；
  @ for( city(I) | I #gt# 1：
    @ for( city(J) | J#gt#1 #and# I #ne# J：
      u(I)-u(J)+n * x(I，J)<=n-1)；
  )；
  ！限制 u 的范围以加速模型的求解,保证所加限制并不排除掉 TSP 问题的最优解；
  @ for( city(I) | I #gt# 1： u(I)<=n-2 )；
  ！定义 X 为 0 \ \ 1 变量；
  @ for( link： @ bin(x))；
end
```

计算的部分结果为

Global optimal solution found at iteration： 77
Objective value： 1.692489

Variable	Value	Reduced Cost
N	5.000000	0.000000
U(1)	0.000000	0.000000

U(2)	1.000000	0.000000
U(3)	3.000000	0.000000
U(4)	2.000000	0.000000
U(5)	0.000000	0.000000
DIST(1, 1)	0.4491774	0.000000
DIST(1, 2)	0.2724506	0.000000
DIST(1, 3)	0.1240430	0.000000
DIST(1, 4)	0.9246848	0.000000
DIST(1, 5)	0.4021706	0.000000
DIST(2, 1)	0.7091469	0.000000
DIST(2, 2)	0.1685199	0.000000
DIST(2, 3)	0.8989646	0.000000
DIST(2, 4)	0.2502747	0.000000
DIST(2, 5)	0.8947571	0.000000
DIST(3, 1)	0.8648940E-01	0.000000
DIST(3, 2)	0.6020591	0.000000
DIST(3, 3)	0.3380884	0.000000
DIST(3, 4)	0.6813164	0.000000
DIST(3, 5)	0.2236271	0.000000
DIST(4, 1)	0.9762987	0.000000
DIST(4, 2)	0.8866343	0.000000
DIST(4, 3)	0.7139008	0.000000
DIST(4, 4)	0.2288770	0.000000
DIST(4, 5)	0.7134250	0.000000
DIST(5, 1)	0.8524679	0.000000
DIST(5, 2)	0.2396538	0.000000
DIST(5, 3)	0.5735525	0.000000
DIST(5, 4)	0.1403314	0.000000
DIST(5, 5)	0.6919708	0.000000
X(1, 1)	0.000000	0.4491774
X(1, 2)	0.000000	0.2724506
X(1, 3)	0.000000	0.1240430
X(1, 4)	0.000000	0.9246848
X(1, 5)	1.000000	0.4021706
X(2, 1)	0.000000	0.7091469
X(2, 2)	0.000000	0.1685199
X(2, 3)	0.000000	0.8989646
X(2, 4)	1.000000	0.2502747
X(2, 5)	0.000000	0.8947571
X(3, 1)	1.000000	0.8648940E-01

X(3, 2)	0.000000	0.6020591
X(3, 3)	0.000000	0.3380884
X(3, 4)	0.000000	0.6813164
X(3, 5)	0.000000	0.2236271
X(4, 1)	0.000000	0.9762987
X(4, 2)	0.000000	0.8866343
X(4, 3)	1.000000	0.7139008
X(4, 4)	0.000000	0.2288770
X(4, 5)	0.000000	0.7134250
X(5, 1)	0.000000	0.8524679
X(5, 2)	1.000000	0.2396538
X(5, 3)	0.000000	0.5735525
X(5, 4)	0.000000	0.1403314
X(5, 5)	0.000000	0.6919708

 小任务

你能利用 LINGO 软件，按照上述的操作步骤，自己独立完成 TSP 模型的输入与求解吗？软件操作中遇到的问题是什么，请你记录下来。

视频 4-6
TSP 模型实操演示

然而，当 n 的数目较大（大于 30）时，该混合整数线性规划问题的规模会很大，从而给求解带来很大问题。TSP 已被证明是 NP 难问题，目前还没有发现多项式时间的算法。此时可以通过启发式算法获得近似最优解。下面介绍两种启发式算法——最近邻点法和最近插入法。

这两种算法是由 Rosen Krantz 和 Stearns 等人在 1977 年提出的用于解决 TSP 问题的算法。

最近邻点法比较简单，但是它得到的解并不十分理想，有很大的改善余地。该算法计算快捷，但精度低，可以作为进一步优化的初始解。最近邻点法包括四个步骤：

（1）从指定点开始，作为整个回路的起点，加入回路。
（2）找到离刚加入回路的点最近的另一个节点，并将其加入回路中。
（3）重复步骤（2），直到所有节点都加入回路中。
（4）将最后一个加入的节点和起点连接起来。

最近插入法比最近邻点法复杂，但是可以得到相对比较满意的解。最近插入法也包括四个步骤：

（1）找到离起始点 v_1 最近的节点 v_k，形成一个子回路（Subtour），$T = \{v_1, v_k, v_1\}$。
（2）在剩下的节点中，寻找一个离子回路中某一节点最近的节点 v_k。
（3）在子回路中找到一条弧 (i, j)，使得 $c_{ik} + c_{kj} - c_{ij}$ 最小，然后将节点 v_k 插入其中，用两条新的弧 (i, k) 和 (k, j) 代替原来的弧 (i, j)，形成新的子回路。
（4）重复步骤（2）和（3），直到所有的节点都加入子回路中。

【例 4-4】某配送中心 V_1，准备为 5 个不同位置的客户 $V_2 \sim V_6$ 送货。它们与配送中心的距离以及彼此之间的距离如表 4-9 所示。由于 5 个客户的订单正好装满一辆载重为 4 吨的货车，为了节约成本，经理决定只派一辆车，进行巡回配送，应该怎样设计车辆的送货顺序以及行驶路线呢？

表4-9 配送中心以及客户点之间的距离(千米)

顶点	V_1	V_2	V_3	V_4	V_5	V_6
V_1	—	10	6	8	7	15
V_2	10	—	5	20	15	16
V_3	6	5	—	14	7	8
V_4	8	20	14	—	4	12
V_5	7	15	7	4	—	6
V_6	15	16	8	12	6	—

WinQSB软件提供了3种启发式算法(最近邻点算法、最近插入算法、两两交换改进算法)和1种精确算法(分支定界法)，如图4-14所示，为WinQSB软件中TSP的求解方法选择界面。

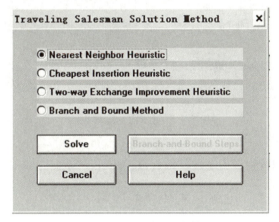

图4-14 TSP求解方法选择界面

利用软件求解该例题，得到的最优单回路巡回送货路线为 $V_1 \rightarrow V_2 \rightarrow V_3 \rightarrow V_6 \rightarrow V_5 \rightarrow V_4 \rightarrow V_1$，总行程为41公里。

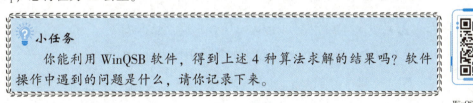

小任务

你能利用WinQSB软件，得到上述4种算法求解的结果吗？软件操作中遇到的问题是什么，请你记录下来。

视频4-7
WinQSB软件实操演示

三、多回路巡回配送问题与VRP模型

要解决多回路配送的路线优化问题，常用到的模型及其软件辅助求解方法如下：

(一)经典的VRP模型

经典VRP可描述如下：有多个货物需求点(或称顾客)，已知每个需求点的需求量及位置，至多用m辆汽车从配送中心(或中心仓库)送货，每辆汽车载重量一定，安排汽车

路线,要求每条路线不超过车辆载重量和每个需求点的需求必须且只能由一辆车来满足,目标是使运距最短或者运输费用最少。

一般情况下,基本形式的 VRP 具有以下假设:

(1) 单一物流中心,多部车辆配送,m 为车辆总数,所有车辆的集合为 $K = \{1, 2, \cdots, m\}$。

(2) 车辆为单一车种,即视为相同的载重量,且有容量限制,载重量为 Q。

(3) n 为顾客总数,所有客户的集合为 $V = \{1, 2, \cdots, n\}$。

(4) 每个需求点由一辆车服务,每个客户点 i 货物需求量为 q_i,不超过车辆的载重容量。

(5) 无时间限制的配送问题。

(6) 客户的位置和需求量均为已知。

(7) 配送的货物视为同一种商品,便于装载。

记:

$$y_{ijk} = \begin{cases} 1 & \text{第 } k \text{ 辆车从点 } i \text{ 到点 } j \quad i \neq j;\ i = 0, 1, \cdots, n;\ j = 0, 1, \cdots, n \\ 0 & \text{否则} \qquad\qquad\qquad\qquad\qquad 0 \text{ 代表配送中心} \end{cases}$$

$$x_{ik} = \begin{cases} 1 & \text{需求点 } i \text{ 由车辆 } k \text{ 送货;} \quad i = 1, 2, \cdots, n;\ k = 1, 2, \cdots, m \\ 0 & \text{否则} \end{cases}$$

c_{ij} 为节点 i 到节点 j 的最短距离(最少运费、最少时间等),它只与运输距离有关,与货物重量无关。巡回配送的目标是使总运输距离(运费、时间)最少,即

$$\min z = \sum_{i=0}^{n} \sum_{j=0}^{n} \sum_{k=1}^{m} c_{ij} y_{ijk}$$

必须满足以下约束:

每辆车辆所运送的货物量不超过其载重量:

$$\sum_{i=1}^{n} q_i x_{ik} \leq Q \quad k = 1, 2, \cdots, m$$

每个需求点必须有且只需有一辆车送货:

$$\sum_{k=1}^{m} x_{ik} = 1 \quad i = 1, 2, \cdots, n$$

若客户点 j 由车辆 k 送货,则车辆 k 必从某点 i 到达点 j:

$$\sum_{i=0}^{n} y_{ijk} = x_{jk} \quad j = 0, 1, \cdots, n;\ k = 1, 2, \cdots, m$$

若客户点 i 由车辆 k 送货,则车辆 k 送完该点的货后必到达另一个点 j:

$$\sum_{j=0}^{n} y_{ijk} = x_{ik} \quad i = 0, 1, \cdots, n;\ k = 1, 2, \cdots, m$$

因此,VRP 可以表示为如下整数规划模型

$$\min z = \sum_{i=0}^{n} \sum_{j=0}^{n} \sum_{k=1}^{m} c_{ij} y_{ijk}$$

$$\text{s.t.} \sum_{i=1}^{n} q_i x_{ik} \leq Q \quad k = 1, 2, \cdots, m$$

$$\sum_{k=1}^{m} x_{ik} = 1 \quad i = 1, 2, \cdots, n$$

$$\sum_{i=0}^{n} y_{ijk} = x_{jk} \quad j = 0, 1, \cdots, n; \quad k = 1, 2, \cdots, m$$

$$\sum_{i=0}^{n} y_{ijk} = x_{ik} \quad j = 0, 1, \cdots, n; \quad k = 1, 2, \cdots, m$$

$$\sum_{i \in s} \sum_{j \in s} y_{ijk} \leq |s| - 1 \quad s \subseteq V, 2 \leq |s| \leq n-1; \quad k = 1, 2, \cdots, m$$

$|S|$ 为集合 S 中所含点的个数

$$x_{ik} \in \{0, 1\} \quad i = 1, \cdots, n; \quad k = 1, 2, \cdots, m$$

$$y_{ijk} \in \{0, 1\} \quad i, j = 0, 1, \cdots, n; \quad k = 1, 2, \cdots, m$$

(二) VRP 模型的求解方法概述

国内外对配送车辆优化调度问题做了大量而深入的研究,例如,早在 1983 年 Bodin、Goden 等人就在他们的综述文章中列举过 700 余篇文章;最近国内外还不断有新的成果产生。VRP 的求解方法也非常丰富,究其实质,可将求解方法分成精确算法和启发式算法两大类。

1. 精确算法

精确算法指可求出其最优解的算法,主要有:
分支定界法(Branch and Bound Approach);
割平面法(Cutting Planes Approach);
网络流算法(Network Flow Approach);
动态规划方法(Dynamic Programming Approach)。

2. 启发式算法

由于 VRP 问题是 NP 困难问题,精确算法的计算量一般随问题规模的增大呈指数增长,因此,在实际中,其应用范围十分有限。利用经验法则寻求近似算法是必要和现实的,为此,专家们主要把精力花在构造高质量的启发式算法上。最早提出的启发式算法有节约算法、扫描算法等。目前,绝大部分这方面的研究成果是对启发式算法的设计或改进,出现了现代启发式算法(Metaheuristics Algorithm),如遗传算法(Genetic Algorithm)、模拟退火算法(Simulated Annealing)、禁忌算法(Tabu Search Algorithm)等人工智能方法,其特点是适合更大规模、复杂 VRP 模型的求解。

(三) 两种启发式算法的求解步骤及软件辅助

下面介绍两种经典的启发式算法。

1. 节约法(Saving Method)

节约法也称为节约里程(Clarke-Wright,C-W)法,是在 1964 年由 Clarke-Wright 提出的。该算法能灵活处理许多现实的约束条件,如能同时确定车辆数及车辆经过个站点的顺序。由于其简单性和一定程度的实用性,成为广泛使用的求解 VRP 模型的近似算法。

算法遵循古典近似优化原理的"贪婪算法",其思路为设只有两个收货点 P_1,P_2,如图 4-15 所示。最简单的,分别配送,距离为 $2c_{01}+2c_{02}$。若用一辆车改为单线配送,则距离为 $c_{01}+c_{02}+c_{12}$(c_{ij} 为 P_i 到 P_j 的最短距离),节约运距为

$$(2c_{01}+2c_{02})-(c_{01}+c_{02}+c_{12})=c_{01}+c_{02}-c_{12} \geq 0$$

称 $c_{01}+c_{02}-c_{12}$ 为 $P_i—P_j$ 的"节约里程"，记为 s_{12}。

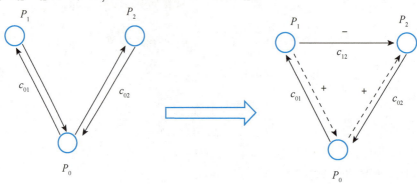

图 4-15 由分别配送改为巡回配送的节约的里程

对于多个点，如图 4-16 所示，已知有两条配送路径，距离分别为 a 和 b，若 $c_{0i}+c_{0j}-c_{ij}>0$，则采用并线配送后，运送距离为 $a+b-(c_{0i}+c_{0j}-c_{ij})$。

其中 $c_{0i}+c_{0j}-c_{ij}$ 为合并后的节约里程，即

$$s_{ij}=c_{0i}+c_{0j}-c_{ij}$$

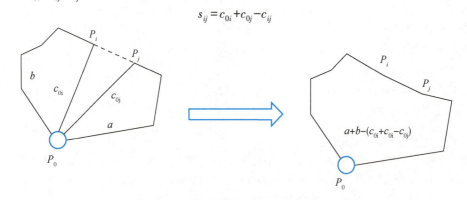

图 4-16 两条配送线路并线后的节约里程

因此，C-W 算法采用两条配送路径合并为一条配送路径的思想，降低总运输距离。算法首先求出任意两点间的"节约里程"，并按大到小排序，先合并节约里程大的路径，在合并时检验车辆的载重量和总运距约束。

注意在线路合并时，只有在两条不同线路上并且直接与配送中心相连接的点对才能合并，即每个点最多只能合并两次，以及在同一线路内的两点不能再合并，因此在合并线路时，还需对这些条件进行检验。

节约里程算法主要步骤如下：

第一步：确定距离方阵。

第二步：计算节约方阵。

第三步：将客户划归到不同的配送路线。

第四步：排定每辆车的送货顺序。

节约算法可方便地编制成程序，当节点规模不大时，也可通过手工方式完成计算，这时通常利用节约矩阵或表格的形式进行。下面通过一个具体例题来说明其步骤。

【例 4-5】当当公司配送中心的经理收到了来自 13 个不同客户的订单。配送中心的位置、

每个客户的坐标以及每位客户的订单规模见表4-10。配送中心一共有4辆卡车，每辆卡车的载重量是200单位。经理认为，送货成本与卡车的总行程，即两点之间的距离，高度相关。因此，经理希望获得总行驶距离最小的方案。如何分配客户？如何确定车辆行驶路线？

表4-10 客户的坐标及订单的规模

项目	X 坐标	Y 坐标	订单规模
配送中心（DC）	0	0	
客户1（$C1$）	0	12	48
客户2（$C2$）	6	5	36
客户3（$C3$）	7	15	43
客户4（$C4$）	9	12	92
客户5（$C5$）	15	3	57
客户6（$C6$）	20	0	16
客户7（$C7$）	17	−2	56
客户8（$C8$）	7	−4	30
客户9（$C9$）	1	−6	57
客户10（$C10$）	15	−6	47
客户11（$C11$）	20	−7	91
客户12（$C12$）	7	−9	55
客户13（$C13$）	2	−15	38

（1）第一步：确定距离方阵。

确定距离方阵就是要确认配送中心、13个客户中任意两点之间的距离。在这里，我们用两点之间的距离代替两点之间运输成本。坐标系中 A，B 两点之间的距离 $\text{Dist}(A,B)$ 可以用公式表示为（假定 A，B 两点的坐标分别为 (x_A, y_A)，(x_B, y_B)）：

$$\text{Dist}(A,B) = \sqrt{(x_A - x_B)^2 + (y_A - y_B)^2}$$

视频4-8
VRP模型节约里程法
软件辅助实操演示

每两个客户之间的距离以及他们与配送中心的距离见表4-11。接下来，我们用任意两点之间的距离来计算节约方阵。

表4-11 当当公司的距离矩阵

项目	DC	$C1$	$C2$	$C3$	$C4$	$C5$	$C6$	$C7$	$C8$	$C9$	$C10$	$C11$	$C12$	$C13$
DC	0													
$C1$	12	0												
$C2$	8	9	0											
$C3$	17	8	10	0										
$C4$	15	9	8	4	0									
$C5$	15	17	9	14	11	0								

续表

项目	DC	C1	C2	C3	C4	C5	C6	C7	C8	C9	C10	C11	C12	C13
C6	20	23	15	20	16	6	0							
C7	17	22	13	20	16	5	4	0						
C8	8	17	9	19	16	11	14	10	0					
C9	6	18	12	22	20	17	20	16	6	0				
C10	16	23	14	22	19	9	8	4	8	14	0			
C11	21	28	18	26	22	11	7	6	13	19	5	0		
C12	11	22	14	24	21	14	16	12	5	7	9	13	0	
C13	15	27	20	30	28	22	23	20	12	9	16	20	8	0

计算距离方阵这一步手工计算比较麻烦,可以利用 Excel 中的二维模拟运算表辅助得到。

(2)第二步:在送货线路初始可行方案的基础上,计算节约方阵。

节约方阵是指将两个客户的订货放在一辆卡车上联合配送时节约的累积。节约可按照距离、时间或者金钱来计算,当当公司的经理按照距离建立了节约方阵。送货线路依其所经过地点的顺序不同来确认,如"配送中心——客户 x——配送中心"这一行程始于配送中心,送货给客户 x,然后再回到配送中心。节约 $s(x,y)$ 表示的含义是将两个行程:配送中心——客户 x——配送中心;配送中心——客户 y——配送中心,合二为一:配送中心——客户 x——客户 y——配送中心,而节约的距离可以用公式计算如下:

$$s(x,y)=\text{Dist}(DC,x)+\text{Dist}(DC,y)-\text{Dist}(x,y)$$

视频 4-9
VRP 模型节约里程法
软件辅助实操演示

根据表 4-15,经理计算出 $s(1,2)=12+8-9=11$。当当公司送货线路的节约方阵见表4-12。利用节约方阵可以将客户划归到不同配送线路中。

表 4-12 当当公司送货路线的节约方阵

项目	Rout.	C1	C2	C3	C4	C5	C6	C7	C8	C9	C10	C11	C12	C13
C1	1	0												
C2	2	11	0											
C3	3	21	15	0										
C4	4	18	15	28	0									
C5	5	10	14	18	19	0								
C6	6	9	13	17	19	29	0							
C7	7	7	12	14	16	27	33	0						
C8	8	3	7	6	7	12	14	15	0					
C9	9	0	2	1	1	4	6	7	8	0				
C10	10	5	10	11	12	22	28	29	16	8	0			
C11	11	5	11	12	14	25	34	32	16	8	32	0		

续表

项目	Rout.	C1	C2	C3	C4	C5	C6	C7	C8	C9	C10	C11	C12	C13
C12	12	1	5	4	5	12	15	16	14	10	18	19	0	
C13	13	0	3	2	2	8	12	12	11	12	15	16	18	0

（3）第三步：合并配送路线，将客户划归到不同的配送路线。

经理力图在将客户划归到不同车辆或不同的配送线路中使节约最大化。这种划分是一个重复进行的过程。最初每一客户被划分到各自独立的运输线路中去。如果两条配送线路上的运输总量不超过卡车的最大载重量，那么二者的合并就是可行的。在反复进行的过程中，当当公司的经理总是试图使节约最大的两条线路合并成一条新的可行的线路。这一过程一直持续到不能再合并时为止。

视频4-10
VRP模型节约里程法
软件辅助实操演示

首先，最大的节约34来自线路6和线路11的合并，而且这种合并是可行的。因为总运量为16+91=107，小于200，因此客户6与客户11这两个客户被划归为一条线路，正如表4-13所示。从而节约34在下一步中也就无须再考虑了。

下一个最大的节约是将客户7和客户6合并为一条线路以后的节约33，由于合并后的运量为107+56=163，小于200，所以这一合并也是可行的。因此，客户7被添加到线路6中去，如表4-14所示。

表4-13　当当公司送货线路第一次合并后的节约方阵

项目	Rout.	C1	C2	C3	C4	C5	C6	C7	C8	C9	C10	C11	C12	C13
C1	1	0												
C2	2	11	0											
C3	3	21	15	0										
C4	4	18	15	28	0									
C5	5	10	14	18	19	0								
C6	6	9	13	17	19	29	0							
C7	7	7	12	14	16	27	33	0						
C8	8	3	7	6	7	12	14	15	0					
C9	9	0	2	1	1	4	6	7	8	0				
C10	10	5	10	11	12	22	28	29	16	8	0			
C11	6	5	11	12	14	25	34	32	16	8	32	0		
C12	12	1	5	4	5	12	15	16	14	10	18	19	0	
C13	13	0	3	2	2	8	12	12	11	12	15	16	18	0

接下来，最大的节约是合并客户10和线路6得到的节约32（我们无须考虑合并客户7和客户11的节约32，因为二者都已经安排在线路6中了）。但是这一合并却不能进行，因为客户10的47个单位的货物如果添加到线路6已有的货物中去，那么总运量将超过卡车的最大载重量200。下面是将客户5或客户10添加到线路6中去，得到的节约29，但由于最大载重量的限制，这些合并都是不可行的。

表 4-14　当当公司送货路线第二次合并后的节约方阵

项目	Rout.	C1	C2	C3	C4	C5	C6	C7	C8	C9	C10	C11	C12	C13
C1	1	0												
C2	2	11	0											
C3	3	21	15	0										
C4	4	18	15	28	0									
C5	5	10	14	18	19	0								
C6	69	13	17	19	29	0								
C7	67	12	14	16	27	33	0							
C8	8	3	7	6	7	12	14	15	0					
C9	9	0	2	1	1	4	6	7	8	0				
C10	10	5	10	11	12	22	28	29	16	8	0			
C11	65	11	12	14	25	34	32	16	8	32	0			
C12	12	1	5	4	5	12	15	16	14	10	18	19	0	
C13	13	0	3	2	2	8	12	12	11	12	15	16	18	0

下面的最大节约是合并线路 3 和线路 4 得到的节约 28，这是可行的。这两条线路合二为一，如表 4-15 所示。

表 4-15　当当公司送货路线第三次合并后的节约方阵

项目	Rout.	C1	C2	C3	C4	C5	C6	C7	C8	C9	C10	C11	C12	C13
C1	1	0												
C2	2	11	0											
C3	321	15	0											
C4	318	15	28	0										
C5	5	10	14	18	19	0								
C6	69	13	17	19	29	0								
C7	67	12	14	16	27	33	0							
C8	8	3	7	6	7	12	14	15	0					
C9	9	0	2	1	1	4	6	7	8	0				
C10	10	5	10	11	12	22	28	29	16	8	0			
C11	65	11	12	14	25	34	32	16	8	32	0			
C12	12	1	5	4	5	12	15	16	14	10	18	19	0	
C13	13	0	3	2	2	8	12	12	11	12	15	16	18	0

反复进行上述过程,已经合并的线路不再考虑,将剩余的没被合并的线路依次合并,最后,线路合并的结果是客户被划分为四条线路:{1,3,4},{2,9},{6,7,8,11},{5,10,12,13},即由四辆卡车为这些客户送货。下一步将排定每辆车的送货顺序。

(4)第四步:排定每辆车的送货顺序。

排定线路内的送货顺序,使所有车辆的总行驶距离最短。经理的目标是尽量缩短每辆车必需的行程,因为改变送货顺序对行驶距离有显著影响。让我们看一下为客户5,10,12和13服务的情况,如果送货顺序为客户5,10,12,13,这时运距为15+9+9+8+15=56(从表4-15中得到距离数据);但如果送货顺序为客户5,10,13,12,那么卡车的行程将增加为15+9+16+8+11=59。

每条线路内送货顺序的决定,实际上是TSP问题,可应用前面介绍的单回路优化算法来求解。另外,也可以根据节约里程得到客户合并的顺序,来进行送货路线的安排。不同的方法得到的结果基本一致。

当当公司的经理最终排定每辆车的送货顺序如表4-16和图4-17所示,送货总距离是170。

表4-16 当当公司运用节约法最终得到的送货行程安排

卡车	送货行程	行程长度	每辆卡车装载量
1	DC,2,9,DC	26	93
2	DC,1,3,4,DC	39	183
3	DC,8,11,6,7,DC	49	193
4	DC,5,10,12,13,DC	56	197

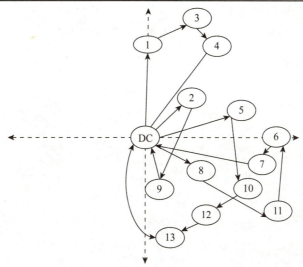

图4-17 节约法最终送货线路安排图

C-W算法计算速度较快,但C-W算法求解结果有时可能与最优解相差较大。

2. 扫描法(Sweep Algorithm)

扫描法是Gillett和Miller在1974年首先提出的。扫描法在VRP求解模式中属先分群再求解路径的算法,在其考虑总距离成本时,一般皆能得到不错的结果,是最为简便、常用的方法之一。其原理是，先以配送中心为原点，将所有需求点的极坐标算出，然后依角度大小以逆时针或顺时针方向扫描，若满足车辆装载容量即划分为一群，将所有点扫描完毕后在每个群内部用 TSP 模型的求解算法求出车辆行驶路径。

扫描法基本步骤如下：

(1) 以配送中心为原点，建立极坐标，将所有客户需求点的极角计算出来。

(2) 按顺时针或逆时针方向，依角度大小开始扫描。

(3) 将扫描经过的客户点需求量进行累加，当客户需求总量达到一辆车的载重量限制且不超过载重量极限时，就将这些客户划分为一群，即由同一辆车完成送货服务。接着，按照同样的方法对其余客户划分新的客户群，指派新的车辆。

(4) 重复步骤(3)，直到所有的客户都被划分到一个群中。

(5) 在每个群内，排定每辆车的送货顺序。

其分派车辆的过程可以通过手工计算或直接在图纸上完成，也可以利用计算机程序求解，计算速度快、计算准确。该方法的缺点是对有时间窗的 VRP 问题处理得不好。

下面应用扫描法对上述例 4-5 进行求解。

解：扫描法求解问题的步骤如下：

(1) 第一步：建立极坐标。

参考表 4-10 中的数据信息，在图 4-18 上描述出各客户点的坐标位置。然后，以配送中心为极坐标原点，向右的水平线为零角度线。

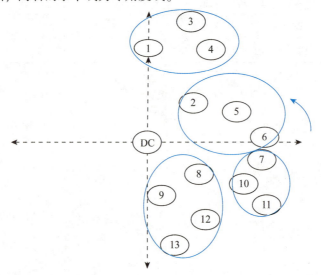

图 4-18 应用扫描法确定的多车辆路径

(2) 第二步：扫描划分客户群。

以零角度线为起始位置，按逆时针方向进行扫描，将扫描经过的客户需求量进行累加，将既不超重又能最大限度地利用车辆装载量的客户划分为一组，由一辆车提供取货服务。

如图 4-18 客户位置分布，客户 6 首先被扫描，其需求量是 16；按逆时针方向依次扫描，经过客户 5、客户 2，这时的客户需求总量 = 16 + 57 + 36 = 109，如果再增加下一个客户 4，就会超过 200 的极限，所以，客户 6、5、2 由第一辆车完成服务，这样就得到第 1

条线路。

同样的方法，客户 4，3，1 被相继扫描，它们的累计需求量 = 92+43+48 = 183，不超过车辆载重极限，这样就得到第 2 条线路。接着，客户 9，13，12，8 相继被扫描，它们的需求量累计 = 57+38+55+30 = 180，没有超出车辆载重极限，这样就得到第 3 条线路。最后得到的是由客户 10，11，7 组成的第 4 条线路，累计需求量为 194。

这样的客户群划分可以满足当当公司由 4 辆载重量为 200 的货车按照不超载的原则，完成 13 家客户需求任务的要求。

(3) 第三步：确定每辆车的最佳路径。

即要确定上面得到的四个客户群的最佳行车路线。可以直接根据扫描的先后顺序，来进行送货路线的安排；也可以应用前面介绍的单回路优化算法来求解最优送货顺序，求解结果如表 4-17 所示。

表 4-17 当当公司运用扫描法最终得到的送货行程安排

卡车	送货行程	行程长度	每辆卡车装载量
1	DC，1，3，4，DC	39	183
2	DC，2，5，6，DC	43	109
3	DC，10，11，7，DC	44	194
4	DC，8，12，13，9，DC	36	180

因此，当当公司的经理最终排定每辆车的送货顺序如表 4-17 和如图 4-19 所示，送货总距离是 162。显然，与节约法相比，扫描法得到的方案更优，总行程缩短了 8 单位，说明在满足客户需求的前提下总成本更低。

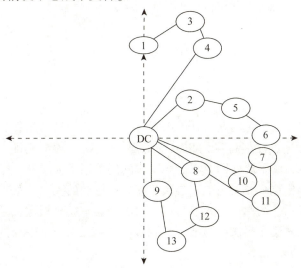

图 4-19 扫描法最终送货线路安排图

以上我们通过一个例子介绍了节约法和扫描法的步骤以及软件工具对求解过程的辅助。实际上，对于车辆路径问题，经常需要考虑一些更实际的限制条件。例如，在客户需求点既有送货的要求，又有一定的取货要求；使用的多部车辆可能具有不同的容积和载重量；或者客户对送/取货时间有特殊的限制等。增加这些限制条件后，问题的复杂性大大增加，甚至无法寻找到问题的最优解；通常需要根据问题及所建模型的具体情况寻找并利用不同的启发式方法以及软件工具来辅助得到满意解。

> **小任务**
>
> 你能按照上面介绍的步骤，自己独立完成节约法和扫描法的求解过程吗？在利用软件进行辅助求解的过程中遇到了什么问题，请你记录下来。

第四节 运输决策中的其他方法介绍

一、层次分析法

美国运筹学家 A. L. Saaty 于 20 世纪 70 年代提出的层次分析法（Analytical Hierarchy Process，AHP），是一种定性与定量相结合的决策分析方法。它是一种将决策者对复杂系统的决策思维过程模型化、数量化的过程。应用这种方法，决策者通过将复杂问题分解为若干层次和若干因素，在各因素之间进行简单的比较和计算，就可以得出不同方案的权重，为最佳方案的选择提供依据。这种方法的特点是思路简单明了，它将决策者的思维过程条理化、数量化，便于计算，容易被人们所接受；所需要的定量数据较少，但能清楚分析问题的本质、包含的因素及其内在关系；可用于复杂的非结构化的问题以及多目标、多准则、多时段等各种类型问题的决策分析，具有较广泛的实用性。

层次分析法的基本过程大体可以分为如下六个基本步骤：

1. 明确问题

即弄清问题的范围，所包含的因素，各因素之间的关系等，以便尽量掌握充分的信息。

2. 建立层次结构

在这一个步骤中，要求将问题所含的因素进行分组，把每一组作为一个层次，按照最高层（目标层）、若干中间层（准则层）以及最低层（方案层）的形式排列起来。这种层次结构常用结构图来表示，图中要标明上下层元素之间的关系。如果某一个元素与下一层的所有元素均有联系，则称这个元素与下一层次存在完全层次的关系；如果某一个元素只与下一层的部分元素有联系，则称这个元素与下一层次存在不完全层次关系。层次之间可以建立子层次，子层次从属于主层次中的某一个元素，它的元素与下一层的元素有联系，但不形成独立层次。

3. 构造判断矩阵

这一个步骤是层次分析法的一个关键步骤。设判断矩阵 $A = \{a_{ij}\}$（$i, j = 1, 2, \cdots, n$），判断矩阵中的元素 a_{ij} 是针对上一层次某元素（如元素 A_k），两两比较本层次的各元素（如 $B_1, B_2, \cdots,$）之间相对重要性程度而得到的量值。a_{ij} 一般取 1, 3, 5, 7, 9 等 5 个等级标度，其意义为：1 表示 B_i 与 B_j 同等重要；3 表示 B_i 较 B_j 重要一点；5 表示 B_i 较 B_j 重要得多；7 表示 B_i 较 B_j 更重要；9 表示 B_i 较 B_j 极端重要。而 2，4，6，8 表示介于 1，3，5，7，9 两个相邻等级标度的中间，当 5 个等级不够用时，可以使用这几个数值。

显然，对于任何判断矩阵都应满足

$$\begin{cases} a_{ii} = 1 \\ a_{ij} = \dfrac{1}{a_{ji}} \end{cases} (i, j = 1, 2, \cdots, n) \tag{4-7}$$

一般而言，判断矩阵的数值是根据数据资料、专家意见和分析者的认识，加以平衡后给出的。衡量判断矩阵的标准是矩阵中的判断是否具有一致性。如果判断矩阵存在以下关系：

$$a_{ij} = \frac{a_{ik}}{a_{jk}} \quad (i, j, k = 1, 2, \cdots, n) \tag{4-8}$$

则称它具有完全一致性。但是，因客观事物的复杂性和人们认识上的多样性，可能会产生片面性，因此要求每一个判断矩阵都具有完全一致性显然是不可能的，特别是因素多、规模大的问题更是如此。为了考察层次分析法得到的结果是否合理，需要对判断矩阵进行一致性检验。

4. 层次单排序

层次单排序的目的是对于上层次中的某元素而言，确定本层次与之有联系的元素重要性次序的权重值。它是本层次所有元素对上一层次而言的重要性排序的基础。层次单排序的任务可以归结为计算判断矩阵的特征根和特征向量问题，即对于判断矩阵 A，计算满足式(4-9)的特征根和特征向量。

$$AW = \lambda_{\max} W \tag{4-9}$$

式中，$\lambda_{\max}$ 为 A 的最大特征根；W 为对应于 $\lambda_{\max}$ 的正规化特征向量；W 的分量 W_i 就是对应元素单排序的权重值。

通过前面的分析，我们知道，当判断矩阵 A 具有完全一致性时，$\lambda_{\max} = n$，其中 n 为本层所具有的元素数量。但是，在一般情况下是不可能具有完全一致性的，所以要进行一致性检验。为了检验判断矩阵的一致性，需要计算它的一致性指标：

$$CI = \frac{\lambda_{\max} - n}{n - 1} \tag{4-10}$$

式中，当 CI=0 时，判断矩阵具有完全一致性；反之，CI 越大，则判断矩阵的一致性就越差。

为了检验判断矩阵是否具有令人满意的一致性，则需要将 CI 与平均随机一致性指标 RI(见表 4-18)进行比较。一般而言，1 或 2 阶判断矩阵总是具有完全一致性的。对于 2 阶以上的判断矩阵，其一致性指标 CI 与同阶的平均随机一致性指标 RI 之比，称为判断矩阵的随机一致性比例，记为 CR(见式(4-11))。一般地，当 CR<0.1 时，我们就认为判断矩阵具有令人满意的一致性；否则，当 CR≥0.1 时，就需要调整判断矩阵，直到满意为止。

$$CR = \frac{CI}{RI} \tag{4-11}$$

表 4-18　平均随机一致性指标 RI

阶数	1	2	3	4	5	6	7	8	9	10	11	12	13	14	15
RI	0	0	0.58	0.9	1.12	1.24	1.32	1.41	1.45	1.49	1.52	1.54	1.56	1.58	1.59

5. 层次总排序

利用同一层次中所有层次单排序的结果,就可以计算针对上一层次而言的本层次所有元素的重要性权重值,这一过程就称为层次总排序。层次总排序需要从上到下逐层顺序进行。

若在层次结构中,最高层为 A 层,第二层为 B 层,有 m 个元素,它们关于最高层 A 层的相对重要性排序权值分别为 $b_1, b_2, \cdots, b_m$;B 层的下一层为 C 层,设 C 层有 n 个元素,它们关于 B 层中任一元素 B_j 的层次单排序的权值分别为 $c_j^1, c_j^2, \cdots, c_j^n$,则 C 层中各元素对于最高层 A 层的层次总排序如表 4-19 所示。

表 4-19　层次总排序表

层次 B / 层次 C	B_1 b_1	B_2 b_2	...	B_m b_m	C 层次的总排序
C_1	c_1^1	c_1^2	...	c_1^m	$\sum_{j=1}^{m} b_j c_1^j$
C_2	c_2^1	c_2^2	...	c_2^m	$\sum_{j=1}^{m} b_j c_2^j$
⋮	⋮	⋮	⋮	⋮	⋮
C_n	c_n^1	c_n^2	...	c_n^m	$\sum_{j=1}^{m} b_j c_n^j$

显然,

$$\sum_{i=1}^{n} \sum_{j=1}^{m} b_j c_i^j = 1 \tag{4-12}$$

即层次总排序为归一化的正规向量。

6. 一致性检验

为了评价层次总排序的计算结果的一致性,类似于层次单排序,也需要进行一致性检验。为此,需要分别计算下列指标:

$$CI = \sum_{j=1}^{m} b_j CI_j \tag{4-13}$$

$$RI = \sum_{j=1}^{m} b_j RI_j \tag{4-14}$$

$$CR = \frac{CI}{RI} \tag{4-15}$$

在式(4-13)中,CI 为层次总排序的一致性指标,CI_j 为与 B_j 对应的 C 层次中判断矩阵的一致性指标;在式(4-14)中,RI 为层次总排序的随机一致性指标,RI_j 为与 B_j 对应的 C 层次中判断矩阵的随机一致性指标;在式(4-15)中,CR 为层次总排序的随机一致性比例。

同样,当 CR<0.10 时,则认为层次总排序的计算结果具有令人满意的一致性;否则,

就需要对本层次的各判断矩阵进行调整,从而使层次总排序具有令人满意的一致性。

在层次分析法中,最根本的计算任务是求解判断矩阵的最大特征根及其所对应的特征向量。这些问题可以用线性代数知识去求解,并且能够利用计算机求得任意高精度的结果。但事实上,在层次分析法中,判断矩阵的最大特征根及其对应的特征向量的计算,并不需要追求太高的精度。这是因为判断矩阵本身就是将定性问题定量化的结果,允许存在一定的误差范围。因此,可以选用方根法或和法这种近似算法,求解判断矩阵的最大特征根及其对应的特征向量。

方根法的计算步骤如下:

(1) 计算判断矩阵 A 每一行元素的乘积:

$$M_i = \prod_{j=1}^{n} a_{ij} (i = 1, 2, \cdots, n) \tag{4-16}$$

(2) 计算 M_i 的 n 次方根:

$$\overline{W}_i = \sqrt[n]{M_i} (i = 1, 2, \cdots, n) \tag{4-17}$$

(3) 将向量 $\overline{W} = [\overline{W}_1, \overline{W}_2, \cdots, \overline{W}_n]^T$ 归一化:

$$W_i = \frac{\overline{W}_i}{\sum_{i=1}^{n} \overline{W}_i} (i = 1, 2, \cdots, n) \tag{4-18}$$

则 $W = [W_1, W_2, \cdots, W_n]^T$ 即为所求的特征向量。

(4) 计算最大特征根:

$$\lambda_{\max} = \sum_{i=1}^{n} \frac{(AW)_i}{nW_i} \tag{4-19}$$

和法的计算步骤如下:

(1) 判断矩阵 A 中的每一行元素相加,得到向量 $\overline{W}$;
(2) 将向量 $\overline{W}$ 作归一化处理,即得权重向量 W,也就是特征向量;
(3) 计算最大特征根(方法同前)。

二、层次分析法在运输服务商选择中的应用

【例4-6】某行业核心企业欲寻找运输服务供应商来承担其产成品送达经销商的运输业务,该企业根据自身和行业情况,决定采用时间(T)、质量(Q)、成本(C)、服务(S)、柔性(F)五项作为评估供应商的准则。共有三个候选运输服务供应商。层次结构图如图4-20所示。

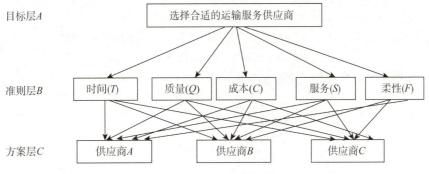

图4-20 层次结构图

经过企业领导层和专家组的讨论,并结合实际情况得出该企业对这五项准则的相对权重,用判断矩阵表示,如表 4-20 所示。

表 4-20 准则层元素对目标层的判断矩阵

项目	T	Q	C	S	F
T	1	1/3	1/3	1	2
Q	3	1	2	3	3
C	3	1/2	1	5	5
S	1	1/3	1/5	1	1
F	1/2	1/3	1/5	1	1

$$\lambda_{\max} = 5.1888$$

CR = 0.0421 < 0.1,判断矩阵具有令人满意的一致性

$$W = [0.121, 0.363, 0.338, 0.095, 0.083]^T$$

三个候选运输服务供应商 A,B,C 的基本资料如表 4-21 所示。其中时间是指途中运输所需的天数;费用是运输服务供应商向此企业索取的服务费用;质量是指每 100 件物品到达经销商时的完好产品数;服务是指 100 件物品中,由于拼车等情况没有按时送达的物品数量(即数据越小服务质量越好)。

表 4-21 运输服务供应商 A,B,C 的基本资料

项目	供货时间/天	费用/元	质量	服务
A	3	380	97	7
B	7	365	100	2
C	5	370	98	5

根据表 4-21 可得三个运输服务供应商 A,B,C 分别相对于时间(T)、质量(Q)、成本(C)、服务(S)的判断矩阵如下:

(1)方案层元素对时间(T)准则的判断矩阵为

$$\begin{bmatrix} T & A & B & C \\ A & 1 & 5 & 3 \\ B & 1/5 & 1 & 1/3 \\ C & 1/3 & 3 & 1 \end{bmatrix}$$

$$\lambda_{\max T} = 3.0385$$

$CR_T = 0.0332 < 0.1$,判断矩阵具有令人满意的一致性

$$W_T = [0.637, 0.105, 0.258]$$

(2)方案层元素对质量(Q)准则的判断矩阵为

$$\begin{bmatrix} Q & A & B & C \\ A & 1 & 1/3 & 1/2 \\ B & 3 & 1 & 2 \\ C & 2 & 1/2 & 1 \end{bmatrix}$$

$$\lambda_{\max Q} = 3.0092$$

$$\mathrm{CR}_Q = 0.007\ 9 < 0.1，判断矩阵具有令人满意的一致性$$
$$W_Q = [0.163, 0.540, 0.297]$$

（3）方案层元素对成本（C）准则的判断矩阵为

$$\begin{bmatrix} C & A & B & C \\ A & 1 & 1/3 & 1/2 \\ B & 3 & 1 & 2 \\ C & 2 & 1/2 & 1 \end{bmatrix}$$

$$\lambda_{\max C} = 3.009\ 2$$
$$\mathrm{CR}_C = 0.007\ 9 < 0.1，判断矩阵具有令人满意的一致性$$
$$W_C = [0.163, 0.540, 0.297]$$

（4）方案层元素对服务（S）准则的判断矩阵为

$$\begin{bmatrix} S & A & B & C \\ A & 1 & 1/5 & 1/3 \\ B & 5 & 1 & 3 \\ C & 3 & 1/3 & 1 \end{bmatrix}$$

$$\lambda_{\max S} = 3.038\ 5$$
$$\mathrm{CR}_S = 0.033\ 2 < 0.1，判断矩阵具有令人满意的一致性$$
$$W_S = [0.105, 0.637, 0.258]$$

除此之外，根据专家小组结合过去合作历史及 A，B，C 三家供应商的规模，生产能力及其在行业中所处水平做出 A，B，C 对于柔性（F）准则判断矩阵如下：

$$\begin{bmatrix} F & A & B & C \\ A & 1 & 1 & 1/3 \\ B & 1 & 1 & 1/5 \\ C & 3 & 5 & 1 \end{bmatrix}$$

$$\lambda_{\max} = 3.029\ 1$$
$$\mathrm{CR} = 0.025\ 1 < 0.1，判断矩阵具有令人满意的一致性$$
$$W = [0.185, 0.156, 0.659]$$

最后做层次总排序如表 4-22 所示。

表 4-22 层次总排序表

准则 单排序权值 供应商	T	Q	C	S	F	总排序权值
	0.121	0.363	0.338	0.095	0.083	
A	0.637	0.163	0.163	0.105	0.185	0.217
B	0.105	0.540	0.540	0.637	0.156	0.464
C	0.258	0.297	0.297	0.258	0.659	0.319

从层次总排序的计算结果可见，三家候选供应商的优先次序依次为 B，C，A。核心企业应优先考虑企业 B 为其运输服务的供应商。

可以看出，应用层次分析法进行决策特别需要关注两方面：①准则层指标的选取以及层次结构的构建，这通常是需要决策者反复斟酌和商议的；②判断矩阵中数值的确定，也非常重要，它影响着最终排序的结果。本题中总共有 6 个判断矩阵，其中 4 个判断矩阵中的数值来源于表 4-21 中调查得到的客观数据资料，还有 2 个判断矩阵中的数值来源于领导层或专家小组等主观的意见转化而成。具体计算过程可以借助相关软件工具来完成。

> **小任务**
> 你能按照上面介绍的步骤，自己独立完成 AHP 方法的求解过程吗？软件操作中遇到的问题是什么，请你记录下来。

视频 4-12
AHP 方法软件实操演示

本章小结

运输和配送是物流系统中两个重要的组成部分。运输的本质是创造时间和空间的效应。配送是多种物流活动的有机结合，具有提高物流经济效益，优化、完善物流系统，改善物流服务，降低成本等功能。运输与配送既有联系，又有区别。运输主要涉及长距离干线运输，考虑规模经济和距离经济，运输决策主要包括运输方式的选择、运输服务商的选择、运输路线及运输量的优化等；配送主要涉及短距离支线运输，服务人群为终端消费者，配送决策的内容主要为配送路线设计、车辆行程安排等。

本章介绍了运输及配送决策的主要内容、运输和配送决策中常用的建模技术与方法。通过本章的学习，可以掌握如何在直运及转运的情况下进行合理的调运；可以了解配送问题的分类、相应的模型及算法；了解目前求解 VRP 问题常见的启发式算法的思路，并掌握几种基本的启发式求解方法等。本章的最后一节，还介绍了运输决策中的其他方法——AHP 方法。

案例分析

7-11 的物流配送系统

7-11（7-Eleven），是日本的零售连锁企业。该公司成立于 1973 年，是世界上最大且最知名的连锁企业，在全球 20 多个国家拥有 2.1 万家连锁店。研究 7-11 的成功历史就会发现，和其他成功的连锁零售店一样，7-11 背后也有一个完善的配送系统来支撑其正常运转。7-11 从一开始采用的就是在特定区域高密度、集中开店的策略，在物流管理上也采用集中的物流配送方案，这一方案每年大概能为 7-11 节约相当于商品原价 10% 的费用。

一家普通的 7-11 连锁店一般只有 100～200 平方米，却要提供 2 000～3 000 种食品，不同的食品肯定来自多个供应商，运送和保存的要求也各有不同，每一种食品又不能短缺或过剩，而且还要根据顾客的不同需求随时调整货物的品种，这些都对连锁店的物流配送提出了很高的要求。如何运作和管理便利店的物流配送系统，就成为便利店能否成功的关键。

7-11 连锁店的物流管理模式先后经历了三个发展阶段：

第一阶段，7-11并没有设立自己的专业配送中心，它的货物配送依靠批发商来完成，批发商直接将商店所订的货物送入便利店。

第二阶段，随着7-11连锁业务迅速拓展，这种分散化、由各个批发商分别送货的方式无法再满足规模日渐扩大的7-11便利店的需要。7-11开始和批发商及合作生产商构建统一的集约化的配送和进货系统。在这种系统之下，7-11改变了以往由多家批发商分别向各个便利店送货的方式，改由在一定区域内的一家特定批发商统一管理该区域内的同类供应商，然后向7-11统一配货，这种方式称为集约化配送。集约化配送有效地减少了批发商的数量，减少了配送环节，为7-11节省了物流费用。

第三阶段，7-11创立了自己的配送中心，代替了特定批发商，分别在不同的区域统一集货、统一配送。配送中心有一个电脑网络配送系统，分别与生产商及7-11店铺相连。为了保证不断货，配送中心一般会根据以往的经验保留4天左右的库存。同时，配送中心的电脑系统每天都会定期收到各个店铺发来的库存报告和要货报告，配送中心把这些报告集中分析，最后形成一张张向不同供应商发出的订单，由电脑网络传给生产商，生产商则会在预定时间之内向配送中心派送货物。配送中心在收到所有货物后，对各个店铺所需要的货物分别打包，等待发送。第二天一早，派送车就会择路向自己区域内的店铺送货。整个配送过程就这样每天循环往复，为7-11的顺利运行打下了坚实的基础。

配送中心的优点还在于7-11从批发商手中夺回了配送的主动权，使7-11能随时掌握在途商品、库存货物等数据，对财务信息和生产商的其他信息也能及时掌握。有了自己的配送中心，生产商原来让给批发商的利润空间就有可能成为7-11价格谈判的筹码，同时集中式采购也为价格谈判创造了条件。

随着店铺的扩大和商店的增多，7-11的物流配送越来越复杂，配送时间和配送种类的细分势在必行。例如，7-11对食品的分类有冷冻型（-20℃），如冰激凌等；微冷型（5℃），如牛奶、生菜等；恒温型，如罐头、饮料等；暖温型（20℃），如面包、饭食等。不同类型的食品会用不同的方法和设备配送，如各种保温车和冷藏车。由于冷藏车在上下货时经常开关门，容易引起车厢温度的变化和冷藏食品的变质，7-11还专门采用一种两仓式货运车来解决这个问题，一个仓中温度的变化不会影响到另一个仓，需冷藏的食品就始终能在需要的低温下配送了。

除了配送设备，不同食品对配送时间和频率也会有不同要求。对于有特殊要求的食品（如冰激凌），7-11会绕过配送中心，由配送车分早、中、晚三次直接从生产商门口拉到各个店铺。对于一般的商品，7-11实行的是一日三次的配送制度，早上3时到7时配送前一天晚上生产的一般食品，早上8时到11时配送前一天晚上生产的特殊食品（如牛奶、新鲜蔬菜等），下午3时到6时配送当天上午生产的食品。这样的配送频率在保证了商店不缺货的同时，也保证了食品的新鲜度。为了确保各店铺供货的万无一失，配送中心还有一个特别配送制度来和一日三次的配送相搭配。每个店铺都会随时碰到一些特殊情况而造成缺货，这时只能向配送中心打电话告急，配送中心则会用安全库存对店铺紧急配送；如果安全库存也已告罄，配送中心就转向供应商紧急要货，并且在第一时间送到缺货的店铺中。

讨论题

1. 7-11为什么要创建自己的配送中心？
2. 与前两阶段相比，第三阶段的配送过程有何不同之处？
3. 配送中心应该如何实现配送路线的合理化？

思考与练习

一、思考题

1. 结合一个实际案例,思考运输决策主要包括哪些具体内容?
2. 利用扫描算法求解配送车辆路径的步骤是什么?
3. TSP 和 VRP 是什么模型?两者有何不同?
4. VRP 有哪些类型?在物流配送中有哪些应用?

二、练习题

1. 试计算矩阵 H 的最大特征值与特征向量,并验证 H 是否符合一致性。

$$H = \begin{bmatrix} 1 & 1 & 9 & 3 \\ 1 & 1 & 4 & 5 \\ 1/9 & 1/4 & 1 & 7 \\ 1/3 & 1/5 & 1/7 & 1 \end{bmatrix}$$

2. 某商品有 3 个生产基地和 3 个需求地。各生产基地能供应的生产量分别为:$A1$:10 吨,$A2$:7 吨,$A3$:5 吨;各需求地的需求量分别为:$B1$:6 吨,$B2$:8 吨,$B3$:8 吨。从生产基地到需求地的产品单位运价如表 4-23 所示。如何规划运输方案才能使总运输费用最低?

表 4-23 从生产基地到需求地的产品单位运价

需求地 \ 生产地	B1	B2	B3
A1	1	10	5
A2	9	2	4
A3	12	7	3

3. 某批发中心每天要为城区 21 个零售店客户送货,客户的位置信息和需求信息见表 4-24。一年按 250 个营业日考虑;该地区公路网完善,没有河流、湖泊或其他需要绕行的障碍。目前公司有 5 辆送货车,每辆车可装 500 箱货物。要求:

(1) 用扫描法确定所需的运货卡车数量;
(2) 确定每辆卡车的最佳运输路线及客户服务顺序。

表 4-24 客户的位置信息和需求信息

客户序号	坐标 x	坐标 y	需求量/箱	客户序号	坐标 x	坐标 y	需求量/箱
1		28.5	120	7	23.0	38.5	140
2	10.0	9.0	200	8	23.0	16.5	60
3	12.0	24.0	120	9	23.5	75.0	110
4	13.0	30.0	150	10	27.0	33.5	180
5	13.5	34.0	50	11	29.0	28.0	30
6	17.5	16.5	90	12	11.0	40.0	90

续表

客户序号	坐标		需求量/箱	客户序号	坐标		需求量/箱
	x	y			x	y	
13	32.0	40.0	80	18	36.0	8.0	50
14	7.5	18.0	50	19	32.0	4.0	90
15	5.0	13.5	160	20	32.5	22.0	150
16	23.0	8.0	100	21	31.5	13.0	80
17	27.0	8.0	140				
仓库	15.0	35.0		总计			2 240

4. 某网上销售公司现收到 12 个客户的订货请求，客户的位置及订货规模见表 4-25。该公司送货部门有 5 辆卡车，卡车最大装载量均为 225 件。试用节约法为该公司设计合理的运输方案，并说明每种方案的车辆行驶总路程。

表 4-25 客户的位置及订货规模

站点	X 坐标	Y 坐标	订单规模/件
配送中心	0	0	
顾客 1	-12	0	74
顾客 2	-5	6	55
顾客 3	-15	7	68
顾客 4	-12	9	109
顾客 5	-3	15	81
顾客 6	0	20	41
顾客 7	2	17	74
顾客 8	4	7	52
顾客 9	6	1	80
顾客 10	6	15	69
顾客 11	7	20	103
顾客 12	9	7	75

5. 某区域的一个配送中心 P_0 负责 8 个客户点 $P_1, \cdots, P_8$ 的每天货物配送任务，配送中心及客户的位置和各点之间的距离如图 4-21 所示。配送中心共有 6 辆车，其中 4 辆车的载重为 4 吨，另外 2 辆车的载重为 6 吨。各车辆每天最大运输距离不能超过 45 千米。若某天这 8 个客户的货物需求量如表 4-26 所示，试用节约法编制这天的配送计划。

表 4-26 客户的货物需求量

客户	P_1	P_2	P_3	P_4	P_5	P_6	P_7	P_8
需求/吨	2	1.5	2.5	3.6	1.2	1.3	1.2	2.2

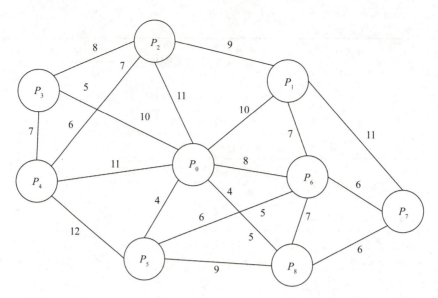

图 4-21 配送中心及客户的位置和各点之间的距离

第五章 库存管理与控制中的决策与优化

本章学习要点

1. 理解库存的分类标准以及持有库存的原因；
2. 理解库存系统，熟悉库存管理与库存控制决策的内容；
3. 理解周转库存的概念，掌握经典的 EOQ 模型；
4. 理解多种产品的周转库存管理，掌握联合订货批量模型；
5. 理解供应链的不确定性与安全库存关系，掌握安全库存的计算方法；
6. 了解库存管理中的其他方法。

第一节 库存管理与控制概述

库存管理与控制，始终是企业生产经营过程中不可缺少的重要组成部分，是实现价值链增值的重要环节。在供应链管理模式下，库存量的高低不仅影响单一企业的综合成本，而且也制约着整条供应链的性能。因此，如何确定适当的库存量，既减少库存成本又不影响正常的产品生产和对客户的服务，已经成为企业管理者实施供应链管理过程中必须考虑的首要决策问题；如何确定与市场不确定性需求相对应的库存，也是企业管理者改善和优化供应链时必须考虑的重要决策问题。

一、库存的分类

大多数企业都持有不同类型的库存，库存的分类方式多种多样，如何分类可能取决于持有库存的企业。由于类别众多，本节只能按不同的划分标准介绍其中的一些分类。

（一）按其在企业物流过程中所处的状态分类

1. 原材料库存

企业通过采购或其他方式获得的，用于制造产品并构成产品实体的物品，以及供生产消耗但不构成产品实体的辅助材料、修理用配件、燃料以及外购半成品等的库存。其作用是支持企业内制造或装配过程。

2. 在制品库存

在制品是已经经过一定的生产过程，但尚未全部完工或在销售以前还需要进一步加工的中间产品和正在加工中的产品。

3. 维护/维修库存

维护/维修库存是用于维护和维修设备而储存的配件、零件、材料等。维护和维修设备的需要和时间的不确定性导致维护、维修、作业用品库存。

4. 产成品库存

产成品库存是已经完成制造并等待装运，可以对外销售的制成品的库存。

（二）按库存的目的分类

1. 周转库存

它是指企业在正常的经营环境下为满足日常的需要而建立的库存。这种库存随着每日的需要而不断减少。当库存降低到某一水平时，就要进行再生产来补充库存，也称为经常库存或循环库存。

2. 安全库存

它是指为了防止由于不确定因素而准备的缓冲库存，不确定因素有大量突发性订货、交货期突然提前、生产周期或供应周期等可能发生的不可预见的变化以及一些不可抗力因素等。例如，供货商没有按预定的时间供货，生产过程中发生意外或设备出现故障导致某一工序停工等。

3. 季节性库存

它是为了满足特定季节中出现的特定需要而建立的库存，或指季节性出产的原材料在出产的季节大量收购而建立的库存。

4. 促销库存

它是指为了应对企业的促销活动产生的预期销售增加而建立的库存。

5. 积压库存

它是指因物品品质变坏不再有效用的库存或因没有市场销路而卖不出去的商品库存。

6. 在途库存

它是指正处于运输以及停放在相邻两个工作地之间或相邻两个组织之间的库存，这种库存是一种客观存在，而不是有意设置的。在途库存的大小取决于运输时间以及该期间内的平均需求。

（三）按用户对库存的需求特性分类

1. 独立需求库存

它是指用户对某种库存物品的需求与其他种类的库存无关，表现出对这种库存需求的独立性。消耗品、维修零部件和最终产品的库存通常属于独立需求库存。

2. 相关需求库存

它是指与其他需求有内在相关性的需求的库存，根据这种相关性，企业可以精确地计算出它的需求量和需求时间，是一种确定型需求。例如，用户对企业制成品的需求一旦确定，与该产品有关的零部件、原材料的需求就随之确定，对于这些零部件、原材料的需求就是相关需求。

库存需求特性的这种分类构成了库存管理的两大部分：对相关需求库存的管理和对独立需求库存的管理。对相关需求库存的管理实际上是对制成品的物料需求的管理，库存的数量关系可以用物料清单（BOM）表示，时间关系则可以通过生产周期、生产提前期、运输时间等因素计算得到。物料需求计划（MRP）就是用来解决相关需求的采购、库存及供给问题的。而对于独立需求库存的管理，由于其需求时间和数量都不是由企业本身控制的，因此不能像相关需求那样处理，只能采用"补充库存"的控制机制，将不确定的外部需求问题转化为对内部库存水平的动态监控与补充的问题。我们在后续章节的分析中主要针对的都是独立需求库存问题。

二、持有库存的原因

如果你了解现代的准时制（JIT）采购这一概念，你可能会提出这样的疑问：企业为什么需要持有各类库存？理想状态下，公司应尽可能持有少量库存或不持有库存。当今很多组织的确在他们的运营中以准时制为目标，他们认为持有库存是一种浪费。很多经理人认为这是显而易见的，很多组织也做了大量工作来降低库存。可是，很多组织仍然持有库存，有些还持有大量库存。那么，持有库存的主要原因是什么？持有库存是有很多原因的，从生产流程的实际考虑需要持有库存，为了给客户提供高的服务水平也需要持有库存。下面我们将详细讨论这些原因。

1. 持有库存有助于降低成本

设置机器、安排原料和人工都是很昂贵的。在生产中获得规模经济可以大大降低成本，但这意味着需要大批量生产，也就意味着需要大量库存。对于采用大批量生产的企业，持有库存的成本可以由因为缺货而产生的成本来抵消。

向供应商下订单也是有管理成本的。为了降低这样的成本，应当减少下订单的次数。这样每次下订单的订购量就会增大，这也会使持有库存量增加。

为使库存及相关的成本最小化，可以利用一些方法和模型进行计算，制定合适的库存管理策略。在本章第二节中会有详细的讨论。

2. 为了获得批量折扣或价格优惠而持有库存

有些情况下，批量折扣的价值超过了持有库存的成本。这些情况下，为了达到折扣的批量，可能会订购超过我们当时需要的数量，将超过的量作为库存。

有时，为了避免价格波动或进行投机买卖而大量订购。物品的价格，特别是大宗商品和半成品的价格可能波动很大。有些公司采取的政策是在价格合适的时候大量采购，这样也就导致持有大量库存。这种情况很大程度上取决于这些货物是不易腐坏的，并且可以预测在某时间内可以用完。

3. 为预防不可预测的前置期或提前期而持有库存

例如，第一道生产工序需要时间来生产出第二道工序所需的零部件。如果我们没有这些零部件的库存，第二道工序就要停止，这代价很高。如果是在生产流程结束时，结果会更为严重。我们没有最终产品的库存，就不能满足客户需求，就会有失去业务的危险。

当供应商的供货量与企业的日常使用量之间不一致时，如供货量可能是根据供应商的最小订货量等来决定的，也会产生类似的情况。持有库存可以使这些库存物品在较短的送货提前期内可用，并在不特殊安排采购的情况下供应需求。

4. 其他原因

为了调节季节性波动而持有库存。某些产品只是在一年中某个时间段产出，因此会造成供应波动。例如，玩具制造商会在圣诞节之前的数月不断生产并建立库存，以便满足节日销售高峰期的需求。

还有，销售预测会出现误差，记录可能不准确，计划可能会有失误，销售和生产可能出现波动。为了应对这些因素的影响，我们也需要持有库存。

此外，有些组织将持有库存作为一种核心业务活动或支持功能。例如，零售商、批发商等将他们的库存直接出售给客户，在这些商业领域持有很多品类的大量库存，对于吸引和保持客户是很有帮助的。还有，医院需要持有一定的药品库存，或者制造商需要持有维修机器的零部件库存等以支持正常的运营。

以上所列的持有库存的各种原因，并不是同时发生在所有组织中，但在一定程度上适用于所有经济领域的各类组织。有些人认为这些持有库存的理由并不是真正的理由，只是一种"掩盖策略"，掩盖了出现的问题。例如，我们上面讲到持有库存是为了预防前置期的变化。一种观点则认为与其用持有库存"掩盖"这一问题，不如努力解决该问题的根源，如改进对前置期的预测。

三、库存系统

一个库存系统的运行主要有三个要素：库存量（Inventory）、需求量（Demand）和补货量（Replenishment）。这三个要素互相关联，互相影响，形成一个系统。利用库存系统能更好地理解库存管理与控制的策略，包括确定什么时候订货，每次订货订多少以及库存检查周期等问题。

一种基本库存系统可以描述为：有一个仓库存放单一品种的物品，每天根据需求从该仓库提货，从而使得这种物品的库存量不断下降。为了保证持续的供应，仓库经过一段时间后必须补充库存。这样就形成库存量从高到低，补货以后再从高到低的库存周期性变化。如图 5-1 所示。

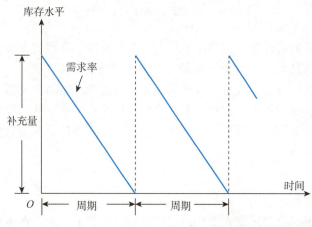

图 5-1　基本库存系统中库存随时间变化图

基本库存系统中这种库存水平随时间变化的过程可以用图 5-1 来表示。但是，它还会衍生出以下几种不同的情况：

(1) 如果把图 5-1 的需求看成确定性需求，即单位时间的需求量是一个常数，那么，与之相对应还有随机性需求，即需求量是一个随机数，如图 5-2 所示。

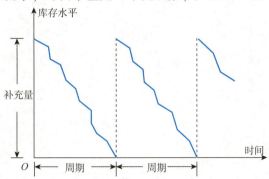

图 5-2　对比图 5-1 理解随机性需求

(2) 如果把图 5-1 看成定期补货，即两次补充之间的时间间隔是一个定值，那么，与之相对的还有不定期补货，即两次补充之间的时间间隔是变化的，如图 5-3 所示。

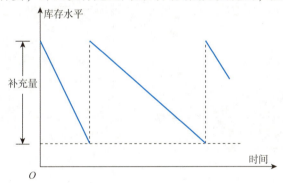

图 5-3　对比图 5-1 理解不定期补货

(3) 如果把图 5-1 看成定量补货，即无论补充时库存量还有多少，每次补充一个设定值，那么，与之相对应还有非定量(或非定值)补货，即无论补充时库存量还有多少，每次补充到库存的最高值，如图 5-4 所示。

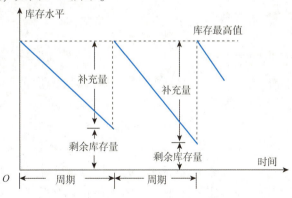

图 5-4　对比图 5-1 理解非定量补货

（4）如果把图 5-1 看成不存在缺货补给的情况，即当库存水平最低降至 0，而没有出现缺货时就立即补货，那么，与之相对的还有缺货补给的情况，即每一个周期的补充，先补给上一周期的缺货，然后满足本周期的需求，如图 5-5 所示。

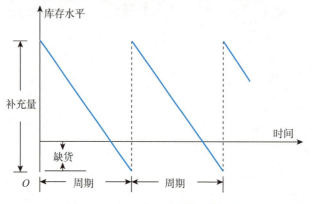

图 5-5　对比图 5-1 理解缺货补给

以上各种情况还有可能组合发生，如定期定量补货、不定期定量补货等，图 5-6 是在不考虑缺货的情况下的四种库存水平变化图。

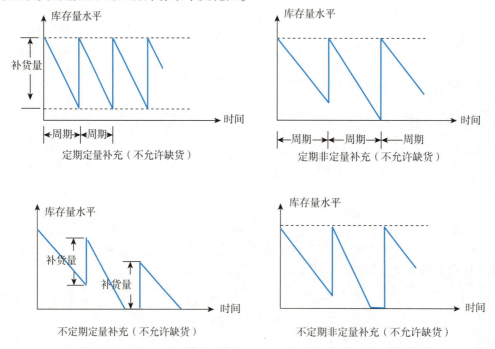

图 5-6　不考虑缺货的情况下的四种库存水平变化图

四、库存管理与库存控制决策

库存管理与库存控制决策主要基于两点考虑：一是降低库存成本；二是提高客户服务水平。这两者之间是一个相互制约、相互权衡的关系。其总目标是在库存投资有限的情况下，以最低成本达到一定的顾客服务水平。为实现该目标，管理者必须对持有的库存水平、库存补充时机与补充量(即订货量)做出科学决策。下面我们介绍两类常见的库存控制决策问题。

1. 单品种与多品种库存控制决策

一般地，将数量大、体积大又占用金额多的物资单独设库进行管理，称为单品种库。如木材、建筑用钢材、采油用的套管、水泥、焦炭、煤等，这类库存往往占用大量资金，要采用比较精细的方法来计算其库存控制参数，将在本章第二节进行讨论。

有些物资是多品种存放在一个仓库里的，称为多品种库，如钢材库、电器元件库、配件库、有色金属库等。多品种库存的库存控制问题，有时会涉及联合订货问题，将在本章第三节进行讨论；有时不可能逐一计算每种物资的库存控制参数，可以将库存物资按其出库金额进行 ABC 分类库存管理，将在本章第五节进行讨论。

此外，由于流动资金定额一般是按仓库下达的，因此多个品种物资存放在一个仓库时，往往存在资金约束及仓库容积约束，这样的库存控制问题称为带约束的库存控制决策问题。

2. 单周期与多周期库存控制决策

有的物资（如报纸杂志、月饼等时令性物品以及防洪、防冻季节性物资）必须购进后一次全部供应或售出，否则就会造成经济损失。这类决策问题称为单周期库存控制决策。

有的物资多次进货多次供应，形成进货——供应消耗——再进货——再供应消耗，周而复始地形成多周期特点的库存控制决策问题。本章讨论的问题均为多周期库存控制问题。

第二节 周转库存与 EOQ 模型

一、周转库存

周转库存（Cycle Stock），也称为循环库存、经常库存，通常被认为是一种流动性较强的库存，为了保证日常生产和销售的连续性，企业会不断地使用周转库存，而供应商也会不断地对周转库存进行补货。它是在正常的经营环境下，企业为了满足日常的需要而建立起来的库存。

周转库存的驱动因素，即驱使企业持有周转库存的因素，主要是规模经济或批量经济。以纸巾为例，你擦鼻涕需要多少张纸巾呢？大多数人会说一张，而一盒纸巾通常有 200 张或更多，显然你一次需要的纸巾数量和你一次购买的数量不匹配。原因很简单，一次只包装、运输和销售一张纸巾的做法是极其低效的。同样地，为了获得规模效益，企业每次采购或补货通常都是按批量进行的。在供应链中，下游企业批量采购、逐渐消耗，上游企业批量补货零部件或产品。这个不断循环的过程，就形成了周转库存以及与它有关的经典的锯齿形曲线。

如图 5-7 所示，Q 表示订货批量；而周转库存就是满足两次送货之间所发生需求的平均库存。由图可知，当需求平稳时，周转库存与批量的关系为

$$周转库存 = \frac{批量}{2} = \frac{Q}{2}$$

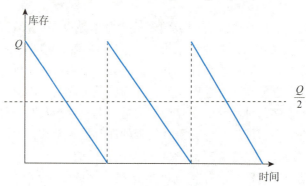

图 5-7 订货批量 Q 与周转库存

大多数企业都会持有周转库存,即使他们不购买产品,也需要购买供应品。管理者可以通过权衡不同的成本来减少采购批量,进而降低所需的周转库存。与批量有一定关系的成本主要包括以下三种:

(1)购买成本。它是指采购物品(材料)所支付的价格成本。采购每单位物品所支付的价格,如元/件,通常用 C 来表示。在有价格折扣时,常常会表现出规模经济,即增加订货批量,物品购买成本反而会降低。

(2)订货成本。它是指工厂或供应商下达订单时发生的相关成本。每单货物的订货成本,如元/批,通常用 S 来表示。每次下订单时的订货成本,不取决于订货数量,不会随着订货批量的大小而变化,因此也称为固定订货成本。但是,订货成本还取决于一定时期内(如一年)下达订单的次数。年总订货成本会随着订货批量的增加而减少(因为这种情况下的订货次数会减少)。

(3)库存成本。它是指企业由于持有库存所发生的相关费用。单位库存持有成本通常定义为一定时期内(如一年)持有一个单位物品的库存所发生的成本,如元/(件·年),通常用 H 来表示。它也可以用物品单位价格 C 的百分比来表示,即 $H=hC$,其中,h 为单位库存持有比率。当批量和周转库存增加时,年总库存成本会上升。

可以看出,这三种成本有时很难兼顾。比如:批量以及周转库存的增加,虽然会造成库存成本的增加,但是会带来订货成本的减少。因此,有必要在不同成本之间进行权衡,只要做好相关的成本分析,持有周转库存就是有利的。

二、经济订货批量模型(EOQ 模型)

在权衡上述成本以寻求最佳批量和周转库存的过程中,提出了一个使总成本最小的方法,即经济订货批量(Economic Order Quantity,EOQ)模型。它是对订货和库存进行管理与控制的经典方法。该模型从总成本最低的角度来确定最优的订货量,从根本上改变了人们对库存问题的传统认识,是对库存理论研究的一个重大的突破。

(一)经济订货批量模型的基本假设

假设:

(1)企业能及时补充库存,需要订货时可立即获得,即瞬时到货;

(2)每批订货能集中到货(一次订货),而不是陆续到货;
(3)不允许缺货,缺货成本为零;
(4)产品需求量稳定且能预测;
(5)订货提前期固定,每次订货量相同;
(6)产品单价不变,不考虑现金折扣;
(7)企业现金充足,不会因为资金短缺而影响进货;
(8)产品市场供应充足,不会买不到需要的产品。

(二)经济订货批量的确定

根据以上假设,我们进行一般性的分析,如图 5-8 所示,系统的最大库存量为 Q,最小库存量为 0,不存在缺货。

单位时间的需求量为 d,这里不考虑需求波动的影响,即认为库存水平以固定的斜率 d 下降;如果要考虑不确定性以及需求波动对库存的影响,情况会更为复杂,我们将在本章第四节中进行讨论。当库存降到再订货点(Reorder Point,ROP 或 R)时,就按固定订货量 Q 发出订单。经过一个固定的订货提前期 L,刚好库存为 0 时,新的一批订货到达,库存量立即达到 Q。

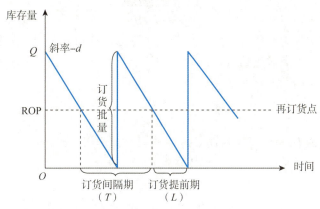

图 5-8 库存量随时间变化图

若年总需求量为 D,每次订货成本为 S,购买单位产品的成本为 C,单位产品年库存持有成本为 H,每次的订货批量为 Q,则有

$$年订货成本\ C_R = \frac{SD}{Q} \tag{5-1}$$

$$年库存持有成本\ C_H = \frac{HQ}{2} \tag{5-2}$$

$$年购买成本\ C_P = CD \tag{5-3}$$

以上三种成本之和,即为年总成本 TC:

$$TC = \frac{SD}{Q} + \frac{HQ}{2} + CD \tag{5-4}$$

图 5-9 表示各项成本随订货批量变化的情形,总成本曲线(TC)为库存持有成本曲线(C_H)、订货成本曲线(C_R)和购买成本曲线(C_P)的叠加。总成本最低时对应的订货批量,即为最优订货批量。

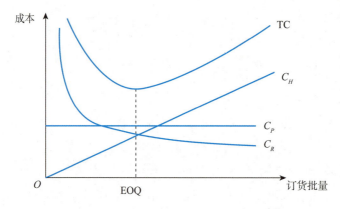

图 5-9 各项成本随订货批量变化的情形

为求出此订货批量,可将总成本函数对 Q 求一阶导数,并令其等于 0,即

$$\frac{d(TC)}{dQ} = \frac{1}{2}H - \frac{SD}{Q^2} = 0 \tag{5-5}$$

由式(5-5)求出 Q,即为最优订货批量(EOQ)。

$$Q* = \sqrt{\frac{2DS}{H}} \tag{5-6}$$

最优订货批量实际上是年订货成本与年库存持有成本相等时的订货批量,即图 5-9 中 C_R 曲线和 C_H 曲线交叉点对应的订货批量。

按最优订货批量(EOQ)订货,年订货次数 n 为

$$n = \frac{D}{Q*} \tag{5-7}$$

若订货提前期为 L,单位时间需求为 d,则订货点 ROP 为

$$ROP = d \cdot L \tag{5-8}$$

年总成本为

$$TC = \frac{SD}{Q*} + \frac{HQ*}{2} + CD = \sqrt{2DSH} + CD \tag{5-9}$$

【例 5-1】某零售商的电脑月需求量为 100 台。每次订货的固定订货成本为 4 000 元。每台电脑的进价为 2 000 元,零售商的库存持有成本为每台每年 60 元。求该零售商每次应该订购的最优批量。

解:已知:年需求量 $D=100\times12=1\ 200$(台/年),$S=4\ 000$ 元/次,$H=60$ 元/(台·年),$C=2\ 000$ 元/台,根据式(5-6)计算最优订货批量为

$$Q* = \sqrt{\frac{2DS}{H}} = \sqrt{\frac{2\times1\ 200\times4\ 000}{60}} = 400(台)$$

因此,为了使年总成本最低,零售商每次发出电脑补货订单的批量为 400 台。此时,周转库存为 200 台;总成本为:

$$TC = \sqrt{2\times1\ 200\times4\ 000\times60} + 2\ 000\times1\ 200 = 2\ 424\ 000(元)$$

由最优订货批量为 400 台,零售商估计年订货次数为

$$n = \frac{D}{Q*} = \frac{1\ 200}{400} = 3(次)$$

此外，若此时已知订货提前期 $L=3$ 周，则 $d=\dfrac{1\,200}{52}=23$（台/周），于是得到再订货点：

$$\text{ROP} = d \cdot L = \dfrac{1\,200}{52} \times 3 \approx 69\,(\text{台})$$

上述计算过程也可以借助软件工具来完成。

> **小任务**
>
> 你能按照视频中的操作，自己独立完成最优订货批量的求解吗？它与代入式(5-6)计算有何不同？软件操作中遇到的问题是什么，请你记录下来。

视频 5-1
EOQ 规划求解

三、EOQ 模型的进一步说明

(一)最优订货批量及其对周转库存的管理启示

通常情况下，采购和订货的规模经济会促使管理者增大批量和库存水平。另外，管理者还要考虑降低库存持有成本，那么他就需要减少订货批量和库存水平。因此，在确定订货批量与周转库存时，管理者必须进行成本权衡，其目的是使最终所付出的购买成本、订货成本和库存持有成本的总和最小。也就是，需要利用 EOQ 模型来确定每一种产品的周转库存的合理水平。

需要注意的是，由 EOQ 模型得出的最优订货批量常常需要根据实际情况进行调整，这是因为模型的计算结果通常不是整数，或者是在实际运作中不能满足现实中的一些特殊要求等。比如，例 5-1 中若将每次订货成本调整为 $S=5\,000$ 元，则最优订货批量变成了 $Q \approx 447$ 台。此时，按照整车运输批量 400 台装车，还剩余 47 台，需要再占用一台车单独运输。而如果零售商只按 400 台批量订货，即与 447 台相比订货批量的变化率为 $\Delta Q=-12\%$，则总成本的变化率为 $\Delta TC=0.12\%$，可以看出总成本的增加幅度很小，影响不大。因此零售商不会直接应用 EOQ 模型的计算结果，而是将订货批量调整为 400 台，从而避免额外占用一台车而导致的更多费用。

(二)固定订货成本对周转库存的影响

在例 5-1 中，假定其他参数不变，如果将订货批量减少为 200 台，则有

$$\begin{aligned}
\text{总成本 TC} &= \dfrac{SD}{Q}+\dfrac{HQ}{2}+CD \\
&= \dfrac{4\,000 \times 1\,200}{200}+\dfrac{60 \times 200}{2}+2\,000 \times 1\,200 \\
&= 2\,430\,000\,(\text{元})
\end{aligned}$$

这明显高于例 5-1 中订货批量为 400 台时的总成本。因此，出于经济考虑，零售商不愿意减少订货批量至 200 台。要使 200 台电脑变成最优订货批量，就必须努力降低固定订货费用 S。下面我们通过例 5-2 来说明期望的最优订货批量与订货成本之间的关系。

【例 5-2】例 5-1 中的零售商希望将最优订货批量从 400 台削减为 200 台。为了使 200 台的订货批量成为最优订货批量，零售商想要计算每批订货成本应该减少为多少。

解：已知 $Q^*=200$ 台，$D=100 \times 12=1\,200$（台/年），$H=60$ 元/（台·年），将式(5-6)

变形后得到：

$$S = \frac{H(Q^*)^2}{2D} = \frac{60 \times 200^2}{2 \times 1\ 200} = 1\ 000（元）$$

因此，零售商必须将每次订货的成本从 4 000 元降低为 1 000 元，才能使得 200 台的订货批量成为最优订货批量。

第三节　多种产品的周转库存管理与 EOQ 模型拓展

一、多种产品的周转库存管理

正如上一节中所指出的，减少批量的关键是尽可能地想办法降低每批订货的固定成本。固定订货成本通常由订货、收货和运输成本组成。当订购的产品不止一种时，可通过集中订购、共同运输，让固定成本在多产品中分摊，从而降低每一种产品的固定成本，使其订购批量减少。也就是说，对于多种产品，如果每个产品的订货都是独立进行的，就会导致总周转库存增大；如果可以整合不同的产品进行集中订货与交付，就能有效地降低周转库存。

通常，一个订单的订货、运输、接收成本会随着产品数量或装载点数量的增加而增加。订单的固定成本一部分与运输有关，一部分与装载和接收有关，其中运输成本与重量有关而与产品种类多少无关，装载和接收成本随装载产品种类的增加而增加。

考虑多种产品订购时，假设以下条件已知：

D_i 为产品 i 的年需求量；

S 为每次订货时的订购成本，与订单中产品种类无关；

s_i 为如果订单中包含产品 i，产品 i 的特定订货成本。

多产品的批量订购采用以下三种方式：一是每种产品独立订货；二是多种产品集中订货，每一批订购所有类型产品，即全部产品联合订货（Joint Ordering for all Products）；三是多种产品集中订货，但并非每一批订单都要包含所有类型产品，即每一批订单中的产品类型可以是可供选择的所有产品的一部分，这种订货方式被称为精选子集产品联合订货（Joint Ordering a Selected Subset of Products）。

第一种方法不使用任何集中手段，从而成本最高。第二种方法在每次订货中集中了所有产品，其缺点是低需求产品和高需求产品一样都被集中到每次订货中。如果低需求产品的特定订货成本很高，那么采用这种完全集中的策略，将导致较高的总成本。在这种情况下，采取低需求产品的订货频率低于高需求产品的策略，可以减少低需求产品相关的特定订货成本。因此第三种方法的成本可能最低，然而，其中的协调工作将更加复杂。我们将通过例题来说明以上三种方法对总成本的影响。

二、多种产品中每种产品独立订货

多种产品中的每种产品都选择独立订货，在这种情况下，每种产品都采用 EOQ 公式确定最优订货批量，如例 5-3 所示。

【例 5-3】某零售商销售三种机型的手机，由同一个地区的三个不同供应商供货，三种手机的年需求量分别为 $D_1 = 12\ 000$ 部，$D_2 = 1\ 200$ 部，$D_3 = 120$ 部。单部手机的购买成本均为 500 元。每次订货的固定运输成本为 $S = 4\ 000$ 元/次；与每种型号的手机有关的附加订货成本为1 000元/次。零售商的年库存持有成本比率为20%，即$h=0.2$。如果三种手机分别独立订货，请计算每种手机的最佳订货批量是多少？并计算在该订货策略下的总成本（库存持有成本与订货成本之和）是多少？

分析：本例中，已知$D_1=12\ 000$部/年，$D_2=1\ 200$部/年，$D_3=120$部/年，$S=4\ 000$元/次，$S_1=S_2=S_3=1\ 000$元/次，$h=0.2$，$C_1=C_2=C_3=500$元。

由于每种手机独立订货和运输，因此不同的卡车分别运输不同机型的手机。所以，对于每种机型的手机的交付，固定订货成本S^*为$4\ 000+1\ 000=5\ 000$（元/次）。最优订货策略及其相关成本可利用前面第二节中与EOQ模型相关的公式进行计算，其计算结果如表5-1所示。

表5-1 三种机型分别独立订货的批量和成本

项目	机型1	机型2	机型3
年需求量(D)	12 000	1 200	120
固定订货成本(S^*)	5 000	5 000	5 000
最优订货批量(Q^*)	1 095	346	110
周转库存	548	173	55
年库存持有成本	54 772	17 321	5 477
年订货频率(n)	11	3.5	1.1
年订货成本/元	54 772	17 321	5 477
年库存持有成本与订货成本之和/元	155 140		

上述计算过程也可以借助软件工具来完成。

> **小任务**
> 你能按照视频中的操作，自己独立完成表格5-1的计算吗？软件操作中遇到的问题是什么，请你记录下来。

视频5-2
分别独立订货

虽然每种手机独立订货在实际运作时易于实施，但是它忽略了联合订货可以带来的降低成本的机会。因此，下面将重点分析联合订货的两种情况以及EOQ公式的拓展应用。

三、多种产品中全部产品联合订货

所有产品集中在同一辆卡车上运输来降低成本，此时计算最优订货批量所用到的公式与第二节中的不太一样，需要重新推导，具体分析如下：

假设有k种产品需要联合订货，则联合订货的固定订货成本计算公式为

$$S^* = S + \sum_{i=1}^{k} S_i$$

由于所有产品均放在一辆车上运输交付，因此不同产品的订货次数一定相同。设n为年订货次数，则年总成本为

$$TC = S^* \cdot n + \sum_{i=1}^{k}\left(\frac{1}{2}\frac{D_i}{n} \cdot hC_i\right) + \sum_{i=1}^{k}(D_i \cdot C_i)$$

将总成本函数对n求一阶导数，并令导数为0，可以得到使年总成本最小化的最优订

货频率。最优订货频率用 n^* 表示，则

$$n^* = \sqrt{\frac{\sum_{i=1}^{k} D_i h C_i}{2S^*}} \quad (5-10)$$

如果还要考虑车辆的运载能力，则可以将最优的运载批量与车辆的运载能力比较，如果前者超过后者，就需要增大 n^*，直到运载批量与卡车运载能力相等。每种产品每次订购的最佳批量可通过以下公式求出：

$$Q_i = \frac{D_i}{n^*} \quad (i = 1, 2, \cdots, k) \quad (5-11)$$

【例 5-4】使用例 5-3 中相同的数据，若三种手机可以采用集中订购、共同运输的模式采购，即三种机型的手机用一辆卡车来运输交付，本题中暂不考虑车辆的运载能力。请计算每种手机的最佳订货批量以及相关成本情况，并与例 5-3 中三种手机分别独立订货时的情形做比较。

分析：由于每次订货中均包含全部三种产品，联合订货成本为

$$S^* = S + S_1 + S_2 + S_3 = 7\,000(元／次)$$

利用式(5-10)，可得最佳订货频率为

$$n^* = \sqrt{\frac{\sum_{i=1}^{k} D_i h C_i}{2S^*}} = \sqrt{\frac{0.2 \times (12\,000 \times 500 + 1\,200 \times 500 + 120 \times 500)}{2 \times 7\,000}} = 9.75(次)$$

因此，如果零售商每次订购和运输都包括三种机型，则每年应订货 9.75 次。订货批量和成本如表 5-2 所示。

表 5-2 全部产品联合订货的批量和成本

项目	机型 1	机型 2	机型 3
年需求量(D)	12 000	1 200	120
年订货频率(n^*)	9.75	9.75	9.75
最优订货批量(Q)	1 230	123	12.3
周转库存	615	612	6
年库存持有成本/元	61 512	6 151	615
年订货成本/元	68 279		
年库存持有成本与订货成本之和/元	136 558		

上述计算过程也可以借助软件工具来完成。

> 💡 **小任务**
>
> 你能按照视频中的操作，自己独立完成表格 5-2 的计算吗？它与表 5-1 的计算过程有何不同？软件操作中遇到的问题是什么，请你记录下来。

视频 5-3
全部产品联合订货

将三种机型分别独立订货与全部机型联合订货的总成本进行比较，发现联合订货可以使总成本减少 18 582 元，降幅为 12%。

四、多种产品中精选子集产品联合订货

全部产品联合订货的主要优点在于易于操作，缺点是联合订购的产品组合没有足够的选择性。如果产品的特定订货成本较高，则采用全部产品联合订货的成本将非常高昂。

假如所有产品有共同采购期，但不是每次每种产品都采购，而是有选择地挑选部分产品进行产品联合订货，将低需求量产品的订货频率降低，这样就会使总成本进一步降低，这就是精选子集产品联合订货。此时，计算订货批量和成本的步骤与前面全部产品联合订货所讲的步骤不太一样。

下面我们来讨论精选子集产品联合订货的具体步骤。这里我们讨论的步骤不一定会带来最优方案，但由此确定的订货策略的成本接近最优。该方法首先确定每次都需订购的"最频繁订货"的产品，把基本固定成本 S 完全分配给该产品。对于其他每个"订货频率较低"的产品 i，订货频率仅由各产品的特定订货成本 S_i 决定。然后调整频率，使产品 i 每 m_i 次订货订购一次，m_i 为整数。按这种方法订货，则订货最频繁的产品每次都被订购，而其他产品根据计算情况每隔几个周期才被联合订购一次。

下面我们先来描述一般计算过程和步骤，然后再具体举例说明。假设产品编号为 i，i 从 1 到 k（共有 k 种产品）。产品 i 的年需求量为 D_i，单位成本为 C_i，产品特定订货成本为 S_i，联合订货成本为 S，库存持有成本比率为 h。

步骤 1：假设每种产品的订购相互独立，先找出订货频率最高的产品。这种情况下，产品 i 的固定订货成本为 $S + S_i$，假设产品 i 的订货频率为 $\overline{n}_i$，根据式(5-10)计算则有

$$\overline{n}_i = \sqrt{\frac{hC_iD_i}{2(S+S_i)}}$$

设 $\overline{n}$ 为订货频率最高产品的订货频率，则订货频率最高的产品包含在每次订货中。

步骤 2：确定其他产品与最频繁订购产品在一起订货的频率。也就是计算每种产品的订货频率是最频繁订货频率的多少倍。最频繁订购成本每次都订货，所有固定成本 S 都分摊到这种产品上，其他产品 i 仅有附加固定成本 S_i。因此仅用式(5-10)中的附加订购货成本来计算出所有其他产品的订货频率。对于其他产品 i（最频繁订购产品除外），订货频率为

$$\overline{\overline{n}}_i = \sqrt{\frac{hC_iD_i}{2S_i}}$$

计算产品 i 的订货频率是最频繁订购产品订货频率的相关系数 $\overline{m}_i$：

$$\overline{m}_i = \frac{\overline{n}}{\overline{\overline{n}}_i}$$

通常 $\overline{m}_i$ 含有小数部分。对于每种产品 i（最频繁订购产品除外），确定它与最频繁订购产品一起订购的频率 m_i，可由下式求出

$$m_i = \lceil \overline{m}_i \rceil$$

式中，⌈ ⌉是向上取整运算符号。

步骤 3：重新计算最频繁订购产品的订货频率 n。

若最频繁订购产品的订货频率为 n，则产品 i 的订货频率为 $\dfrac{n}{m_i}$。当某个产品 i 为最频繁

订货产品时，则 $m_i = 1$。此时的订货策略是，最频繁订货产品订购 n 次，其他产品订购 $\dfrac{n}{m_i}$ 次，也就是说，其他产品每 m_i 个周期就与最频繁订货产品一起被订购。此时，订货的年库存持有总成本计算如下：

$$TC = n \cdot S + \sum_{i=1}^{k}\left(\frac{n}{m_i}S_i\right) + \sum_{i=1}^{k}\left(\frac{1}{2}\frac{D_i}{\frac{n}{m_i}} \cdot hC_i\right) + \sum_{i=1}^{k}(D_i \cdot C_i) \tag{5-12}$$

$$= n \cdot S + \sum_{i=1}^{k}\frac{nS_i}{m_i} + \sum_{i=1}^{k}\frac{m_i D_i hC_i}{2n} + \sum_{i=1}^{k}D_i C_i$$

要求使 TC 最小的 n，可通过上式对 n 求一阶导数，并其等于零，求得 n 如下：

$$n = \sqrt{\frac{\sum_{i=1}^{k} m_i D_i hC_i}{2\left(S + \sum_{i=1}^{k}\dfrac{S_i}{m_i}\right)}} \tag{5-13}$$

步骤 4：其他每一种产品，订货频率为 $n_i = \dfrac{n}{m_i}$，代入式（5-12）计算该订货策略的总成本，即

$$TC = n \cdot S + \sum_{i=1}^{k} n_i S_i + \sum_{i=1}^{k}\frac{D_i hC_i}{2n_i} + \sum_{i=1}^{k}D_i C_i \tag{5-14}$$

【**例 5-5**】使用例 5-3 中的数据。零售商决定联合订货，但对于每次订货中包含哪些机型将有所选择。采用上面的步骤，制定订货策略并计算成本。

分析：回顾前例，$S = 4\,000$ 元/次，$S_1 = S_2 = S_3 = 1\,000$ 元/次，$D_1 = 12\,000$ 部/年，$D_2 = 1\,200$ 部/年，$D_3 = 120$ 部/年，$C_1 = C_2 = C_3 = 500$ 元/部。

由步骤 1，可得

$$\overline{n}_1 = \sqrt{\frac{hD_1 C_1}{2(S + S_1)}} = 11.0, \quad \overline{n}_2 = 3.5, \quad \overline{n}_3 = 1.1$$

显然 1 号机型是最频繁订购产品，因此 $\overline{n} = 11.0$。

步骤 2：计算 2 号和 3 号机型与 1 号机型一起订购的频率。先计算 $\overline{\overline{n}}_i$：

$$\overline{\overline{n}}_2 = \sqrt{\frac{hC_2 D_2}{2S_2}} = 7.7, \quad \overline{\overline{n}}_3 = 2.4$$

然后计算 $\overline{m}_i$：

$$\overline{m}_2 = \frac{11.0}{7.7} = 1.4, \quad \overline{m}_3 = 4.5$$

再计算 m_i：$\quad m_2 = \lceil \overline{m}_2 \rceil = 2, \quad m_3 = 5$。（注意：$m_1 = 1$）

步骤 3：重新计算最频繁订购产品的订货频率，即

$$n = \sqrt{\frac{\sum_{i=1}^{k} m_i D_i hC_i}{2\left(S + \sum_{i=1}^{k}\dfrac{S_i}{m_i}\right)}} = \sqrt{\frac{0.2 \times 500 \times (1 \times 12\,000 + 2 \times 1\,200 + 5 \times 120)}{2 \times \left(4\,000 + \dfrac{1\,000}{1} + \dfrac{1\,000}{2} + \dfrac{1\,000}{5}\right)}} = 11.47$$

则 $n_1 = 11.47$ 次/年，$n_2 = \frac{11.47}{2} = 5.74$ 次/年，$n_3 = \frac{11.47}{5} = 2.29$ 次/年。订货策略和由此得到的三种产成品的成本如表 5-3 所示。

表 5-3 精选子集产品联合订货策略下的订货批量和成本

项目	机型 1	机型 2	机型 3
年需求量（D）	12 000	1 200	120
年订货频率（$n_i = n/m_i$）	11.47	5.74	2.29
最优订货批量（Q^*）	1 046	209	52
周转库存	523	105	26
年库存持有成本/元	52 307	10 461	2 615
年订货成本/元	65 383		
年库存持有成本与订货成本之和/元	130 767		

上述计算过程也可以借助软件工具来完成。

> **小任务**
> 你能按照视频中的操作，自己独立完成表格 5-3 的计算吗？它与前面两个表的计算过程有何不同？软件操作中遇到的问题是什么，请你记录下来。

视频 5-4
精选子集产品联合订货

由表 5-3 可知，与全部产品联合订购相比，精选子集产品联合订货使总成本下降了 5 791 元（降幅约为 4%）。其主要原因在于每种产品的特定订货成本并不是在每次订货时都发生。

从例 5-4 和例 5-5 中我们可以看到，无论是全部产品联合订货还是精选子集产品联合订货，总体而言，联合订货策略均比独立订货策略产生了明显的作用，它大大节约了成本，也降低了零售商的周转库存水平。当产品的特别订货成本较低时，即特定订货成本占固定订货成本比重较低时，采取全部产品联合订购的策略非常有效。反之，则采用精选子集产品联合订购策略更有效。

第四节　不确定性环境下的库存控制方法

一、不确定性因素与安全库存

（一）不确定性因素概述

随着科技的发展和经济全球化的进一步深入，企业供应链的规模日益扩大，结构日趋复杂，企业所面临的不确定性问题也变得越来越严重。不确定性综合表现为一种随机波动，这种随机波动表现在供应链的各个环节和节点之中。

那么，企业所面临的不确定性来源于哪里呢？从供应链的结构角度来看，主要存在三类不确定性：供应不确定性、生产(运作)不确定性和需求不确定性。

1. 供应不确定性

现代供应链中的企业既是消费者又是供应者。没有任何一个企业的原材料是完全靠自己供给的，每个企业都要向上游企业进行采购，因此上游供应者的不确定性对于企业有很大的影响。

供应不确定性主要表现为提前期的不确定性和供货数量的不确定性。供应不确定性产生的原因有很多。比如产能限制，供应商常常面临着不止一个下游采购方，如果当某个采购方的订单增加或者新增加了采购方时，由于供应商的产能是相对稳定的，难以在短时间内大幅度提高，这时候就很可能无法满足所有订单的需求。比如运输上的不确定性，企业产品在运输过程中有多种运输方式可以选择，而实际中常常是多种运输方式的组合；能否准时完成运输任务多少带有一些随机性。另外，供应商本身的原材料供应也存在不确定性，从而影响供应商的生产。

2. 生产(运作)不确定性

这部分主要是由于企业自身原因所产生的不确定性，导致投入与产出的不完全相关性。企业制造过程中往往需要制订生产计划，而生产计划是根据当前的生产系统状态和对未来情况的估计而做出的。但是，生产过程的复杂性使生产计划并不能精确地反映企业的实际生产条件和预测生产环境的改变，因此不可避免地导致计划与实际执行的偏差。企业在运营过程中的其他环节也可能会产生不确定性因素，如资金的可获性、不同项目之间的协调性、不同部门之间的协调性等。事实上，这部分发生在企业自身的不确定性，也可能发生在企业的供应商中，从而导致企业供应的不确定性。

3. 需求不确定性

企业需求不确定性原因主要在于需求预测的偏差、购买力的波动、从众心理等。具体而言，需求不确定性有两层含义：一是需求的异变性，即顾客的需求偏好变化的速度。在某些行业中，顾客的需求具有很强的异变性，如服装业，服装流行的趋势几乎无时无刻不在发生改变，企业很难做到紧跟潮流，更难以保证其产品既没有剩余也没有短缺。二是需求的多样性，即不同顾客对需求偏好的差异程度。不同的消费者具有不同的偏好，他们的需求也必然是不同的，而了解每个消费者的偏好不仅在技术上难以做到，在成本上也是企业难以承受的。当然，企业可以通过市场细分的方法来减少企业面临的需求多样性，但这同时也给企业增加了更多的风险。

需求不确定性是最难以预测的，因为它在很大程度上是对人的心理的预测，而且是对许许多多个体心理的预测。人的心理瞬息万变，任何预测手段都难以非常准确地了解。需求不确定性也是最难以降低的，供应不确定性和生产不确定性都可以通过使用并投入许多技术性手段来较大程度降低，但需求不确定性却难以达到类似的效果。

从上面的分析中，我们可以看到，现在企业面临着许许多多的不确定性，而且这些不确定性有越来越多、越来越大的趋势。因此，我们有必要讨论这些不确定性将如何影响企业的决策，面对这些不确定性企业又该如何做出最优的决策。

(二) 安全库存

前面我们分析了企业所面临的不确定性因素，由于存在这些不确定性，企业在进行库存管理时必须考虑这些不确定性因素的影响。为了防止诸如大量突发性订货、供应商交货期突然延迟等不确定性因素影响订货需求,就需要额外准备一些库存作为缓冲,用来防范缺货的风险,这样的库存被称为安全库存,用 ss 来表示。

此外,对于一些新开发的产品来说,由于其需求的预测往往要推出几年之后才能相对更准确一些,因此安全库存也可以作为预测精度不准确时的一种战略工具。总之,预测精度越低,所需要的安全库存就越多。

通常来说,企业会试图减少安全库存的水平,以降低库存成本。尤其对于市场需求变化迅速的产品,持有过多的安全库存将面临很大的风险,因为手上的库存可能贬值得非常迅速。但是,要满足顾客的需求,一定的安全库存又是不可避免的。因此,企业就面临着一个权衡:增加安全库存可以更好地满足顾客需求,但会增加成本;减少安全库存可以降低成本,但可能导致缺货。那么,如何确定一个合理的安全库存水平呢?影响安全库存水平的因素有哪些呢?

(三)合理的安全库存水平与影响因素

1. 周期服务水平与安全库存

如前所述,企业必须根据一个指标来确定安全库存量的设置,这个指标就是服务水平。服务水平反映一个公司的产品供给能力。安全库存与服务水平是密切相关的,服务水平越高,安全库存越大,相应地库存成本也越大;但服务水平过低又将失去顾客,从而减少利润。因此,确定合适的服务水平十分重要。企业决定安全库存的问题,实际上就是决定服务水平的问题。那么,该如何度量服务水平呢?

下面我们主要介绍一种测度指标,即周期服务水平。周期服务水平(Cycle Service Level,CSL)是指顾客所有需求都得到满足的补货周期占所有补货周期的比重。补货周期是指连续两次订货交付的时间间隔。周期服务水平相当于在一次补货周期内不出现缺货的概率。如果用 α 表示缺货概率,则有 $CSL=1-\alpha$。

一家希望 CSL 达到 99% 的企业比 CSL 只有 60% 的企业会持有更多的安全库存。因为前者允许的缺货率不超过 1%,相当于要满足随时到达的需求,要应对需求的所有变化,因此不得不持有较高的安全库存;而后者允许缺货率达到 40%,可以持有较低的安全库存,甚至不需要安全库存。可见企业自身所期望的周期服务水平会影响安全库存水平。

2. 需求不确定性与安全库存

在现实中特定时间的需求几乎总是非负整数,即是一个离散的随机变量。如果需求非常小,那么我们可以用离散需求模型来刻画真实的需求。通常用来作为需求分布的离散型分布有泊松分布、对数分布和几何分布等。

但是如果需求比较大,那么用连续需求模型作为真实需求的估计会更合理。而最常用来作为需求分布函数的则是正态分布。因为根据中心极限定理,很多独立的随机变量之和的分布,是与正态分布近似的分布,而需求一般都是由许多独立的顾客组成的,所以用来作为实际需求的估计是有意义的。并且如果我们考虑的时间期限足够长的话,泊松分布的需求也会近似于正态分布。同时,正态分布比较容易运用,在实践中也得到了非常广泛的运用。

因此,这里我们假设需求服从均值为 D、标准差为 σ_D 的正态分布。其中,标准差 σ_D 可以看作需求不确定性的一种测度指标。标准差越大,需求的波动幅度越大,维持同样服务水平所需的安全库存水平就越高,相应的库存成本也就越高。因此,需求不确定性对设置合理的安全库存水平也有重要影响。

3. 供给(提前期)不确定性与安全库存

供应不确定性主要表现为供应商的供货提前期的不确定。供货提前期的变化是由供应商和收货方的行为导致的。例如，供应商的生产系统发生故障导致生产延迟、意外交通事故导致运输延迟等。而收货方也可能会集中在同一天向所有的供应商发出采购订单，结果使供应商的货同一天到达，蜂拥而至的送货使厂家无法按计划完成入库登记，导致所谓的提前期延长且不稳定的现象。即使需求稳定，由于供应提前期的不稳定，也会导致缺货发生。因此提前期不确定性也会对安全库存水平带来影响。这里，我们同样也可以假设提前期，服从均值为 L、标准差为 s_L 的正态分布。其中，标准差 s_L 可以看作提前期不确定性的一种测度指标。

4. 补货策略与安全库存

补货策略包括订货时间及订货数量等问题的决策。这些决策决定了周期服务水平以及周转库存和安全库存。补货策略可采取多种形式，这里我们只关注两种类型。

(1) 连续检查(Continuous Review)补货策略。这种方法对库存进行不间断检查，当库存下降至再订货点(Reorder Point，ROP 或 R)时，就在此时订购批量为 Q 的货物。需求是变化时，每次订货的时间间隔可能不等，但每次订货的数量不变。在发出订货至订货到达之前的这段时间内，即订货提前期(L)内的实际需求有可能超出了再订货点库存而导致缺货发生。因此，为了减少缺货，除了按提前期内的平均需求储备库存外，还需要增加储备安全库存来减少超出预期的需求。安全库存等于再订货点库存减提前期内的平均需求。

(2) 周期检查(Periodic Review)补货策略。这种方法是每间隔一段时间 T 对库存进行检查，并发出一次订货，订货数量是为把现有库存量补充至最高库存水平 S，或称为最大库存水平 OUL(Order Up to Level)。如果检查时，库存量为 I，则订货量为 ($S-I$)。间隔期 T 是固定的，而每次的订货量 ($S-I$) 却是波动的。在一个检查周期 T 加上一个订货提前期 L 内，即 ($T+L$) 时间内，如果这段时间内的实际需求超出了 S，则出现缺货。此时，需要储备的安全库存等于最高库存水平 S 减 ($T+L$) 时间段内的平均需求。

二、基于需求不确定性的安全库存计算

本节我们考虑需求不确定性，但是不考虑供应不确定性，即假设需求服从均值为 D、标准差为 σ_D 的正态分布，提前期 L 为常数。对比在相同的周期服务水平、不同补货策略下的安全库存量计算。

由需求不确定性假设，已知每个周期的需求均服从均值为 D、标准差为 σ_D 的正态分布。因此，提前期 L 内需求的分布也为正态分布，服从均值为 D_L、标准差为 σ_L 的正态分布，其中：

$$D_L = D \cdot L \tag{5-15}$$

$$\sigma_L = \sqrt{L} \cdot \sigma_D \tag{5-16}$$

(一) 连续检查补货策略下的安全库存计算

在连续检查补货策略下，当持有库存下降至再订货点 R 时，就订购批量为 Q 的货物。此时的订货量 Q 可以用最优订货批量公式来确定。管理者为了减少缺货风险，设定再订货点 R 时通常考虑设置安全库存(ss)。

如图 5-10 所示，在持有库存下降到再订货点 R 之前是不会缺货的。缺货只可能发生在提前期内。安全库存提供了在提前期 L 内超过期望需求量时的缓冲库存量。于是，再订货点 R 可用式(5-17)来表示，其中 D_L 为提前期内需求的均值。

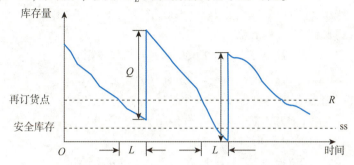

图 5-10　连续检查补货策略 (R, Q) 库存系统

$$R = D_L + \text{ss} \tag{5-17}$$

1. 给定周期服务水平 CSL、再订货点 R 未知时，安全库存的确定

当考虑需求不确定性，但是不考虑供应不确定性时，安全库存水平的设置主要取决所设定的周期服务水平(CSL)以及需求的波动情况(σ_D)。

由于 CSL 相当于在一个补货周期不缺货的概率，而缺货只可能发生在订货提前期内，因此，有

$$\text{CSL} = 概率\ P(提前期内的需求量 \leq R)$$

于是，周期服务水平 CSL 可表示为

$$\begin{aligned} \text{CSL} &= \int_0^R f(x, D_L, \sigma_L)\,\mathrm{d}x = F(R, D_L, \sigma_L) \\ &= F(D_L + \text{ss}, D_L, \sigma_L) \\ &= F\left(\frac{\text{ss}}{\sigma_L}, 0, 1\right) = F_s\left(\frac{\text{ss}}{\sigma_L}\right) \end{aligned} \tag{5-18}$$

式中，$f(x, D_L, \sigma_L)$ 表示概率密度函数；$F(x, D_L, \sigma_L)$ 表示累计分布函数；$F_s(x)$ 表示标准正态分布的累积分布函数。

如果 $F_s(x) = P$，则其反函数 $F_s^{-1}(P) = x$。因此，根据式(5-18)，可得如下公式：

$$\text{ss} = F_s^{-1}(\text{CSL}) \cdot \sigma_L \tag{5-19}$$

式(5-19)还可以变换形式为

$$\text{ss} = Z_\alpha \cdot \sigma_L \tag{5-20}$$

即式(5-19)中的 $F_s^{-1}(\text{CSL})$ 也可用式(5-20)中的 Z_α 来表示，通常称 Z_α 为安全系数，其中的 α 表示缺货率。安全系数可通过查标准正态分布表得到，如表 5-4 所示，也可通过 Excel 函数 NORMSINV(Probability) 求得，即 $F_s^{-1}(\text{CSL}) = \text{NORMSINV}(\text{CSL})$。

视频 5-5
安全系数

表 5-4　安全系数值

缺货概率 α/%	1	2	3	5	10	20	30
服务水平 CSL/%	99	98	97	95	90	80	70
安全系数 Z_α	2.33	2.05	1.88	1.64	1.28	0.84	0.52

【例5-6】沃尔玛超市乐高积木每周的需求服从正态分布,且均值为2 500箱,标准差为500箱。提前期为2周。假设超市采用连续检查策略,要达到90%的周期服务水平,超市应该持有多少安全库存?

解: 已知:周需求量$D=2\,500$箱,$\sigma_D=500$箱,$L=2$周,$\mathrm{CSL}=0.9$。

根据式(5-15)和式(5-16),有

$$D_L = D \cdot L = 2\,500 \times 2 = 5\,000\,(箱)$$

$$\sigma_L = \sqrt{L} \cdot \sigma_D = \sqrt{2} \times 500 = 707\,(箱)$$

再根据式(5-19)或者式(5-20)计算安全库存ss:

$$\mathrm{ss} = F^{-1}(\mathrm{CSL}) \cdot \sigma_L = 1.28 \times 707 = 905\,(箱)$$

还可以根据式(5-17)计算再订货点R:

$$R = D_L + \mathrm{ss} = 5\,000 + 905 = 5\,905\,(箱)$$

因此,该超市应在库存下降到5 905箱时就订货,需要保持安全库存905箱,这样周期服务水平可达90%。

2. 再订货点R已知、周期服务水平CSL未知时,安全库存的确定

如果再订货点R已知,就可以利用式(5-17)求出安全库存,即

$$\mathrm{ss} = R - D_L \tag{5-21}$$

下面我们再来讨论在给定补货策略的情况下,如何计算周期服务水平CSL。
根据前面的分析,我们已经知道:

$$\mathrm{CSL} = 概率 P(提前期内的需求量 \leq R)$$
$$= F(R, D_L, \sigma_L)$$

该正态分布函数可以利用Excel函数NORMDIST进行求解,即

$$F(x, \mu, \sigma) = \mathrm{NORMDIST}(x, \mu, \sigma, 1)$$

所以,有

$$\mathrm{CSL} = F(R, D_L, \sigma_L) = \mathrm{NORMDIST}(R, D_L, \sigma_L, 1) \tag{5-22}$$

【例5-7】假设某公司手机的每周需求服从正态分布,且均值为2 500部,标准差为500部。制造商满足该公司的订单需要2周时间。目前,公司采用连续检查策略,每当手机持有库存下降至6 000部时,店面经理就发出批量为10 000部的订货。请计算该公司持有的安全库存和平均库存,以及该策略下的周期服务水平。

解: 已知:周需求量$D=2\,500$部,$\sigma_D=500$部,$L=2$周,$R=6\,000$部,$Q=10\,000$部。

根据式(5-15)和式(5-16),有

$$D_L = D \cdot L = 2\,500 \times 2 = 5\,000\,(部)$$

$$\sigma_L = \sqrt{L} \cdot \sigma_D = \sqrt{2} \times 500 = 707\,(部)$$

根据式(5-21)计算安全库存ss:

$$\mathrm{ss} = R - D_L = 6\,000 - 5\,000 = 1\,000\,(部)$$

因此,该公司手机的安全库存为1 000部。回顾本章第二节的内容,可得

$$周转库存 = Q/2 = 10\,000/2 = 5\,000\,(部)$$

所以,有

$$平均库存 = 周转库存 + 安全库存 = 5\,000 + 1\,000 = 6\,000\,(部)$$

根据式(5-22)可以计算周期服务水平CSL:

$$CSL = F(R, D_L, \sigma_L)$$
$$= \text{NORMDIST}(R, D_L, \sigma_L, 1)$$
$$= \text{NORMDIST}(6\,000, 5\,000, 707, 1)$$
$$= 0.92$$

这意味着在92%的补货周期内，该公司的库存能够满足所有的市场需求；而在剩余的8%补货周期内，有缺货现象发生，一些需求由于库存不足得不到满足。

3. 连续检查补货策略下设置合理的安全库存

显然，连续检查策略要求企业具备监控可用库存水平的技术。管理者采用连续检查策略，只需要考虑提前期内的需求不确定性。这是因为对库存的连续监控，使管理者能够依据需求情况调整下达补货订单的时机。如果需求非常大，库存很快降至再订货点，就需要很快进行补货。如果需求很小，库存降至再订货点的速度很慢，则补货将被推迟。但是，一旦补货订单发出，管理者在提前期内就没有其他补救办法。因此，持有的安全库存必须足以应对提前期内需求的不确定性。

通常，连续检查策略下相邻两个补货周期之间的订货批量是固定的，利用第二节中讨论的最优订货批量公式，可算出最优订货批量。

（二）周期检查补货策略下的安全库存计算

在周期检查补货策略中，每隔一段固定的时间间隔 T 检查一次库存，并进行一次订货，使现有库存量加上补货批量达到一个预定的最高库存水平 S，或称为最大库存水平 OUL(Order Up to Level)。与连续检查策略不同，周期检查策略的每次订货批量均不固定，这主要取决于连续两次订货之间的市场需求量和发出订货时的剩余库存量。周期检查补货策略，易于实施，因为它不需具备实时监控库存的能力，而且补货订单是以固定的时间间隔发出的，故供应商也更愿意接受这种订货策略。

如图5-11所示，假设零售商在某时刻订购一批货物，订购批量和现有库存量之间达到最高库存水平。订单发出后，经过提前期 L 补货批量到达。由于每隔 T 时间检查一次库存，并进行订货，因此零售商订购的第二批货物到达的时点为 $T+L$。最大库存水平 OUL 即为可以满足在 $T+L$ 期间内需求的库存量。如果在 $T+L$ 的时间间隔内，需求量超过 OUL，则零售商将出现缺货。

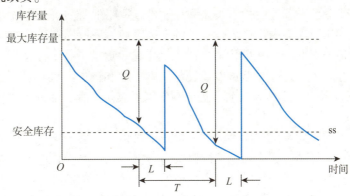

图 5-11　周期检查补货策略 (T, S) 库存系统

根据以上分析，零售商要确定的最大库存水平 OUL 应使下式成立：

$$\text{CSL} = 概率\, P(L+T\text{ 期间的需求} \leq \text{OUL})$$

先求出 $T+L$ 间隔期内需求的分布，类似式(5-15)和式(5-16)有

$$T+L\text{ 期间需求的均值：} D_{T+L} = (T+L) \cdot D \tag{5-23}$$

$$T+L\text{ 期间需求的标准差：} \sigma_{T+L} = \sqrt{T+L} \cdot \sigma_D \tag{5-24}$$

此时的安全库存 ss，提供了在 $T+L$ 间隔期内超过期望需求量时的缓冲库存量，于是，OUL 和安全库存 ss 的关系如下：

$$\text{OUL} = D_{T+L} + \text{ss} \tag{5-25}$$

在给定的周期服务水平 CSL 下，所需的安全库存计算公式如下：

$$\text{ss} = F_s^{-1}(\text{CSL}) \cdot \sigma_{T+L} \tag{5-26}$$

也可以表示为

$$\text{ss} = Z_\alpha \cdot \sigma_{T+L} \tag{5-27}$$

每次订货批量均不固定，但是平均订购批量 $\overline{Q}$ 等于检查周期 T 内的平均需求量，即

$$\overline{Q} = D \times T \tag{5-28}$$

【例 5-8】 回顾例 5-6，若店面经理决定采用周期检查补货策略，每 4 周检查一次库存，其他条件不变，要求周期服务水平达到 90%，计算超市应该持有的安全库存，并计算该策略下的最大库存水平。

解：已知：周需求 $D=2\,500$ 箱，$\sigma_D=500$ 箱，$L=2$ 周，$T=4$ 周。
由式(5-23)和式(5-24)，有

$$D_{T+L} = (T+L) \cdot D = (4+2) \times 2\,500 = 15\,000\,(箱)$$

$$\sigma_{T+L} = \sqrt{T+L} \cdot \sigma_D = \sqrt{4+2} \times 500 = 1\,225\,(箱)$$

再根据式(5-26)计算安全库存 ss：

$$\text{ss} = F_s^{-1}(\text{CSL}) \cdot \sigma_{T+L} = \text{NORMSINV}(0.9) \times 1\,225 = 1\,570\,(箱)$$

利用式(5-25)，可以计算最大库存水平：

$$\text{OUL} = D_{T+L} + \text{ss} = 15\,000 + 1\,570 = 16\,570\,(箱)$$

因此，店面每 4 周订一次货，订货批量为 16 570 减去现有库存的差值，持有安全库存 1 570 箱，周期服务水平可达到 90%。

（三）两种补货策略下的安全库存对比

我们可以对比分析一下连续检查策略和周期检查策略下所需的安全库存。采取连续检查策略，安全库存用于应对提前期 L 内需求的不确定性。采取周期检查策略，安全库存用于应对提前期和检查周期（即 $L+T$）内需求的不确定性。需求不确定性越高，周期检查策略下所需的安全库存越大。这一论断可以通过对比例 5-8 和例 5-6 的结论得到证实：若周期服务水平为 90%，采用连续检查策略，需要 905 箱的安全库存，而采用周期检查策略需要 1 570 箱的安全库存。

当然，由于不需要连续跟踪库存，周期检查策略相对更易于实施。但如今，由于条码技术、射频识别技术等的广泛应用，连续跟踪与过去相比也更为普遍了。在实践中，有些企业依据产品的价值对产品进行区分，高价值的产品采用连续检查策略管理，而低价值的产品采用周期检查策略管理。如果跟踪库存的成本高于对所有产品实施连续检查策略所带来的安全库存的节约，那么对高价值产品采用连续检查策略而对低价值产品采用周期检查策略是合理的。

三、基于供应不确定性的安全库存计算

前面的讨论主要是需求不确定性对安全库存的影响，但没有考虑供应不确定性。然而，在许多实际情况中，供应不确定性（如提前期不确定性）也会产生很大的影响，在计划安全库存时，必须有所考虑。

本小节将讨论考虑需求不确定性的同时也考虑提前期不确定性的情况，并识别它们对安全库存的影响。假设顾客单位时间的需求和供应商的提前期都服从正态分布，设定如下：

D 为单位时间平均需求量；

σ_D 为单位时间需求的标准差；

L 为平均提前期；

s_L 为提前期的标准差。

假设生产商采取连续检查的补货策略管理零部件，分析这种情况下生产商的安全库存。如果提前期内的需求超过再订货点，生产商的零部件就会缺货。因此，只需要确定提前期内顾客需求的分布情况。提前期内的需求服从均值为 D_L、标准差为 σ_L 的正态分布，其中：

$$D_L = D \times L$$

$$\sigma_L = \sqrt{L\sigma_D^2 + D^2 s_L^2} \tag{5-29}$$

此时，如果给定周期服务水平 CSL，就可以利用式(5-19)计算出安全库存，即

$$\begin{aligned} ss &= F_s^{-1}(\text{CSL}) \cdot \sigma_L \\ &= F_s^{-1}(\text{CSL}) \cdot \sqrt{L\sigma_D^2 + D^2 s_L^2} \end{aligned} \tag{5-30}$$

下面我们通过一个例题，来理解提前期不确定性对安全库存的影响。

【例 5-9】某生产商的关键零部件每天的需求量服从正态分布，且均值为 2 000 件，标准差为 400 件。关键零部件的供应商的平均补货提前期为 7 天。生产商对其关键零部件设定的周期服务水平 CSL 为 90%。如果提前期的标准差为 7 天，计算该生产商必须持有的关键零部件安全库存量。该生产商计划与供应商合作以将提前期的标准差降为 0。如果这个目标实现了，则该生产商的安全库存会降低多少？

解：依题意，每天需求量 $D=2\,000$ 件，$\sigma_D=400$ 件，$L=7$ 天，$s_L=7$ 天，CSL$=0.90$。

由式(5-29)，得

$$D_L = D \times L = 2\,000 \times 7 = 14\,000(件)$$

$$\sigma_L = \sqrt{L\sigma_D^2 + D^2 s_L^2} = \sqrt{7 \times 400^2 + 2\,000^2 \times 7^2} = 14\,040$$

由式(5-19)或式(5-30)计算安全库存为

$$ss = F_s^{-1}(\text{CSL}) \cdot \sigma_L = \text{NORMSINV}(0.90) \times 14\,040 = 1.28 \times 14\,040 = 17\,971(件)$$

如果提前期的标准差为 7 天，则生产商必须持有 17 971 件关键零部件的安全库存，这相当于它大约 9 天的需求。

表 5-5 中列出了生产商通过与供应商合作将提前期的标准差从 7 天逐渐降至 0 天时所需的安全库存。由表 5-5 可看出，降低提前期不确定性，可以使生产商关键零部件的安全

库存显著下降。随着提前期的标准差由 7 天降为 0 天，安全库存也由相当于 9 天的需求降为不超过 1 天的需求。

表 5-5　提前期的不确定性对安全库存的影响

s_L/天	σ_L/件	ss/件	$\frac{ss}{D}$/天
7	14 040	17 971	9
6	12 047	15 420	8
5	10 056	12 872	6
4	8 070	10 330	5
3	6 093	7 799	4
2	4 138	5 297	3
1	2 263	2 897	1
0	1 058	1 354	0.7

以上例子强调了提前期的波动对安全库存的影响，以及减少提前期的波动或提高准时配送率带来的巨大潜在利益。通常，现实中对安全库存的计算只考虑了需求不确定性，而不包括对供给不确定性的测度，这导致得到的库存水平比实际需要的低，从而使产品可获性降低。降低供给不确定性，有助于显著减少所需的安全库存，同时并不降低产品的可获性。

第五节　库存管理中的其他方法介绍

库存管理是一个系统工程，它牵扯到需求与供应链管理的各个环节，并非通过某一项措施就可以实现。在许多生产制造企业中，由于有很多种成品以及大量的原材料，如何根据不同物料的属性，系统合理地规划整个库存结构是整个库存管理的核心问题。企业必须根据成品生产对物料的需求情况分析库存结构，提高库存配套率，以减少总体库存金额，从而减少企业资金压力。对库存总体进行管理的常用方法是 ABC 库存分类管理法。

一、ABC 库存分类管理法

ABC 库存分类管理法又称帕雷托分析法、ABC 分析法、重点管理法、ABC 分类法等。它是根据事物有关方面的特征，进行分类、排队，分清重点和一般，以有区别地实施管理的一种分析方法。

ABC 库存分类管理法起源于意大利数理经济学家、社会学家维尔雷多·帕雷托对人口和社会问题的研究。帕雷托在统计社会财富的分配时发现，占人口总数 20% 左右的人，却占有社会财富的 80%。把这种"关键的少数和一般的多数"的帕雷托法则应用在库存管理时，就可以将物品大致划分为三类：

A 类——大约 20% 的物品占用了 80% 的资金使用量。

B 类——大约 30% 的物品占用了 15% 的资金使用量。

C 类——大约 50% 的物品占用了 5% 的资金使用量。

注意，这里的百分比是近似值，不是绝对的。可以看出，抓住重要的少数，是成本控制的关键。这种分类方法将库存物资按重要程度分为特别重要的库存(A 类)、一般重要的库存(B 类)和不重要的库存(C 类)三个等级，然后可以针对不同等级分别进行管理和控制，如表 5-6 所示，这样就可以达到事半功倍的效果。

表 5-6 ABC 分类法基本原理

物资分类	所占品种比例	价值所占比例	控制方法
A 类物品	10% ~ 20%	60% ~ 80%	重点严格控制
B 类物品	20% ~ 30%	10% ~ 20%	适当控制
C 类物品	50% ~ 80%	1% ~ 10%	简单控制

ABC 分类法在库存管理中应用非常广泛，而且现在已经成为许多管理软件中的重要功能模块。该方法的使用不仅能使企业库存结构合理化，还有利于企业压缩库存总量，减少库存资金占用，有效节约管理成本。

二、ABC 库存分类管理法的一般步骤

库存物品的 ABC 分类是通过制作 ABC 分析表来完成的，一般遵循以下步骤：

1. 收集相关数据

例如，对库存物品的资金占用额进行分析，以便对资金占用较多的物品进行重点管理，此时，应收集每种库存物品的年使用量和单价进行统计。

2. 数据处理

按要求对数据进行计算和汇总，如计算出每种物资的年资金占用额或年平均资金占用额。

3. 制作 ABC 分析表

一般来说，ABC 分析表的栏目主要包括物品名称、品目数累计、品目数累计百分比、单价、资金占用额、资金占用额累计、资金占用额累计百分比、分类结果等。

制作 ABC 分析表需要：①将收集处理好的库存物品数据按资金占用额大小的顺序排列，填入表中；②计算资金占用额累计、资金占用额累计百分比；③根据品目数项，计算品目数累计百分比，填入 ABC 分析表。

4. 确定 ABC 分类

先依据资金占用额的百分比进行初步划分，划分标准并无严格要求，如可以把资金占用百分比为 75% 左右的称为 A 类；百分比为 20% 左右的称为 B 类；百分比为 5% 左右的称为 C 类。再依据表 5-6 给出的比例区间，并结合 ABC 分析表中品目数累计百分比，进一步调整 ABC 的分类，使其更合理或更符合实际情况。

5. 绘制 ABC 分析图

以品目数累计百分比为横坐标，资金占用额累计百分比为纵坐标，根据 ABC 分析表

中的数据，绘制 ABC 曲线。按 ABC 曲线对应的数据，在图上标明 ABC 这三类，就制成了 ABC 分析图。另外，也可绘制成更具有直观性的直方图。

三、利用软件工具实现 ABC 分类

下面我们通过一道例题来说明如何利用 Excel 实现 ABC 分类法的上述步骤。

【例 5-9】某企业库存中的材料共有 20 个类别，它们的编码、使用数量和单价情况见表 5-7，请你根据材料使用量与资金占用比重之间的关系进行 ABC 分类。

表 5-7　材料的年使用量和单价情况表

序号	材料编码	全年使用量/件	单价/元
1	A001	300	9
2	A002	11 000	6
3	A003	7 000	3
4	A004	6 000	0.8
5	A005	4 000	1.2
6	A006	8 000	25
7	A007	10 600	14
8	A008	20 000	0.5
9	A009	1 300	3.8
10	A010	8 000	3.1
11	A011	2 000	0.2
12	A012	52 000	0.6
13	A013	600	15
14	A014	1 300	12.5
15	A015	2 800	2.3
16	A016	5 000	4.1
17	A017	12 000	6.6
18	A018	580	8.9
19	A019	650	5.8
20	A020	1 000	6.4

(1) 首先将表 5-7 中的已知数据录入到 Excel 中，对应 A、B、C、D 四列，并计算每种材料的年资金占用额（E 列），如图 5-12 所示。具体情况为

E 列录入公式：E3 = C3 * D3，复制该公式至 E22。

此外，单元格 C23 = SUM(C3：C22) 为年使用量合计；单元格 E23 = SUM(E3：E22) 为年资金占用额合计。

	A	B	C	D	E
1					
2	序号	材料编码	全年使用量（件）	单价（元）	年资金占用额（元）
3	1	A001	300	9	2700
4	2	A002	11000	6	66000
5	3	A003	7000	3	21000
6	4	A004	6000	0.8	4800
7	5	A005	4000	1.2	4800
8	6	A006	8000	25	200000
9	7	A007	10600	14	148400
10	8	A008	20000	0.5	10000
11	9	A009	1300	3.8	4940
12	10	A010	8000	3.1	24800
13	11	A011	2000	0.2	400
14	12	A012	52000	0.6	31200
15	13	A013	600	15	9000
16	14	A014	1300	12.5	16250
17	15	A015	2800	2.3	6440
18	16	A016	5000	4.1	20500
19	17	A017	12000	6.6	79200
20	18	A018	580	8.9	5162
21	19	A019	650	5.8	3770
22	20	A020	1000	6.4	6400
23	合计		154130		665762

图 5-12　Excel 中录入数据，并计算每种材料的年资金占用额及合计

（2）复制 Excel 表中的材料编码、全年使用量和年资金占用额三列，粘贴至 B25 至 D45；并利用 Excel 的降序功能，根据年资金占用额由大到小的顺序重新排列，如图 5-13 所示。

	A	B	C	D
24				
25		材料编码	全年使用量（件）	年资金占用额（元）
26		A006	8000	200000
27		A007	10600	148400
28		A017	12000	79200
29		A002	11000	66000
30		A012	52000	31200
31		A010	8000	24800
32		A003	7000	21000
33		A016	5000	20500
34		A014	1300	16250
35		A008	20000	10000
36		A013	600	9000
37		A015	2800	6440
38		A020	1000	6400
39		A018	580	5162
40		A009	1300	4940
41		A004	6000	4800
42		A005	4000	4800
43		A019	650	3770
44		A001	300	2700
45		A011	2000	400

图 5-13　利用 Excel 降序排列年资金占用额

(3)在图 5-13 所示的表格中继续计算,得到累计资金使用量(E 列)、累计资金使用百分比(F 列),如图 5-14 所示,并按以下标准初步划分 ABC 三类:资金占用比为 75% 左右的为 A 类;20% 左右的为 B 类;5% 左右的为 C 类;可以利用 Excel 中的 IF 函数来实现(G 列)。具体情况为:

E 列录入公式:E26 = D26;E27 = D27+E26,复制该公式至 E45。

F 列录入公式:F26 = = E26/ $ E $ 23($ E $ 23 为年资金占用额合计),复制该公式至 F45。

G 列录入公式:= IF(F26 <= 75% , " A ", IF(F26 <= 95% , " B " , " C ")),复制该公式至 G45。

	A	B	C	D	E	F	G
17	15	A015	2800	2.3	6440		
18	16	A016	5000	4.1	20500		
19	17	A017	12000	6.6	79200		
20	18	A018	580	8.9	5162		
21	19	A019	650	5.8	3770		
22	20	A020	1000	6.4	6400		
23	合计		154130		665762		
24							
25		材料编码	全年使用量(件)	年资金占用额(元)	累计资金使用量(元)	累计资金使用百分比	类别
26		A006	8000	200000	200000	30.04%	A
27		A007	10600	148400	348400	52.33%	A
28		A017	12000	79200	427600	64.23%	A
29		A002	11000	66000	493600	74.14%	A
30		A012	52000	31200	524800	78.83%	B
31		A010	8000	24800	549600	82.55%	B
32		A003	7000	21000	570600	85.71%	B
33		A016	5000	20500	591100	88.79%	B
34		A014	1300	16250	607350	91.23%	B
35		A008	20000	10000	617350	92.73%	B
36		A013	600	9000	626350	94.08%	B
37		A015	2800	6440	632790	95.05%	C
38		A020	1000	6400	639190	96.01%	C
39		A018	580	5162	644352	96.78%	C
40		A009	1300	4940	649292	97.53%	C
41		A004	6000	4800	654092	98.25%	C
42		A005	4000	4800	658892	98.97%	C
43		A019	650	3770	662662	99.53%	C
44		A001	300	2700	665362	99.94%	C
45		A011	2000	400	665762	100.00%	C

图 5-14 累计资金使用百分比的计算以及 ABC 分类

(4)继续计算材料使用百分比(H 列)、累计材料使用百分比(I 列),如图 5-15 所示。具体情况为:

H 列录入公式:H26 = C26/ $ C $ 23($ C $ 23 年使用量合计),复制该公式至 H45。

I 列录入公式:I26 = H26;I27 = I26+H27,复制该公式至 I45。

	A	B	C	D	E	F	G	H	I	J
20	18	A018	580	8.9	5162					
21	19	A019	650	5.8	3770					
22	20	A020	1000	6.4	6400					
23	合计		154130		665762					
24										
25		材料编码	全年使用量（件）	年资金占用额（元）	累计资金使用（元）	累计资金使用百分比	类别	材料使用百分比	累计材料使用百分比	调整后
26		A006	8000	200000	200000	30.04%	A	5.19%	5.19%	A
27		A007	10600	148400	348400	52.33%	A	6.88%	12.07%	A
28		A017	12000	79200	427600	64.23%	A	7.79%	19.85%	B
29		A002	11000	66000	493600	74.14%	A	7.14%	26.99%	B
30		A012	52000	31200	524800	78.83%	B	33.74%	60.73%	C
31		A010	8000	24800	549600	82.55%	B	5.19%	65.92%	C
32		A003	7000	21000	570600	85.71%	B	4.54%	70.46%	C
33		A016	5000	20500	591100	88.79%	B	3.24%	73.70%	C
34		A014	1300	16250	607350	91.23%	B	0.84%	74.55%	C
35		A008	20000	10000	617350	92.73%	B	12.98%	87.52%	C
36		A013	600	9000	626350	94.08%	B	0.39%	87.91%	C
37		A015	2800	6440	632790	95.05%	C	1.82%	89.73%	C
38		A020	1000	6400	639190	96.01%	C	0.65%	90.38%	C
39		A018	580	5162	644352	96.78%	C	0.38%	90.75%	C
40		A009	1300	4940	649292	97.53%	C	0.84%	91.60%	C
41		A004	6000	4800	654092	98.25%	C	3.89%	95.49%	C
42		A005	4000	4800	658892	98.97%	C	2.60%	98.09%	C
43		A019	650	3770	662662	99.53%	C	0.42%	98.51%	C
44		A001	300	2700	665362	99.94%	C	0.19%	98.70%	C
45		A011	2000	400	665762	100.00%	C	1.30%	100.00%	C

图 5-15　累计材料使用百分比的计算

结合计算结果，即不同编号（类型）材料的使用比例，进一步分析 ABC 分类结果的合理性。必要时，还可以重新调整 ABC 分类。根据图 5-15 中的数据，将 ABC 分类的结果汇总为表 5-8，可以看出 ABC 三类的资金占用百分比基本是按照 75%、20% 和 5% 的比例，但是不同类型的材料使用百分比显得不太均衡。此时，可以结合实际情况，对 ABC 的分类进行调整，如表 5-9 所示。

视频 5-6
ABC 分类法

表 5-8　ABC 分类结果分析

分类	材料编号	材料使用百分比	资金使用百分比
A 类	A006，A007，A017，A002	27%	74%
B 类	A012，A010，A003，A016，A014，A008，A013	61%	20%
C 类	其他	12%	6%

表 5-9　ABC 调整分类的结果

分类	材料编号	材料使用百分比	资金使用百分比
A 类	A006，A007	12%	52%
B 类	A017，A002	15%	22%
C 类	其他	73%	26%

（5）利用 Excel 的绘图功能，依据表 5-8（或表 5-9）中的数据绘制 ABC 分析图，如图 5-16（或图 5-17）所示。

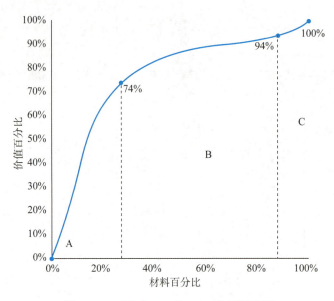

图 5-16　对应表 5-8 的 ABC 分析折线图

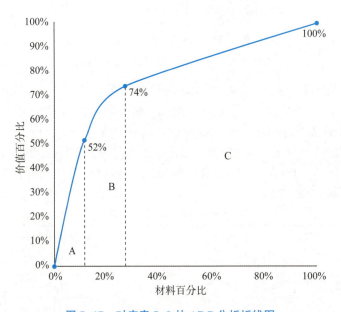

图 5-17　对应表 5-9 的 ABC 分析折线图

> **小任务**
>
> 　　你能利用 Excel，按照上述的操作步骤，自己独立完成例 5-10 中的 ABC 分类吗？软件操作中遇到的问题是什么，请你记录下来。

四、基于 ABC 分类法的库存管理策略

　　将库存物品进行 ABC 分类，其目的在于根据分类结果对每类物品采取适宜的管理措施。对三类物品应权衡管理力量与经济效果，进行有区别的管理，如表 5-10 所示。

表 5-10 分类重点管理要求

项目 \ 分类	A	B	C
管理要点	将库存压缩到最低水平	库存控制有时可严些，有时可松些	集中大量订货，以较高库存来节约订货费用
订货量	少	较多	多
订货量计算方法	按库存模型计算	按过去的记录	按经验估算
检查库存情况	连续或每天检查	一般检查	月度或季度检查
进出统计	详细统计	一般统计	按金额统计
安全库存	低	较大	允许较高
控制程度	严格控制	一般控制	控制总金额

值得注意的是，ABC 分类不只与物资单价有关，还与其耗用量有关。占用资金很多的 A 类物资可能是单价不高但耗用量极大的组合，也可能是用量不多但单价很高的组合。与此相类似，C 类物资占用资金少可能是因为用量很少，也可能是价格很低。

有时某种物资对于企业而言至关重要，一旦短缺会给企业造成重大的损失。在这种情况下，不管该物资属于哪一类，均应保持较大的存储量以防短缺。为了保证对该物资进行比较严格的控制，可以强迫将其归为 A 类或 B 类，而不管它是否有资格归属为这两类。

五、ABC 分类法的拓展

ABC 分类法在实际运用时，可能会存在不够灵活的问题。有些人甚至产生一些误解，认为 ABC 分析只能分成 3 类，只能按固定模式进行。其实，除了按计算结果分成 ABC 这三类外，在实际运用中也常根据对象事物的特点，采取分成 3 类以上的方法，如分成 5 类，甚至 10 类等。

此外，ABC 分类法还有许多灵活、深入的拓展。

1. 分层 ABC 分类法

对物品种类繁多、无法全部排列成表的情况下，可以先对物品分层次，以减少项目，再根据分层结果将 A 类物品逐一列出，便于进行重点管理对象的寻找与快速选择。例如，某企业的库存物品共计有 3 439 种，首先按每种物品的年资金占用额分层为 7 档，按从小到大的顺序排列，并统计每档中的品目数量以及年总资金占用额，计算累计百分比，就得到了分层排列的 ABC 分类表，见表 5-11。

表 5-11 分层排列的 ABC 分类表

按每种物品年资金占用额/元分层	品目数	品目数百分比	品目百分比累计	年总资金占用额/百元	年总资金占用额百分比	年总资金占用额累计百分比	分类结果
>600	260	7.6%	7.6%	5 800	69%	69%	A
500~600	86	2.5%	10.1%	500	6%	75%	A
400~500	55	1.6%	11.7%	250	3%	78%	B

续表

按每种物品年资金占用额/元分层	品目数	品目数百分比	品目百分比累计	年总资金占用额/百元	年总资金占用额百分比	年总资金占用额累计百分比	分类结果
300~400	95	2.8%	14.4%	340	4%	82%	B
200~300	170	4.9%	19.4%	420	5%	87%	B
100~200	352	10.2%	29.6%	410	5%	92%	B
<100	2 421	70.4%	100.0%	670	8%	100%	C

2. 多重 ABC 分类法

在品种数量太大时，还可进行多重 ABC 分析。多重 ABC 分析是在第一次 ABC 分类的基础上，再进行 ABC 分析。例如，从表 5-11 中可以看出，分层的 ABC 分析中 A 类物品有 346 种。对于管理工作来讲，这仍然是一个庞大的数字。在这 346 种物品的集合中，仍然会遵循"关键的少数和一般的多数"的规律，因此，可以再做一次 ABC 分析（二重分析）。在结果中，原 A 类中又划分出 A、B、C 这 3 类，分别冠以 A-A、A-B、A-C，以使管理者了解 A-A 为重中之重，在管理上确定对应的有效管理方法。同样，在 B 类中如果也需进行区分的话，可按同样道理划分出 B-A、B-B、B-C 这 3 类。C 类本来属于"一般多数"，在管理上往往不需细化。所以，一般来说，C 类物品不再进行二重分析。但是，如果管理者认为有必要进行这一分析，也可分成 C-A、C-B、C-C 这 3 类。

于是，按二重 ABC 分析实际上形成了 7 类或 9 类的分类。7 类分类：A-A、A-B、A-C、B-A、B-B、B-C、C。9 类分类：A-A、A-B、A-C、B-A、B-B、B-C、C-A、C-B、C-C。另外，在品目种类非常多的情况下，还可以进行第三重、第四重分类。

3. 多标准 ABC 分类法

在实际工作过程中，管理目标往往不是一个，经常要应对多目标的复杂情况。在这种情况下，在实际工作中应采用多标准分析。例如，一般管理往往看重物品价值，按价值进行分类，但是，单价高的物品可能数量并不大，因此按单价和总价值为目标的分类就会有不同的分类结果。还有更复杂的情况，例如，在丰田管理模式中，库存决策部门或供货部门，除了关注物品价值或价格外，还关注各种物品的供货保证程度。因为在某种场合，某物品的价值可能不高，但一旦发生供应中断将会给企业带来巨大的损失，甚至可能导致供应链上流通渠道的瘫痪。因此，在供应链管理过程中，人们可能会更关注保证供应的可靠性，或在中断供应的场合，对所出现的风险等为目标进行 ABC 分析，以确定最适合本企业的库存管理目标。企业中的库存现场管理人员，还可能特别关注其库存管理工作的难易程度或物品保管质量，即物品可能损坏的程度等，他们希望以此为目标进行分类，以分别制定适应于仓库管理人员使用的分类及重点管理办法。

不同的要求形成了不同的标准，进行多标准的 ABC 分类原理可以用双标准 ABC 分类为例来说明。

首先，将按照不同分类标准的 ABC 分类结果列在同一个 ABC 分析表中。假设18 种物品分别按资金占用额、供应保证程度两个标准分类，结果见表 5-12。

表 5-12 双标准 ABC 分类

物品编号	1	2	3	4	5	6	7	8	9	10	11	12	13	14	15	16	17	18
资金占用分类	A	A	B	B	B	B	C	C	C	C	C	C	C	C	C	C	C	C
保证程度分类	B	B	A	C	B	C	A	B	C	C	C	C	C	C	C	C	C	C
组合分类结果	AB	AB	BA	BC	BB	BC	CA	CB	CC	CC	CC	CC	CC	CC	CC	CC	CC	CC

其次，根据组合分类的结果，重新确定重要物资的排序。可以根据两个分类标准哪一个更重要来确定排序，如依据表 5-12 中前 8 种重要物品的组合分类结果，可以调整其重要程度的排序结果，如表 5-13 所示。

表 5-13 依据表 5-12 组合分类的结果重新排序

重新排序的结果	1	2	3	4	5	6	7	8
对应的组合分类	AB	AB	BA	BB	CA	BC	BC	CB
对应的物品编号	1	2	3	5	7	4	6	8

本章小结

任何企业都离不开库存，库存的存在对于企业至关重要。问题的关键是如何合理控制库存水平，使得既可以保证生产过程连续进行、及时满足顾客需求，又能使企业有限的资金得到有效的利用。

为此，本章介绍了常用的库存管理与库存控制方法，并分别以周转库存和安全库存为重点，分析了库存管控的方法以及合理降低库存的策略。其中，周转库存是用于满足连续两次补货之间所发生的需求的平均库存，是经常性库存。而安全库存是为了应对供应链中存在的多种不确定性而额外持有的库存。本章的最后一节，还介绍了对库存总体进行管理的常用方法——ABC 分类管理法。

案例分析

小蓝的烦恼

小蓝对于他的新职务——Y 公司的库存控制经理，非常自豪。他的责任十分清楚：既要使得库存保持在一定的水平上，确保生产不至于中断，又要使得库存持有成本和管理成本达到最小。小蓝觉得自己有办法来挑起这个重担，他决定先从仓库中的某个小部分入手，为其列出一张库存物品表，如果这个方法有效，那么他就可以将它扩展到仓库里的其他 3 万多件物品上了。以下就是小蓝整理出来的数据：

零件编号	每件价值/元	现有库存量	年均使用量
1234	2.5	300	3 000
1235	0.2	550	900
1236	15	400	1 000
1237	0.75	50	7 900
1238	7.6	180	2 800
1239	4.4	20	5 000
1240	1.8	200	1 800
1241	0.05	10	1 200
1242	17.2	950	2 000
1243	9	160	2 500
1244	3.2	430	7 000
1245	0.3	500	10 000
1246	1.1	25	7 500
1247	8.1	60	2 100
1248	5	390	4 000
1249	0.9	830	6 500
1250	6	700	3 100
1251	2.2	80	6 000
1252	1.2	480	4 500
1253	5.9	230	900

当小蓝扫视这张表时，他注意到有几个问题让他感到不对头，于是就询问了一个有经验的仓库管理员。下面就是那几个引起小蓝关心的零件，以及那位仓库管理员回答的汇总情况：

（1）1236号零件是一种很贵的零件，它几乎占用了半年的库存资金使用量。该零件用于一种需求很有规律的产品上，而每年用量最多的时间都在年初。

（2）1241号零件是一种很便宜的零件，其库存量也很少。该零件由一家常常不遵守交货期的供应商供货，而该零件具有很长的提前期。一个时期以来，每次订货都是一次订购150个，而现在又晚了好几天没交货了。

（3）1242号零件与1236号零件一样，它很贵，也几乎占用了半年的库存资金使用量。该零件要运送到国内很远的某个地方去，为了节约运费，常常要累积到一定批量才发货。

（4）1246号零件不太贵，库存量也不大。该零件由公司内部自己生产，而用来生产该零件的机器已经十分陈旧了，因此加工误差常常超标。这不，最近一批零件已经被质检部门拒收了。

（5）1253号零件价格中等，而与使用量相比库存量显得太大了。最近对该零件进行了质量审查，根据审查结果，有大约150件被拒收了。

小蓝在了解到了这些问题后,突然就不那么自信了。他怀疑自己是否有把握以最佳的处理方式来满足老板的期望。

讨论题

1. 请用上面提供的信息来评估当前的情况。
2. 根据你的评估,设法制定一套完整的库存管理方法,提供给小蓝参考。
3. 为了有助于你制定更有效的库存管理方法,你还需要其他信息吗?如果有,都是哪些信息,而你又将如何使用它们?

思考与练习

一、思考题

1. 什么是周转库存?什么是安全库存?
2. 联合订购有什么好处?确定精选子集产品联合订货方案的步骤是什么?
3. 影响安全库存的因素有哪些?

二、练习题

1. 一家牛仔裤专卖店每周的需求服从正态分布,且均值为100条,标准差为50条。供应工厂供货的提前期为3周。店铺经理对库存进行连续监控,在可用库存下降至350条以下时发出补充订货。该店铺持有多少安全库存?周期服务水平能够达到多少?如果店铺管理者希望周期服务水平达到95%,应当持有多少安全库存?再订货点应为多少?

2. 在手机商城中,某款手机每周的需求服从正态分布,且均值为300部,标准差为200部。供货的提前期为2周。商场设定的周期服务水平目标值为95%,并对库存进行连续监控。商场应该持有多少手机安全库存?再订货点应该是多少?

3. 重新考虑练习题2中手机商城的例子。商场管理者决定采用周期检查策略管理手机库存,计划每3周进行一次订货。假定期望的周期服务水平为95%,商店应该持有多少安全库存?目标最大库存应该是多少?

4. 某品牌零售店每个月销售500件夹克。每件夹克的成本为800元,该零售店的年库存持有成本费率为25%,固定订货成本(包括运输)为1 000元/次。目前该零售店每个月补充订货一次,订货批量为500件。该零售店的年订货和库存持有成本为多少?如果零售店希望使订货和库存持有成本最小化,你建议的最优订货批量应为多少?能使总成本减少多少?

5. 某百货公司平均每天能卖出16台Y牌吊扇,标准差为3台。假设百货公司从生产商处直接订货,吊扇平均需要9天才能送达,标准差为2天。百货公司的管理层设定了95%的服务水平,为了确保达到所要求的服务水平,需要的安全库存是多少?设置的再订货点有多高?

6. 戴维森公司从三家供应商采购零部件。从供应商A采购的零部件单价为5元,每年使用20 000单位。从供应商B采购的零部件单价为4元,每年使用2 500单位。从供应商C采购的零部件单价为5元,每年使用900单位。当前,戴维森公司采购的产品从三家供应商处分别运送。作为实施JIT的努力之一,戴维森公司决定对三家供应商的产品采取集中订货的方式。卡车公司收取的每辆卡车固定费用为400元,每停车一次的附加费用为

100元。因此，假如戴维森公司仅要求从一家供应商取货，卡车公司的报价为500元；从两家供应商取货，报价为600元；从三家供应商取货，报价为700元。请提出一项使戴维森公司年成本最小化的订货策略建议。假设年库存持有成本费率为20%。戴维森公司的当前策略是从每家供应商分别订货，将你建议的策略所产生的成本与戴维森公司当前策略的成本进行比较。戴维森公司每种零部件的周转库存是多少？

第六章 物流决策与优化中的软件工具

本章学习要点

1. 了解并熟悉 Excel 加载项"数据分析""规划求解"及其相关操作；
2. 了解并熟悉 LINGO 软件的基本功能及其相关操作；
3. 了解并熟悉 WinQSB 软件的基本功能及其相关操作；
4. 了解并熟悉 yaahp 软件的基本功能及其相关操作。

第一节 Excel 中常用的加载项

在前面章节的学习中，常会用到 Excel 中的两个加载项：分析工具库和规划求解。要使用这些工具，需要首先加载相应的加载宏程序。

一、Excel"数据分析"加载项

在初次运行 Excel 时，数据分析工具并没有安装，必须手动安装。具体操作方法是：单击 Excel 菜单："文件→选项→加载项→转到→加载宏"对话窗口，即可得到如图 6-1 所示的加载项窗口。

图 6-1 在 Excel 选项窗口中添加"加载项"

选中"分析工具库"安装成功后，在 Excel 菜单"数据→分析"选项卡中就会出现"数据分析"，如图 6-2 所示。单击该选项，弹出如下窗口，即可选择所需要的数据分析工具。

图 6-2 Excel 菜单中出现"数据分析"选项卡

在第二章中所用到的移动平均、指数平滑、回归等数据分析工具，都可以在此选项卡中找到，如图 6-3 所示。关于以上三种分析工具的详细操作步骤请参见第二章中的相关例题及视频。

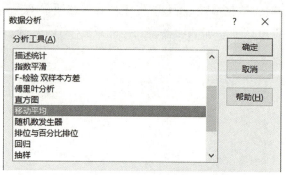

图 6-3 选择分析工具中的"移动平均"

二、Excel"规划求解"加载项

"规划求解"是 Excel 中的另一个重要工具,默认的 Excel 菜单中并没有"规划求解",同样也需要在"加载项"中安装"规划求解"。如图 6-4 所示,在"可用加载宏"列表中,勾选"规划求解加载项",单击"确定",即可在 Excel 菜单中出现"数据分析"的选项卡下又出现一个"规划求解"选项卡。

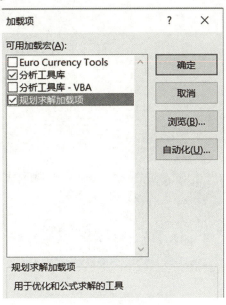

图 6-4 勾选"规划求解加载项"

(一)使用"规划求解"工具求解数学规划的主要步骤

"规划求解"可以用来解决数学规划问题。它可以用来求解最多有 200 个变量、100 个外在约束和 400 个简单约束的线性规划、整数规划、0-1 规划以及混合整数规划问题。下面介绍使用"规划求解"工具求解数学规划的主要步骤:

首先,在 Excel 工作表中输入目标函数的系数向量、约束条件的系数矩阵和右端常数项(每一个单元格输入一个数据);

其次,选定一个单元格存储目标函数(称为目标单元格),用定义公式的方式在这个目标单元格内定义目标函数;

再次,选定与决策变量个数相同的单元格(称为可变单元格),用以存储决策变量;再选择与约束条件个数相同的单元格,用定义公式的方式在每一个单元格内定义一个约束函数(称为约束函数单元格);

最后,单击下拉菜单中的规划求解按钮,打开规划求解参数设定对话框,如图 6-5 所示,完成规划模型的设定。

图 6-5 规划求解参数设定对话框

(二)模型设定方法

1. 设定目标函数和优化方向

光标指向规划求解参数设定对话框中的"设置目标单元格"提示后的域，单击鼠标左键，然后选中 Excel 工作表中的目标单元格。根据模型中目标函数的优化方向，在规划求解参数设定对话框中的"等于"一行中选择"最大值"或"最小值"。

2. 设定(表示决策变量的)可变单元

光标指向规划求解参数设定对话框中的"可变单元格"提示后的域，单击鼠标左键，然后选中 Excel 工作表中的可变单元组。可以单击"推测"按钮，初步确定可变单元格的范围，然后在此基础上进一步确定。

3. 设定约束条件

直接单击规划求解参数设定对话框中的添加按钮，出现如图 6-6 所示的"添加约束"对话框。

图 6-6 "添加约束"对话框

单击"单元格引用"标题下的域，然后在工作表中选择一个约束函数单元格，再单击添加约束对话框中向下的箭头，出现<=，=，>=，int 和 bin 等几个选项，根据该约束函数所在约束方程的情况选择，其中 int 和 bin 分别用于说明整型变量和 0-1 型变量。选择完成后，如果还有约束条件未设定，就单击"添加"按钮，重复以上步骤设定约束条件，设定完所有约束条件后，单击"确定"完成约束条件设定，回到规划求解参数设定对话框。

4. 设定算法细节

单击规划求解参数设定对话框中的"选项"按钮，出现如图 6-7 所示的规划求解"选项"对话框。

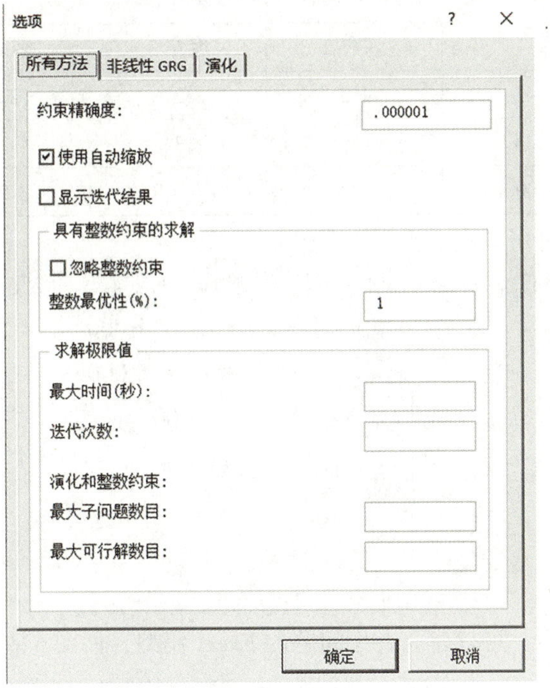

图 6-7 规划求解"选项"对话框

该对话框为使用者提供了一些可供选择的常用算法。主要是供高级用户使用，初学者不必考虑这些选择。选择完成后单击"确定"按钮回到规划求解参数设定对话框。

5. 求解模型

完成以上设定后，单击规划求解参数设定对话框中的"求解"按钮，将出现如图 6-8 所示的"规划求解结果"对话框。

图 6-8 "规划求解结果"对话框

根据需要选择右边列出的三个报告中的一部分或全部，然后单击“确定”按钮就可以在 Excel 内看到求解报告。

三、应用举例

下面我们以第四章例 4-3 中的直运模式为例来详细介绍一下 Excel 规划求解的操作步骤。为了便于理解直运问题的数学模型与 Excel 规划求解中的模型之间的对应关系，我们把原问题重新表达：已知有 2 个发货点，4 个收货点，相关数据如表 6-1 所示，如何组织运输才能使总成本最低？

表 6-1　直运问题已知数据表

运距/千米	客户 1	客户 2	客户 3	客户 4	供应量/吨
生产基地 1	342	453	127	234	4 000
生产基地 2	234	256	134	43	6 000
需求量/吨	2 000	3 000	1 500	3 500	

该问题的数学模型可以表达为如下形式：

$$\min Z = 0.4 \times (342x_{11} + 453x_{12} + 127x_{13} + 234x_{14} + 234x_{21} + 256x_{22} + 134x_{23} + 43x_{24})$$

$$\text{s. t.} \begin{cases} x_{11} + x_{12} + x_{13} + x_{14} = 4\ 000 \\ x_{21} + x_{22} + x_{23} + x_{24} = 6\ 000 \\ x_{11} + x_{21} = 2\ 000 \\ x_{12} + x_{22} = 3\ 000 \\ x_{13} + x_{23} = 1\ 500 \\ x_{14} + x_{24} = 3\ 500 \end{cases}$$

$$x_{ij} \geqslant 0 (i = 1, 2; j = 1, 2, 3, 4)$$

对照上述数学模型，可以建立直运问题的 Excel 模型，如图 6-9 所示。

	A	B	C	D	E	F	G
1		直运模式下的运输决策					
2							
3	已知：	运距	客户1	客户2	客户3	客户4	供应量（吨）
4		生产基地1	342	453	127	234	4000
5		生产基地2	234	256	134	43	6000
6		需求量（吨）	2000	3000	1500	3500	
7							
8	决策变量：	运输量	客户1	客户2	客户3	客户4	供应约束
9		生产基地1					0
10		生产基地2					0
11		需求约束	0	0	0	0	
12							
13	目标函数：	0					

图 6-9　直运问题的 Excel 模型

其中，单元格区域 C9：F10 分别对应的是数学模型中的 8 个决策变量 x_{ij}，在 Excel 中称为可变单元格。单元格 B13 对应的是目标函数，需要把与数学模型对应的目标函数公式提前录入进去。单元格区域 G9：G10 分别对应的是数学模型中的前 2 个约束方程，即供应约束，也需要把相应的公式提前录入；单元格区域 C11：F11 分别对应的是数学模型中的后 4 个约束方程，即需求约束，也需要把相应的公式提前录入。上述公式在 Excel 中的具体函数表达，如表6-2所示。

表6-2 在Excel单元格中输入对应的公式

单元格	单元格中的公式	复制到	与数学模型的对应关系
B13	=0.4*SUMPRODUCT(C4：F5，C9：F10)	—	目标函数
G9	=SUM(C9：F9)	G9：G10	供应约束
C11	=SUM(C9：C10)	C11：F11	需求约束

下面需要把数学模型中目标函数的性质以及约束方程的符号做进一步的设置，这需要通过"规划求解参数"窗口的设置来完成，如图6-10所示。

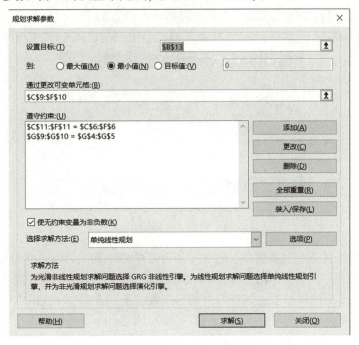

图6-10 直运问题的"规划求解参数"设置

设置好参数之后，选择求解方法"单纯线性规划"，单击"求解"，即可在原Excel表格中得到求解结果，如图6-11所示。由图可以看出最优的直运方案以及最小总成本为755 400元。

图6-11 直运问题的最优解结果

视频6-1 直运问题的Excel规划求解

第二节 LINGO 软件

一、LINGO 软件介绍

LINGO（Linear Interactive and General Optimizer）是一款交互式的线性和通用优化求解器。它是一套设计用来帮助快速地、方便地、有效地构建和求解线性、非线性及整数最优化模型的功能全面的工具。它包括功能强大的建模语言、建立和编辑问题的全功能环境、读取和写入 Excel 和数据库的功能，以及一系列完全内置的求解程序。

当你在 Windows 下开始运行 LINGO 系统时，会得到类似图 6-12 所示的一个窗口。

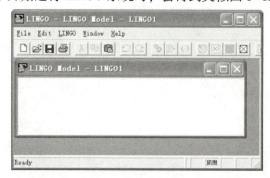

图 6-12　LINGO Model 窗口

LINGO 界面外层是主框架窗口，包含了所有菜单命令和工具条，其他所有的窗口将被包含在主窗口之下。在主窗口内的标题为 LINGO Model-LINGO1 的窗口是 LINGO 的默认模型窗口，建立的模型代码都要在该窗口内编码实现。下面介绍一下 LINGO Model 窗口中的几个主要功能菜单。

（一）LINGO 文件菜单（File Menu）

1. 新建（New）

从文件菜单中选用"新建"命令，单击"新建"按钮或直接按 F2 键可以创建一个新的"Model"窗口。在这个新的"Model"窗口中能够输入所要求解的模型。

2. 打开（Open）

从文件菜单中选用"打开"命令，单击"打开"按钮或直接按 F3 键可以打开一个已经存在的文本文件。这个文件可能是一个 Model 文件。

3. 保存（Save）

从文件菜单中选用"保存"命令，单击"保存"按钮或直接按 F4 键将当前活动窗口（最前台的窗口）中的模型结果、命令序列等保存为文件。

4. 另存为（Save As）

从文件菜单中选用"另存为…"命令，单击"另存为…"按钮或直接按 F5 键可以将当前活动窗口中的内容保存为文本文件，其文件名为在"另存为"对话框中输入的文件名。利用这种方法可以将任何窗口的内容如模型、求解结果或命令保存为文件。

5. 关闭(Close)

在文件菜单中选用"关闭"(Close)命令，单击"关闭"按钮或直接按 F6 键将关闭当前活动窗口。如果这个窗口是新建窗口或已经改变了当前文件的内容，LINGO 系统将会提示是否想要保存改变后的内容。

6. 打印(Print)

在文件菜单中选用"打印"(Print)命令，单击"打印"按钮或直接按 F7 键可以将当前活动窗口中的内容发送到打印机。

7. 打印设置(Print Setup)

在文件菜单中选用"打印设置"命令，单击"打印设置"按钮或直接按 F8 键可以将文件输出到指定的打印机。

8. 打印预览(Print Preview)

在文件菜单中选用"打印预览"命令，单击"打印预览"按钮或直接按 Shift+F8 键可以进行打印预览。

9. 输出到日志文件(Log Output)

从文件菜单中选用"Log Output"命令，单击"Log Output"按钮或直接按 F9 键打开一个对话框，用于生成一个日志文件，它存储接下来在"命令窗口"中输入的所有命令。

10. 提交 LINGO 命令脚本文件(Take Commands)

从文件菜单中选用"Take Commands"命令，单击"Take Commands"按钮或直接按 F11 键就可以将 LINGO 命令脚本(Command Script)文件提交给系统进程来运行。

11. 引入 LINGO 文件(Import LINGO File)

从文件菜单中选用"Import LINGO File"命令，单击"Import LINGO File"按钮或直接按 F12 键可以打开一个 LINGO 格式模型的文件，然后 LINGO 系统会尽可能把模型转化为 LINGO 语法允许的程序。

12. 退出(Exit)

从文件菜单中选用"Exit"命令，单击"Exit"按钮或直接按 F10 键可以退出 LINGO 系统。

(二)LINGO 编辑菜单(Edit Menu)

1. 恢复(Undo)

从编辑菜单中选用"恢复"(Undo)命令，单击"Undo"按钮或直接按 Ctrl+Z 组合键，将撤销上次操作，恢复至其前的状态。

2. 剪切(Cut)

从编辑菜单中选用"剪切"(Cut)命令，单击"Cut"按钮或直接按 Ctrl+X 组合键可以将当前选中的内容剪切至剪贴板中。

3. 复制(Copy)

从编辑菜单中选用"复制"(Copy)命令，单击"复制"按钮或直接按 Ctrl+C 组合键可以将当前选中的内容复制到剪贴板中。

4. 粘贴(Paste)

从编辑菜单中选用"粘贴"(Paste)命令,单击"粘贴"按钮或直接按 Ctrl+V 组合键可以将粘贴板中的当前内容复制到当前插入点的位置。

5. 粘贴特定(Paste Special)

与上面的命令不同,它可以用于剪贴板中的内容不是文本的情形。

6. 全选(Select All)

从编辑菜单中选用"Select All"命令,单击"Select All"按钮或直接按 Ctrl+A 组合键可选定当前窗口中的所有内容。

7. 匹配小括号(Match Parenthesis)

从编辑菜单中选用"Match Parenthesis"命令,单击"Match Parenthesis"按钮或直接按 Ctrl+P 组合键可以为当前选中的开括号查找匹配的闭括号。

8. 粘贴函数(Paste Function)

从编辑菜单中选用"Paste Function"命令可以将 LINGO 的内部函数粘贴到当前插入点。

(三) LINGO 模型求解菜单

1. 求解模型(Solve)

从 LINGO 菜单中选用"求解"命令,单击"Solve"按钮或直接按 Ctrl+S 组合键可以将当前模型送入内存求解。

2. 求解结果(Solution)

从 LINGO 菜单中选用"Solution…"命令,单击"Solution…"按钮或直接按 Ctrl+O 组合键可以打开求解结果的对话框。这里可以指定查看当前内存中求解结果的那些内容。

3. 查看(Look)

从 LINGO 菜单中选用"Look"命令,单击"Look"按钮或直接按 Ctrl+L 组合键可以查看全部的或选中的模型文本内容。

4. 灵敏性分析(Range,Ctrl+R)

用该命令产生当前模型的灵敏性分析报告:研究当目标函数的费用系数和约束右端项在什么范围(此时假定其他系数不变)时,最优解保持不变。灵敏性分析是在求解模型时做出的,因此在求解模型时灵敏性分析是激活状态,但是默认是不激活的。为了激活灵敏性分析,运行 LINGO|Options,选择 General Solver Tab,在 Dual Computations 列表框中,选择 Prices and Ranges 选项。灵敏性分析耗费相当多的求解时间,因此当速度很关键时,就没有必要激活它。

(四) 窗口菜单(Windows Menu)

1. 命令行窗口(Open Command Window)

从窗口菜单中选用"Open Command Window"命令或直接按 Ctrl+1 可以打开 LINGO 的命令行窗口。在命令行窗口中可以获得命令行界面,在":"提示符后可以输入 LINGO 的命令行命令。

2. 状态窗口(Status Window)

从窗口菜单中选用"Status Window"命令或直接按 Ctrl+2 可以打开 LINGO 的求解状态窗口。

如果在编译期间没有表达错误，那么 LINGO 将调用适当的求解器来求解模型。当求解器开始运行时，它就会显示如图 6-13 所示的求解器状态窗口(LINGO Solver Status)。

图 6-13　LINGO 求解器状态

求解器状态窗口对于监视求解器的进展和模型大小是有用的。求解器状态窗口提供了一个中断求解器按钮(Interrupt Solver)，单击它会导致 LINGO 在下一次迭代时停止求解。在绝大多数情况，LINGO 能够交还和报告到目前为止的最好解。一个例外是线性规划模型，返回的解是无意义的，应该被忽略。但这并不是一个问题，因为线性规划通常求解速度很快，很少需要中断。(注意：在中断求解器后，必须小心解释当前解，因为这些解可能根本就不是最优解，可能也不是可行解或者对线性规划模型来说就是无价值的)

在中断求解器按钮的右边的是关闭按钮(Close)。单击它可以关闭求解器状态窗口，不过可在任何时间通过选择 Windows | Status Window 再重新打开。

在中断求解器按钮的右边是标记为更新时间间隔(Update Interval)的域。LINGO 将根据该域指示的时间(以秒为单位)为周期更新求解器状态窗口。可以随意设置该域，不过若设置为 0 将导致更长的求解时间——LINGO 花费在更新的时间会超过求解模型的时间。

3. 变量框(Variables)

Total 显示当前模型的全部变量数，Nonlinear 显示其中的非线性变量数，Integers 显示其中的整数变量数。非线性变量是指它至少处于某一个约束中的非线性关系中。

4. 约束框(Constraints)

Total 显示当前模型扩展后的全部约束数，Nonlinear 显示其中的非线性约束数。非线性约束是该约束中至少有一个非线性变量。如果一个约束中的所有变量都是定值，那么该约束就被剔除出模型(该约束为真)，不计入约束总数中。

5. 非零框（Nonzeroes）

Total 显示当前模型中全部非零系数的数目，Nonlinear 显示其中的非线性变量系数的数目。

6. 已运行时间框（Elapsed Runtime）

已运行时间框显示求解模型到目前所用的时间，可能受到系统中别的应用程序的影响。

7. 求解器状态框（Solver Status）

求解器状态框显示当前模型求解器的运行状态。域的含义如表 6-3 所示。

表 6-3 当前模型求解器的运行状态

域名	含义	可能的显示
Model Class	当前模型的类型	LP, QP, ILP, IQP, PILP, PIQP, NLP, INLP, PINLP（以 I 开头表示 IP，以 PI 开头表示 PIP）
State	当前解的状态	"Global Optimum"，"Local Optimum"，"Feasible"，"Infeasible"（不可行），"Unbounded"（无界），"Interrupted"（中断），"Undetermined"（未确定）
Objective	当前解的目标函数值	实数
Infeasibility	当前约束不满足的总量（不是不满足的约束的个数）	实数（即使该值=0，当前解也可能不可行，因为这个量中没有考虑用上下界形式给出的约束）
Iterations	目前为止的迭代次数	非负整数

8. 扩展求解器状态框（Extended Solver Status）

显示 LINGO 中几个特殊求解器的运行状态。包括分支定界求解器（Branch and Bound Solver）、全局求解器（Global Solver）和多初始点求解器（Multistart Solver）。该框中的域仅当这些求解器运行时才会更新。

二、应用举例

采用 LINGO 语言建立的计算模型简练直观，更加贴近于数学模型形式，不仅可以取得理想的结果，而且已编制的 LINGO 模型具有通用性，只要修改其中少量的语句就可以求解类似的问题，尤其对于大型网络，这种计算方法的优势将更加明显。

当约束和数据较多时，采用的输入方法一般可分为四个部分，具体格式如下：

model：
（1）集合部分；
SETS：
集合名/1..n/：属性1，属性2，…
ENDSETS
（2）目标函数与约束部分；
（3）数据部分；
DATA：
……

ENDDATA
(4) 初始化部分(若不需要初值,则此部分可省略)。
INIT:
……
ENDINIT
end

下面我们通过几个具体的例题来了解 LINGO 编程的特点。

(一) 利用 LINGO 软件求解集合覆盖问题

集合覆盖问题(Set Covering Problem,SCP)是经典的 NP-hard 问题,同样也是运筹学研究中典型的组合优化问题,是一个计算机科学问题的典型代表,是日常生活中普遍存在的工程设计问题。在人员调动、网络安全、资源分配、电路设计和运输车辆路径安排等领域有广泛的应用,多年来吸引了众多计算机科学家和运筹学研究人员的研究兴趣。

【例 6-1】设有一集合 $S=\{1,2,3,4,5\}$ 及 S 的一个子集簇 $P=\{\{1,2\},\{1,3,5\},\{2,4,5\},\{3\},\{1\},\{4,5\}\}$。假设选择 P 中各个元素的费用为 $1, 1.5, 1.5, 0.8, 0.8, 1$,试从 P 中选一些元素使之覆盖 S 且所选元素费用之和最小。

记 $x_i = \begin{cases} 1, & \text{若 } P \text{ 中第 } i \text{ 元素被选中} \\ 0, & \text{否} \end{cases}$ $i = 1, 2, 3, 4, 5, 6$

由于 1 必须出现,则 $x_1 + x_2 + x_5 \geq 1$;
由于 2 必须出现,则 $x_1 + x_3 \geq 1$;
由于 3 必须出现,则 $x_2 + x_4 \geq 1$;
由于 4 必须出现,则 $x_3 + x_6 \geq 1$;
由于 5 必须出现,则 $x_2 + x_3 + x_6 \geq 1$;

由此得到数学模型:

$$\min z = x_1 + 1.5x_2 + 1.5x_3 + 0.8x_4 + 0.8x_5 + x_6$$

$$s.t. \begin{cases} x_1 + x_2 + x_5 \geq 1 \\ x_1 + x_3 \geq 1 \\ x_2 + x_4 \geq 1 \\ x_3 + x_6 \geq 1 \\ x_2 + x_3 + x_6 \geq 1 \end{cases}$$

$$x_i = 0 \text{ 或 } 1, i = 1, 2, 3, 4, 5, 6$$

在 LINGO 的运行窗口中输入如下代码:

min = x_1+1.5*x_2+1.5*x_3+0.8*x_4+0.8*x_5+x_6; ! 目标约束;
x_1+x_2+x_5>=1;   ! 目标约束一;
x_1+x_3>=1;   ! 目标约束二;
x_2+x_4>=1;   ! 目标约束三;
x_3+x_6>=1;   ! 目标约束四;
x_2+x_3+x6>=1;   ! 目标约束五;
@BIN(x_1);   ! 变量为0-1变量;
@BIN(x_2);   ! 变量为0-1变量;

@BIN(x_3);　　　　　　　! 变量为 0-1 变量;
@BIN(x_4);　　　　　　　! 变量为 0-1 变量;
@BIN(x_5);　　　　　　　! 变量为 0-1 变量;
@BIN(x_6);　　　　　　　! 变量为 0-1 变量;

运行结果如下所示:

Global optimal solution found.
　　Objective value:　　　　　　　　　　　　2.800000
　　Extended solver steps:　　　　　　　　　0
　　Total solver iterations:　　　　　　　　0

Variable	Value	Reduced Cost
X1	1.000000	1.000000
X2	0.000000	1.500000
X3	0.000000	1.500000
X4	1.000000	0.8000000
X5	0.000000	0.8000000
X6	1.000000	1.000000

由此可得 $x_1=1$, $x_2=0$, $x_3=0$, $x_4=1$, $x_5=0$, $x_6=1$, 即选中 P 中的元素为 {1,2}, {3} 和 {4,5}, 可以覆盖 S 集且总费用最小。

(二) 利用 LINGO 软件求解折线距离(城市距离)最小的选址问题

【**例 6-2**】设某城市有某种物品的 10 个需求点, 第 i 个需求点 P_i 的坐标为 (a_i, b_i), 道路网与坐标轴平行, 彼此正交。现打算建一个该物品的供应中心, 且由于受到城市某些条件的限制, 该供应中心只能设在 x 界于 [5,10], y 界于 [5,10] 的范围之内, 问:该中心应建在何处为好?需求点的坐标如表 6-4 所示。

表 6-4　需求点的坐标

a_i	1	4	3	5	9	12	6	20	17	8
b_i	2	10	8	18	1	4	5	10	8	9

设供应中心的位置为 (x,y), 要求它到最远需求点的距离尽可能小, 此处采用沿道路行走计算距离, 可知每个用户点 P_i 到该中心的距离为 $|x-a_i|+|y-b_i|$, 于是有

$$\min_{x,y}\{\max[|x-a_i|+|y-b_i|]\}$$
$$\text{s.t.}\ 5\leq x\leq 10,\ 5\leq y\leq 10$$

记 $z=\max[|x-a_i|+|y-b_i|]$, 则原模型可化为

$$\min z$$
$$\text{s.t.}\begin{cases}|x-a_i|+|y-b_i|\leq z,\ i=1\sim 10\\ 5\leq x\leq 10,\ 5\leq y\leq 10\end{cases}$$

在 LINGO 的运行窗口中输入如下代码:

model:
min=z;　　! 目标函数;
@ABS(x-1)+@ABS(y-2)<=z;　　! 约束条件, 如表 6-4 数据;
@ABS(x-4)+@ABS(y-10)<=z;　　! 约束条件, 如表 6-4 数据;

```
@ABS(X-3)+@ABS(y-8)<=z;        ！约束条件，如表6-4数据；
@ABS(x-5)+@ABS(y-18)<=z;       ！约束条件，如表6-4数据；
@ABS(x-9)+@ABS(y-1)<=z;        ！约束条件，如表6-4数据；
@ABS(x-12)+@ABS(y-4)<=z;       ！约束条件，如表6-4数据；
@ABS(x-6)+@ABS(y-5)<=z;        ！约束条件，如表6-4数据；
@ABS(x-20)+@ABS(y-10)<=z;      ！约束条件，如表6-4数据；
@ABS(x-17)+@ABS(y-8)<=z;       ！约束条件，如表6-4数据；
@ABS(x-8)+@ABS(y-9)<=z;        ！约束条件，如表6-4数据；
@BND(5, x, 10);                ！约束条件，x取值范围；
@BND(5, y, 10);                ！约束条件，y取值范围；
end
```

或者输入如下代码：

```
model：
sets：
d/1..10/：a, b;
endsets
data：
a=1, 4, 3, 5, 9, 12, 6, 20, 17, 8;
b=2, 10, 8, 18, 1, 4, 5, 10, 8, 9;
enddata
min=z;          ！目标函数；
@for(d：@abs(x-a)+@abs(y-b)<=z);
@BND(5, x, 10);         ！约束条件，x取值范围；
@BND(5, y, 10);         ！约束条件，y取值范围；
end
```

则运行结果如下：

Global optimal solution found.
    Objective value：   13.50000
    Extended solver steps：   0
    Total solver iterations：   5

Variable	Value	Reduced Cost
Z	13.50000	0.000000
X	8.500000	0.000000
Y	8.000000	0.000000

Row	Slack or Surplus	Dual Price
1	13.50000	-1.000000
2	0.000000	0.000000
3	7.000000	0.000000
4	8.000000	0.000000
5	0.000000	0.5000000

6	6.000000	0.000000
7	6.000000	0.000000
8	3.000000	0.000000
9	0.000000	0.5000000
10	5.000000	0.000000
11	12.00000	0.000000

由此可知 $x=8.5$，$y=8$，$z=13.5$。即供应中心应建在坐标(8.5，8)处，此时离最远的需求点 1 号点的距离为 13.5 单位。

(三)利用 LINGO 软件求解 p-中值模型

下面我们以第三章中的例 3-4 为例，演示 LINGO 软件的编程技巧。此题中需要给 p 赋值为 2，即只允许选择 2 个候选点作为仓库地址，并使总运输成本最小。

对照第三章第四节中的 p-中值模型式(3-26)~式(3-29)，可以应用 LINGO 软件编程如下：

```
model:
data:
M = 4;
N = 8;
p = ?;
enddata
sets:
warehouse/1..M/: x;
supermarket/1..N/: d;
cost(supermarket, warehouse): c, y;
endsets
min = @sum(cost(i, j): c(i, j) * y(i, j) * d(i));
@for(supermarket(i):
    @sum(warehouse(j): y(i, j)) = 1);
p = @sum(warehouse(k): x);
@for(cost(i, j): y(i, j) <= x(j));
@for(cost(i, j): @bin(y(i, j)));
@for(warehouse(i): @bin(x(i)));
data:
    d = 100 50 120 80 200 70 60 100;
    c =  4  12  20   6
         2  10  25  10
         3   4  16  14
         6   5   9   2
        18  12   7   3
        14   2   4   9
        20  30   2  11
```

　　　　24　12　6　22；
enddata
end

单击 LINGO 的"求解"按钮，会出现如图6-14所示界面，要求输入 p 的取值，此题中 $p=2$。

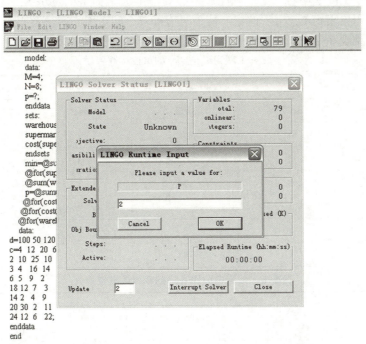

图6-14　LINGO 求解过程中为 p 赋值的界面

运行结果如下所示(仅保留非零变量)：

Global optimal solution found.
```
   Objective value：                       3740.000
   Extended solver steps：                       0
   Total solver iterations：                     0

                Variable        Value        Reduced Cost
                   X(1)       1.000000         0.000000
                   X(3)       1.000000         0.000000
                   Y(1, 1)    1.000000       400.0000
                   Y(2, 1)    1.000000       100.0000
                   Y(3, 1)    1.000000       360.0000
                   Y(4, 1)    1.000000       480.0000
                   Y(5, 3)    1.000000      1400.000
                   Y(6, 3)    1.000000       280.0000
                   Y(7, 3)    1.000000       120.0000
                   Y(8, 3)    1.000000       600.0000
```

根据软件运行结果可知，在1、3投建新的仓库，总运输成本为3 740，

视频6-2
p-中值模型 LINGO 求解

可以满足所有客户的需求，其中仓库1服务于1，2，3，4客户，仓库3服务于5，6，7，8客户。

(四)LINGO软件在配送中心选址中的应用(三层级的物流网络设计)

【例6-3】 设有4个备选物流配送中心地址，6个工厂可以为其供货，6个客户需要产品，最多可设3个配送中心，工厂到配送中心的单位运输费用见表6-5，配送中心到客户的单位配送费用见表6-6，工厂的生产能力见表6-7，配送中心容量及固定费用见表6-8，客户的需求量见表6-9。试帮助管理者进行选址与分配的优化决策。

表6-5 工厂到配送中心的单位运输费用 c_{ki}

工厂	配送中心			
	DC1	DC2	DC3	DC4
A	6	5	4	2
B	2	3	4	9
C	6	8	7	5
D	7	4	2	3
E	4	2	5	1
F	3	4	1	7

表6-6 配送中心到客户的单位配送费用 h_{ij}

配送中心	客户					
	①	②	③	④	⑤	⑥
DC1	3	2	7	4	7	5
DC2	6	1	4	2	5	3
DC3	2	4	5	3	6	8
DC4	5	6	3	7	4	6

表6-7 工厂的生产能力 p_k

厂家	A	B	C	D	E	F
供应量	40 000	50 000	60 000	70 000	60 000	40 000

表6-8 配送中心容量 a_i 及固定费用 f_i

配送中心	DC1	DC2	DC3	DC4
容量	10 000	60 000	70 000	50 000
固定费用	50 000	30 000	40 000	40 000

表6-9 客户的需求量 d_j

客户	①	②	③	④	⑤	⑥
需求量	10 000	20 000	10 000	20 000	30 000	10 000

LINGO软件编程如下：
MODEL：

```
SETS:
  PLANT/ P1, P2, P3, P4, P5, P6/: p;
  DISTCTR/ DC1, DC2, DC3, DC4/: a, f;
  CUSTOMER/ C1, C2, C3, C4, C5, C6/: d;
  tr/tr1, tr2, tr3, tr4/: z;
  LINK1(PLANT, DISTCTR): c, w;
  LINK2(DISTCTR, CUSTOMER): h, x;
ENDSETS
DATA:
p=40000, 50000, 60000,
    70000, 60000, 40000;
a=10000, 60000, 70000, 50000;
f=500000, 300000, 400000, 400000;
d=10000, 20000, 10000, 20000, 30000, 10000;
c=6 5 4 2
   2 3 4 9
   6 8 7 5
   7 4 2 3
   4 2 5 1
   3 4 1 7;
h=3 2 7 4 7 5
   6 1 4 2 5 3
   2 4 5 3 6 8
   5 6 3 7 4 6;
ENDDATA
! ------------------------------------------------;
! Objective function minimizes costs. ;
[OBJ] MIN=SHIPDC + SHIP+ FXCOST;
SHIPDC=@SUM(LINK1(k, i): c(k, i) * w(k, i));
SHIP=@SUM(LINK2(i, j): h(i, j) * x(i, j));
FXCOST=@SUM(DISTCTR(i): f(i) * z(i));
@FOR(PLANT(k):
  @SUM(LINK1(k, i): w(k, i))<=p(k));
@FOR(DISTCTR(i):
  @SUM(LINK2(i, j): x(i, j))=
    @SUM(LINK1(k, i): w(k, i)));
@FOR(CUSTOMER(j):
  @SUM(LINK2(i, j): x(i, j))>=d(j));
@FOR(DISTCTR(i):
  @SUM(LINK1(k, i): w(k, i))<=(a(i)*z(i)));
```

@SUM(tr(i): z(i))<=3;
@FOR(tr(i): @bin(z));
End

该程序中，决策变量有三个：w 表示某工厂至某 DC 的运量；x 表示从某 DC 运至某客户的运量；$z=1$ 表示开办某 DC。目标为总费用最小，即总固定成本+总运输费+总配送费最小。约束有 5 个，分别为不能超出工厂生产能力、DC 的总流入量与总流出量平衡、每个客户的需求要得到满足、DC 的货物量不能超出 DC 容量、开办的 DC 总数不能超过 3 个。可以看出 LINGO 代码中所对应的数学模型为

$$\min \sum_{k=1}^{6}\sum_{i=1}^{4}c_{ki}w_{ki} + \sum_{i=1}^{4}\sum_{j=1}^{6}h_{ij}x_{ij} + \sum_{i=1}^{4}f_i z_i$$

$$\text{s.t.} \begin{cases} \sum_{i=1}^{4} w_{ki} \leq p_k & k=1\sim 6 \\ \sum_{k=1}^{6} w_{ki} = \sum_{j=1}^{6} x_{ij} & i=1\sim 4 \\ \sum_{i=1}^{4} x_{ij} \geq d_j & j=1\sim 6 \\ \sum_{k=1}^{6} w_{ki} \leq a_i z_i & i=1\sim 4 \\ \sum_{i=1}^{4} z_i \leq 3 \end{cases}$$

$x_{ij} \geq 0$，$w_{ki} \geq 0$，$z_i = 0$ 或 1，$i=1\sim 4$，$j=1\sim 6$，$k=1\sim 6$

单击"求解"按钮，运行结果（仅保留非零变量）如下所示：

Global optimal solution found.
Objective value: 1180000.
Extended solver steps: 11
Total solver iterations: 105

Variable	Value	Reduced Cost
Z(TR2)	1.000000	300000.0
Z(TR4)	1.000000	400000.0
W(P1, DC4)	40000.00	0.000000
W(P5, DC2)	50000.00	0.000000
W(P5, DC4)	10000.00	0.000000
X(DC2, C2)	20000.00	0.000000
X(DC2, C4)	20000.00	0.000000
X(DC2, C6)	10000.00	0.000000
X(DC4, C1)	10000.00	0.000000
X(DC4, C3)	10000.00	0.000000
X(DC4, C5)	30000.00	0.000000

从以上结果可以看到，选择 2 号和 4 号备选地址作为配送中心地址，最小物流总成本为 1 180 000。具体的运输配送量及三层级网络关系如图 6-15 所示。

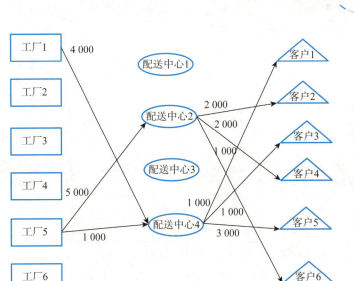

图 6-15 三层级的物流网络优化结果——选址及需求分配

(五)仓库选址与客户物资分配供应问题(二层级的选址及需求分配问题)

【例 6-4】某地区拟在 10 个地点建立仓库以存放某种物资,用于供应 20 个客户。已知下列数据,如表 6-10、表 6-11 所示。问:应如何选择仓库地址使总费用最小?

表 6-10 仓库的固定费用(单位:万元)

仓库	仓库1	仓库2	仓库3	仓库4	仓库5	仓库6	仓库7	仓库8	仓库9	仓库10
固定费用	2	3	4	2	3	4	2	3	4	5

表 6-11 某仓库供应某客户全部需求量时的运费(单位:万元)

项目	仓库1	仓库2	仓库3	仓库4	仓库5	仓库6	仓库7	仓库8	仓库9	仓库10
客1	9	10	2	6	7	15	15	1	18	6
客2	14	16	10	4	10	18	14	1	16	7
客3	6	9	2	1	20	14	20	5	20	17
客4	15	12	18	9	17	18	12	2	18	4
客5	6	8	4	3	7	11	6	2	5	12
客6	19	14	19	3	7	4	15	5	20	4
客7	11	4	8	5	13	20	20	16	8	19
客8	19	20	13	15	16	20	3	8	6	4
客9	4	9	15	6	9	13	1	7	17	13
客10	5	13	9	10	15	1	16	7	20	16
客11	3	2	4	9	13	10	6	12	9	7
客12	6	17	8	13	10	19	6	9	19	6
客13	4	18	16	6	12	6	6	5	1	1

续表

项目	仓库1	仓库2	仓库3	仓库4	仓库5	仓库6	仓库7	仓库8	仓库9	仓库10
客14	10	19	2	4	12	4	20	12	10	14
客15	12	15	15	8	4	12	3	6	9	11
客16	19	18	11	5	16	20	17	4	5	5
客17	8	16	8	2	6	20	6	17	8	7
客18	7	9	8	9	16	1	11	11	9	9
客19	10	8	3	13	6	20	17	11	17	11
客20	4	8	14	8	17	7	12	20	15	13

设 x_{ij} 为第 j 个客户的需求中由来自仓库 i 供应的比例;

$y_i = 1$ 表示要建仓库 i,$y_i = 0$ 表示不建仓库 i;

d_i 为建仓库 i 的固定费用;

c_{ij} 为仓库 i 供应第 j 个客户全部需求量时的运费。

仓库 i 供应第 j 个客户全部需求量时的百分数满足 $\sum_{i=1}^{10} x_{ij} = 1$;

供应 20 个客户,则满足 $\sum_{j=1}^{20} Ix_{ij} \leq 20y_i$。

则得混合整数规划模型:

$$\min z = \sum_{i=1}^{10} \sum_{j=1}^{20} c_{ij}x_{ij} + \sum_{i=1}^{10} d_i y_i$$

$$\text{s. t.} \begin{cases} \sum_{i=1}^{10} x_{ij} = 1, \ j = 1 \sim 20 \\ \sum_{j=1}^{20} x_{ij} \leq 20y_i, \ i = 1 \sim 10 \end{cases}$$

$$x_{ij} \geq 0, \ i = 1 \sim 10, \ j = 1 \sim 20$$

$$y_i = 0 \ \text{或} \ 1, \ i = 1 \sim 10$$

在 LINGO 的运行窗口中输入如下代码:

Model:

Sets: !定义集合;

CK/1..10/: y, d;! 10 个仓库,y 和 d 都是单下标变量,其中 y 是 0-1 变量,d 由下面数据给定;

KH/1..20/;! 20 个客户;

SS(CK, KH): x, c;! x 和 c 都是双下标变量,其中 x 表示供应百分数,c 表示全部供应的费用;

EndSets

Min =@Sum(SS(i, j): c(i, j) * x(i, j))+@Sum(CK(i): d(i) * y(i));

@For(CK(i): @Sum(KH(j): x(i, j))<20 * y(i));! 若不建立某仓库,是没有物资的;

@For(KH(j)：@Sum(CK(i)：x(i, j))=1)；！每个客户需要供应的百分数之和都为1；

@For(CK(i)：@Bin(Y(i)))；！y 是 0-1 变量；

Data：！数据部分；

d＝2　3　4　2　3　4　2　3　4　5；

c＝

9 14 6 15 6 19 11 19 4 5 3 6 4 10 12 19 8 7 10 4

10 16 9 12 8 14 4 20 9 13 2 17 18 19 15 18 16 9 8 8

2 10 2 18 4 19 8 13 15 9 4 8 16 2 15 11 8 8 3 14

6 4 1 9 3 3 5 15 6 10 9 13 6 4 8 5 2 9 13 8

7 10 20 17 7 9 13 16 9 15 13 10 12 12 4 16 6 16 6 17

15 18 14 18 11 4 20 20 13 1 10 19 6 4 12 20 20 1 20 7

15 14 20 12 6 15 20 3 1 16 6 6 6 20 3 17 6 11 17 12

1 1 5 2 2 5 16 8 7 7 12 9 5 12 6 4 17 11 11 20

18 16 20 18 5 20 8 6 17 20 9 19 1 10 9 5 8 9 17 15

6 7 17 4 12 4 19 4 13 16 7 6 1 14 11 5 7 9 11 13；

Enddata

End

运行结果（仅保留非零变量）如下所示：

Global optimal solution found.

Objective value：	69.00000
Extended solver steps：	21
Total solver iterations：	309

Variable	Value	Reduced Cost
Y(1)	1.000000	2.000000
Y(3)	1.000000	4.000000
Y(4)	1.000000	2.000000
Y(6)	1.000000	4.000000
Y(7)	1.000000	2.000000
Y(8)	1.000000	3.000000
X(1, 11)	1.000000	0.000000
X(1, 12)	1.000000	0.000000
X(1, 13)	1.000000	0.000000
X(1, 20)	1.000000	0.000000
X(3, 14)	1.000000	0.000000
X(3, 19)	1.000000	0.000000
X(4, 3)	1.000000	0.000000
X(4, 6)	1.000000	0.000000

X(4, 7)	1.000000	0.000000
X(4, 17)	1.000000	0.000000
X(6, 10)	1.000000	0.000000
X(6, 18)	1.000000	0.000000
X(7, 8)	1.000000	0.000000
X(7, 9)	1.000000	0.000000
X(7, 15)	1.000000	0.000000
X(8, 1)	1.000000	0.000000
X(8, 2)	1.000000	0.000000
X(8, 4)	1.000000	0.000000
X(8, 5)	1.000000	0.000000
X(8, 16)	1.000000	0.000000
X(8, 20)	1.000000	0.000000

从以上结果可以看到，选择1、3、4、6、7、8号共六个仓库可以满足所有客户需求，并使总费用最小为69。

> **小任务**
>
> 以上几个较为复杂的选址模型均可以利用LINGO软件直接求得最优解。请你任选其中的一个例题在LINGO中录入相应的代码，看看能否得到与教材一样的结果。软件操作中遇到的问题是什么，请你记录下来。

第三节　WinQSB软件

一、WinQSB软件介绍

WinQSB软件包含多个子模块，应用领域较广，功能较全面，如网络模型（Network Modeling）模块，可用于求解运输问题、指派问题、最大流问题、最短路问题、旅行商问题（TSP）等。WinQSB是一种教学软件，对于非大型的问题一般都能计算，较小的问题还能演示中间的计算过程，特别适合多媒体课堂教学。但是需要注意，WinQSB软件是在32位操作系统下开发的一款软件，后续没有更新。因此，如果电脑操作系统是64位的，需要首先安装虚拟机，利用虚拟机可以在一台计算机上同时运行32位操作系统，然后才能运行WinQSB软件。

安装WinQSB软件后，在系统程序中自动生成WinQSB应用程序，用户根据不同的问题选择子程序，操作简单方便，与一般Windows的应用程序操作相同。进入某个子程序后，第一项工作就是建立新问题或打开已有的数据文件。每一个子程序系统都提供了典型的例题数据文件，用户可先打开已有数据文件，观察数据输入格式，系统能够解决哪些问题，结果的输出格式等内容。例如，打开线性规划文件LP.LPP，系统显示如图6-16所示的界面。

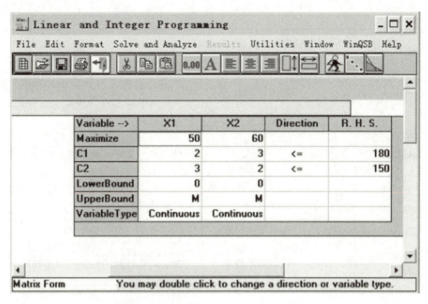

图 6-16　线性规划与整数规划窗口

该软件可应用于管理科学、决策科学、运筹学及生产运作管理等领域的求解问题，具体模块的说明见表 6-12。

表 6-12　WinQSB 软件各功能模块及其说明

序号	程序	缩写、文件名	名称	应用范围
1	Acceptance Sampling Analysis	ASA	抽样分析	各种抽样分析、抽样方案设计、假设分析
2	Aggregate Planning	AP	综合计划编制	具有多时期正常、加班、分时、转包生产量，需求量，存储费用，生产费用等复杂的整体综合生产计划的编制方法。将问题归结到求解线性规划模型或运输模型
3	Decision Analysis	DA	决策分析	确定型与风险型决策，贝叶斯决策、决策树、二人零和博弈、蒙特卡罗模拟
4	Dynamic Programming	DP	动态规划	最短路问题、背包问题、生产与存储问题
5	Facility Location and Layout	FLL	设备场地布局	设备场地设计、功能布局、线路均衡布局
6	Forecasting and Linear Regression	FC	预测与线性回归	简单平均、移动平均、加权移动平均、线性趋势移动平均、指数平滑、多元线性回归、Holt-Winters 季节叠加与乘积算法
7	Goal Programming and Integer Linear Goal Programming	GP-ILGP	目标规划与整数线性目标规划	多目标线性规划、线性目标规划，变量可取整、连续、0-1 或无限制

续表

序号	程序	缩写、文件名	名称	应用范围
8	Inventory Theory and Systems	ITS	存储论与存储控制系统	经济订货批量、批量折扣、单时期随机模型、多时期动态存储模型、存储控制系统(各种存储策略)
9	Job Scheduling	JOB	作业调度,编制工作进度表	机器加工排序、流水线车间加工排序
10	Linear Programming and Integer	LP-ILP	线性规划与整数线性规划	线性规划、整数规划、对偶问题、灵敏度分析、参数分析
11	MarKov Process	MKP	马尔可夫过程	转移概率、稳态概率
12	Material Requirements Planning	MRP	物料需求计划	物料需求计划的编制、成本核算
13	Network Modeling	Net	网络模型	运输、指派、最大流、最短路、最小支撑树、货郎担等问题
14	NonLinear Programming	NLP	非线性规划	有(无)条件约束、目标函数或约束条件非线性、目标函数与约束条件都是非线性规划的求解与分析
15	Project Scheduling	PERT-CPM	网络计划	关键路径法、计划评审技术、网络的优化、工程完工时间模拟,绘制甘特图与网络图
16	Quadratic Programming	QP	二次规划	求解线性约束、目标函数是二次型的一种非线性规划问题,变量可以取整数
17	Queuing Analysis	QA	排队分析	各种排队模型的求解与性能分析、15种分布模型求解、灵敏度分析、服务能力分析、成本分析
18	Queuing System Simulation	QSS	排队系统模拟	未知到达和服务时间分布,一般排队系统模拟计算
19	Quality Control Charts	QCC	质量管理控制图	建立各种质量控制图和质量分析

二、应用举例

WinQSB 软件对于小型的经典问题一般都能计算,比如,前面章节介绍过的旅行商问题模型和运输问题模型等,都可以利用 WinQSB 软件来求解。

(一) WinQSB 软件中的 Network Modeling 应用举例

1. TSP 模型的 WinQSB 软件求解

下面以第四章例 4-4 中的 TSP 模型为例介绍该软件具体的操作步骤。首先,启动程序,开始→程序→WinQSB→Network Modeling,如图 6-17 所示。

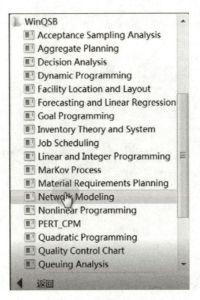

图 6-17 选择"Network Modeling"模块

选择旅行商问题，建立一个新问题，可以任意起一个标题名，如图 6-18 所示，输入网络节点数 6，单击"OK"，即可得到一个 6×6 的空白电子表格。在空白表格中录入例 4-4 中给出的已知数据，如图 6-19 所示。

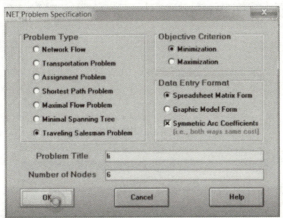

图 6-18 选择"Traveling Salesman Problem"

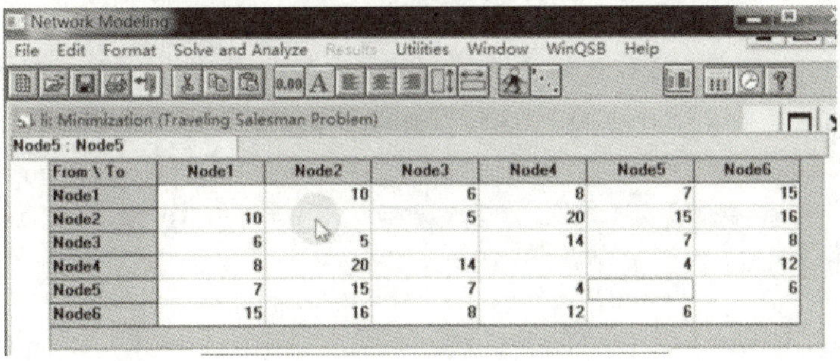

From \ To	Node1	Node2	Node3	Node4	Node5	Node6
Node1		10	6	8	7	15
Node2	10		5	20	15	16
Node3	6	5		14	7	8
Node4	8	20	14		4	12
Node5	7	15	7	4		6
Node6	15	16	8	12	6	

图 6-19 在表格中录入已知数据

单击菜单栏 Solve the Program 或单击工具栏中的图标，就可以看到算法选择窗口，如图 6-20 所示。

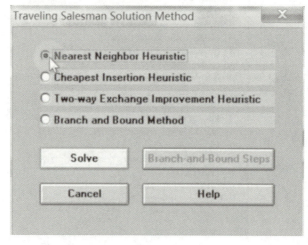

图 6-20　TSP 模型的四种求解方法选择窗口

选择不同的求解方法，得到的最终结果可能不同。如选择第一种"最近邻点启发式算法"，得到的结果如图 6-21 所示，总距离为 57；选择第四种"分支定界法"，得到的结果如图 6-22 所示，总距离为 41。

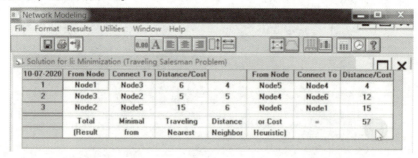

图 6-21　TSP 模型最近邻点启发式算法求解结果

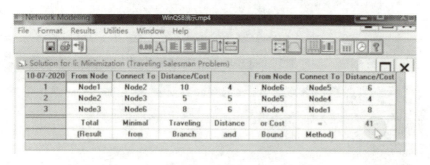

视频 6-3
WinQSB 软件求解

图 6-22　TSP 模型分支定界法求解结果

2. 运输问题的 WinQSB 软件求解

有 2 个工厂到 8 个客户的运输问题，已知数据如表 6-13 所示。下面介绍 WinQSB 软件求解该运输问题的具体操作步骤。

表 6-13　工厂至用户间的单位运输成本及用户的需要量

工厂(i)	用户(k)								供应量
	A	B	C	D	E	F	G	H	
甲	12	18	10	13	10	13	11	11	40
乙	17	15	11	10	11	8	16	8	50
需求量	10	10	10	15	5	15	10	15	90

首先，同样是启动 WinQSB 软件中的 Network Modeling 模块。选择运输问题，建立一个新问题，如图 6-23 所示，分别选择 Minimization，Spreadsheet Matrix Form，输入标题、产地数为 2 和销地数为 8，单击"OK"，即可得到一个 3×9 的空白电子表格。

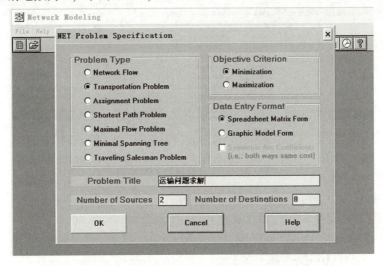

图 6-23　选择"Transportation Problem"

将表 6-13 中的数据输入到 Spreadsheet 表内，如图 6-24 所示。注意，该表中产地的默认名为 Source，销地的默认名为 Destination，也可以重新命名产地和销地。

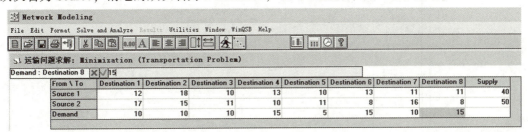

图 6-24　录入已知数据到 Spreadsheet 表内

已知数据录入完后，就可以求解了。单击菜单栏 Solve and Analyze，下拉菜单有四个选择求解方法：Solve the Problem（只求出最优解）、Solve the Display Steps—Network（网络图求解并显示迭代步骤）、Solve the Display Steps—Tableau（表格求解并显示迭代步骤）、Select Initial Solution Method（选择求初始解方法）。求初始解有八种方法选择：

Row Minimum（RM）逐行最小元素法

Modified Row Minimum（MRM）修正的逐行最小元素法

Column Minimum(CM)逐列最小元素法
Modified Column Minimum(MCM)修正的逐列最小元素法
NorthWest Corner Method(NWC)西北角法
Matrix Minimum(MM)矩阵最小元素法，即最小元素法
Vogel's Approximation Method(VAM)Vogel 近似法
Russell's Approximation Method(RAM)Russell 近似法
如果不选择，系统缺省方法是 RM。

该题中我们单击 Solve the Problem，得到最优结果，如图 6-25 所示。

08-26-2016	From	To	Shipment	Unit Cost	Total Cost	Reduced Cost
1	Source 1	Destination 1	10	12	120	0
2	Source 1	Destination 3	10	10	100	0
3	Source 1	Destination 5	5	10	50	0
4	Source 1	Destination 7	10	11	110	0
5	Source 1	Destination 8	5	11	55	0
6	Source 2	Destination 2	10	15	150	0
7	Source 2	Destination 4	15	10	150	0
8	Source 2	Destination 6	15	8	120	0
9	Source 2	Destination 8	10	8	80	0
	Total	Objective	Function	Value =	935	

图 6-25 运输问题的最优结果

在 WinQSB 软件中还可以显示图解结果。单击菜单栏 Results→Graphic Solution，则将以网络流的形式显示最优调运方案，如图 6-26 所示。

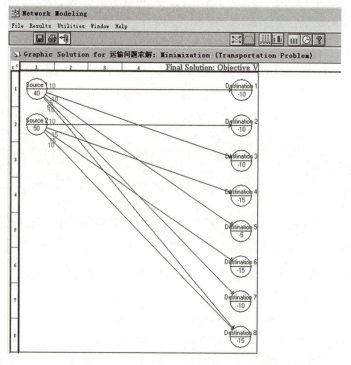

图 6-26 运输问题最优方案图解结果

为了能与题目中的 2 个工厂和 8 个客户有所对应，我们把上述最优结果呈现在表中，于是，最优方案如表 6-14 所示，最小运输成本为 935。

表 6-14 工厂至用户的最优方案和运量

工厂(i)	用户(k)								供应量
	A	B	C	D	E	F	G	H	
甲	10		10		5		10	5	40
乙		10		15		15		10	50
需求量	10	10	10	15	5	15	10	15	90

（二）WinQSB 软件辅助复杂的模型的求解

WinQSB 软件对于大型的、较复杂的问题所得的计算结果并不可靠，所以对于较复杂的模型不建议大家直接使用该软件求解。但是，有些复杂的模型可以分解成几个经典的小型模型或者可以用启发式算法逐步求解。在此过程中就可以利用该软件来辅助求解，下面我们通过一个具体的例子来进行说明。

1. 鲍摩-瓦尔夫模型

鲍摩-瓦尔夫模型是一个较为复杂的模型，用于确定多个物流设施的最优位置，该位置需要全面考虑设施的可变成本以及运输、配送成本，同时能解决诸如工厂到配送中心以及配送中心到销售地的最优发货数量等问题，其示意图如图 6-27 所示。

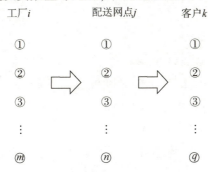

图 6-27 多配送网点选址问题示意图

模型可以非线性整数规划的形式表达如下：

$$\min F = \sum_{i=1}^{m}\sum_{j=1}^{n} c_{ij}x_{ij} + \sum_{j=1}^{n}\sum_{k=1}^{q} h_{jk}y_{jk} + \sum_{j=1}^{n} v_j(W_j)^{\theta} + \sum_{j=1}^{n} \delta_j G_j$$

$$\begin{cases} \sum_{i=1}^{m} x_{ij} = \sum_{k=1}^{q} y_{jk} = W_j \quad j=1,2,\cdots,n \\ \sum_{j=1}^{n} x_{ij} = a_i \quad i=1,2,\cdots,m \\ \sum_{j=1}^{n} y_{jk} = b_k \quad k=1,2,\cdots,q \\ \delta_j = \begin{cases} 1, W_j \neq 0 \\ 0, W_j = 0 \end{cases} \quad j=1,2,\cdots,n \\ x_{ij} \geq 0, y_{jk} \geq 0, i=1\sim m, j=1\sim n, k=1\sim q \end{cases}$$

式中，c_{ij} 为从工厂到配送网点，每单位运量的运输成本；x_{ij} 为从工厂到配送网点运送的运量；h_{jk} 为通过配送网点向用户发送单位运量的运输成本；y_{jk} 为从配送网点到用户运送的运量；W_j 为配送网点的货物通过量；v_j 为配送网点单位运量的可变成本；G_j 为配送网点的固定成本（与规模无关）；θ 为规模系数（$0<\theta<1$），配送网点的规模越大，单位成本越小。

总费用函数 F 的第一项是工厂到配送网点的运输费用，第二项是网点到需求点的运输费用，第三项是配送网点的可变成本，第四项是配送网点的固定成本。

2. 模型的求解

鲍摩-瓦尔夫模型可以采用逐次逼近算法求解，这也是一种启发式算法，在求解过程中可以利用 WinQSB 软件进行辅助。

（1）求初始方案。首先对工厂和客户间的所有组合 (i,k)，求每单位运输成本最小值 $C_{ik}^1 = \min(c_{ij} + h_{jk})$，再利用 WinQSB 软件求解如下运输问题的最优解，求得的最优解记为 x_{ik}^1。

$$\min \sum_{i=1}^{m} \sum_{k=1}^{q} C_{ik}^1 x_{ik}$$

$$\text{s.t.} \begin{cases} \sum_{k=1}^{q} x_{ik} = a_i & i = 1, 2, \cdots, m \\ \sum_{i=1}^{m} x_{ik} = b_k & k = 1, 2, \cdots, q \\ x_{ik} \geq 0 \end{cases}$$

（2）计算规模系数 θ（如 $\theta=1/2$）下的边际可变成本 $\theta v_j(w_j)^{\theta-1}$。由初始解 x_{ik}^1 的结果，可确定配送网点的货物通过量 W_j^1，故可计算出边际成本。将其添加到单位运输成本中去，求 $C_{ik}^2 = \min(c_{ij} + h_{jk} + \theta v_j(w_j)^{\theta-1})$。

（3）求改进解。利用 WinQSB 软件求解下述运输问题的最优解。

$$\min \sum_{i=1}^{m} \sum_{k=1}^{q} C_{ik}^2 x_{ik}$$

$$\text{s.t.} \begin{cases} \sum_{k=1}^{q} x_{ik} = a_i & i = 1, 2, \cdots, m \\ \sum_{i=1}^{m} x_{ik} = b_k & k = 1, 2, \cdots, q \\ x_{ik} \geq 0 \end{cases}$$

得的最优解记为 x_{ik}^2，由此可更新配送网点的通过量 W_j^2，并再次更新边际成本。

（4）新旧方案比较，循环迭代。如果两次解相同，则认为找到了最优解。

【例 6-5】某市有两家工厂，客户分布在 8 个地方，计划建设仓库的备选地点为 5 个。假设仓库建设费用为固定值且很小，可以不予考虑。这时应建设哪几个仓库最合适？该工厂生产能力和客户的需求量以及相互间的单位运输费用见表 6-15 和表 6-16。表 6-17 所示为不同仓库可变成本的计算公式，该费用与通过仓库 j 的运量 W_j 有关。

表 6-15　工厂至仓库间的单位运输费用(c_{ij})及工厂的生产能力(a_i)

工厂(i)	仓库(j)					生产能力
	1	2	3	4	5	
1	7	7	8	12	11	40
2	14	12	9	6	8	50

表 6-16　仓库至用户间的单位运输费用(h_{jk})及用户的需求量(b_k)

仓库(j)	客户(k)							
	1	2	3	4	5	6	7	8
1	5	11	3	8	5	10	11	11
2	14	16	8	9	4	7	4	4
3	10	11	3	5	2	5	9	5
4	15	13	9	6	7	2	10	2
5	9	7	3	2	6	5	12	8
客户需求量	10	10	10	15	5	15	10	15

表 6-17　仓库的可变成本($v_j(W_j)^{\theta}$)

仓库(j)	1	2	3	4	5
仓库的可变成本	$75\sqrt{W_1}$	$80\sqrt{W_2}$	$75\sqrt{W_3}$	$80\sqrt{W_4}$	$70\sqrt{W_5}$

注：此处 $\theta=1/2$。

解：(1)首先在 Excel 中建立已知数据表，如图 6-28 所示。图 6-28 中的表 1 数据为工厂到仓库(配送中心)的单位运输费用，表 2 数据为仓库到用户的单位运输费用。

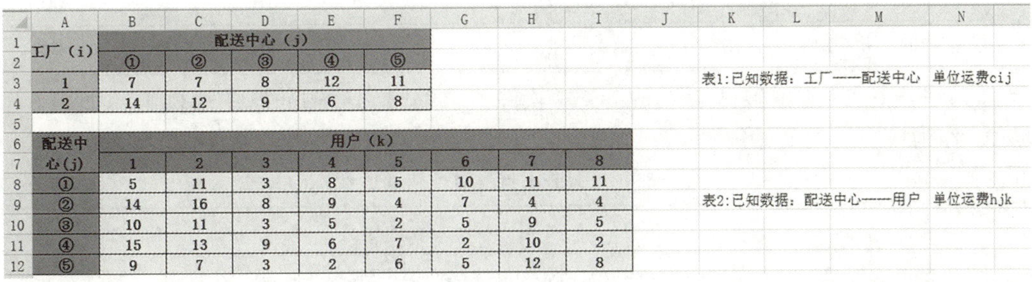

工厂(i)	配送中心(j)				
	①	②	③	④	⑤
1	7	7	8	12	11
2	14	12	9	6	8

表1:已知数据：工厂——配送中心 单位运费cij

配送中心(j)	用户(k)							
	1	2	3	4	5	6	7	8
①	5	11	3	8	5	10	11	11
②	14	16	8	9	4	7	4	4
③	10	11	3	5	2	5	9	5
④	15	13	9	6	7	2	10	2
⑤	9	7	3	2	6	5	12	8

表2:已知数据：配送中心——用户 单位运费hjk

图 6-28　已知数据录入到 Excel 表中

(2)根据已知数据，分别以每个仓库为中介计算工厂到用户之间的单位运输成本，如图 6-29 所示。

14	①	1	2	3	4	5	6	7	8	计算：表3		
15	1	12	18	10	15	12	17	18	18	工厂1——配送中心①——用户	单位运费之和cij+hjk
16	2	19	25	17	22	19	24	25	25	工厂2——配送中心①——用户	单位运费之和cij+hjk
17												
18	②	1	2	3	4	5	6	7	8	计算：表4		
19	1	21	23	15	16	11	14	11	11	工厂1——配送中心②——用户	单位运费之和cij+hjk
20	2	26	28	20	21	16	19	16	16	工厂2——配送中心②——用户	单位运费之和cij+hjk
21												
22	③	1	2	3	4	5	6	7	8	计算：表5		
23	1	18	19	11	13	10	13	17	13	工厂1——配送中心③——用户	单位运费之和cij+hjk
24	2	19	20	12	14	11	14	18	14	工厂2——配送中心③——用户	单位运费之和cij+hjk
25												
26	④	1	2	3	4	5	6	7	8	计算：表6		
27	1	27	25	21	18	15	14	22	14	工厂1——配送中心④——用户	单位运费之和cij+hjk
28	2	21	19	15	12	13	8	16	8	工厂2——配送中心④——用户	单位运费之和cij+hjk
29												
30	⑤	1	2	3	4	5	6	7	8	计算：表7		
31	1	20	18	14	13	17	16	23	19	工厂1——配送中心⑤——用户	单位运费之和cij+hjk
32	2	17	15	11	10	14	13	20	16	工厂2——配送中心⑤——用户	单位运费之和cij+hjk

图 6-29 从工厂至客户途经不同配送中心的单位运输成本

（3）比较图 6-29 中 5 个表中的数据，对应于每个表的 2 行 8 列数据中相同位置者选择最小的数据构建出一个新的 2 行 8 列数据表，如图 6-30 所示，即为工厂至客户间的最小单位运输成本 C_{ik}^1 表。为了便于运输问题的求解，也可以写成表 6-18 的形式。

35	min	1	2	3	4	5	6	7	8	供应量
36	1	12①	18①或⑤	10①	13③或⑤	10③	13③	11②	11②	40
37	2	17⑤	15⑤	11⑤	10⑤	11③	8④	16②或④	8④	50
38	需求量	10	10	10	15	5	15	10	15	90

图 6-30 工厂与客户间的最小单位运输成本 C_{ik}^1

（注：表中圆圈内数字表示所通过的仓库序号，下同。）

表 6-18 以最小单位运输成本 C_{ik}^1 作为求解运输问题的已知数据

工厂(i)	客户(k)								生产能力
	1	2	3	4	5	6	7	8	
1	12	18	10	13	10	13	11	11	40
2	17	15	11	10	11	8	16	8	50
客户需求量	10	10	10	15	5	15	10	15	90

（4）将表 6-18 中的数据录入 WinQSB 软件，求解得到运输问题的最优解，如表 6-19 所示，作为该算法的初始解。

表 6-19 初始解（调运对象和调运量）

工厂(i)	用户(k)								工厂生产能力
	1	2	3	4	5	6	7	8	
1	10①		10①		5③		10②	5②	40
2		10⑤		15⑤		15④		10④	50
客户需求量	10	10	10	15	5	15	10	15	90

注：表中圆圈内数字表示所通过的仓库序号，空格处表示不发生调运，下同。

（5）根据初始解（一次解）的结果，可以汇总得到每个配送中心的货物通过量 W_j^1，并计算各仓库的可变成本和边际可变成本 $\theta v_j (W_j^1)^{\theta-1}$，此处取 $\theta = 1/2$，得到结果见表 6-20。

表 6-20　初始解对应的仓库的货物通过量 $\{W_j^1\}$、仓库的可变成本和边际可变成本

仓库(j)	1	2	3	4	5
货物通过量(W_j)	20	15	5	25	25
仓库可变成本	336	310	168	400	350
仓库边际可变成本	8.4	10.3	16.8	8	7

因此，初始解对应的运输成本为935(货币单位)，仓库可变成本为1 564(货币单位)，总成本2 499(货币单位)。

(6) 重新调整图6-29中所示的5个表，除了保留以每个仓库(配送中心)为中介计算工厂到用户之间的单位运输成本，还要加上各仓库的边际可变成本，更新后的5个表如图6-31所示。

①	1	2	3	4	5	6	7	8	计算：在上表3的基础上+8.4	
1	20.4	26.4	18.4	23.4	20.4	25.4	26.4	26.4	工厂1——配送中心①——用户	(+8.4)
2	27.4	33.4	25.4	30.4	27.4	32.4	33.4	33.4	工厂2——配送中心①——用户	(+8.4)
②	1	2	3	4	5	6	7	8	计算：在上表4的基础上+10.3	
1	31.3	33.3	25.3	26.3	21.3	24.3	21.3	21.3	工厂1——配送中心②——用户	(+10.3)
2	36.3	38.3	30.3	31.3	26.3	29.3	26.3	26.3	工厂2——配送中心②——用户	(+10.3)
③	1	2	3	4	5	6	7	8	计算：在上表5的基础上+16.8	
1	34.8	35.8	27.8	29.8	26.8	29.8	33.8	29.8	工厂1——配送中心③——用户	(+16.8)
2	35.8	36.8	28.8	30.8	27.8	30.8	34.8	30.8	工厂2——配送中心③——用户	(+16.8)
④	1	2	3	4	5	6	7	8	计算：在上表6的基础上+8	
1	35	33	29	26	27	22	30	22	工厂1——配送中心④——用户	(+8)
2	29	27	23	20	21	16	24	16	工厂2——配送中心④——用户	(+8)
⑤	1	2	3	4	5	6	7	8	计算：在上表7的基础上+7	
1	27	25	21	20	24	23	30	26	工厂1——配送中心⑤——用户	(+7)
2	24	22	18	17	21	20	27	23	工厂2——配送中心⑤——用户	(+7)

图 6-31　增加了边际可变成本更新后的5个表

(7) 比较图6-31中5个表中的数据，对应于每个表的2行8列数据中相同位置者选择最小的数据构建出一个新的2行8列数据表，即计算 $C_{ik}^2 = \min_j (c_{ij} + h_{jk} + \theta v_j(W_j^1)^{\theta-1})$，如图6-32所示。为了便于运输问题的求解，也可以写成表6-21的形式。

min	1	2	3	4	5	6	7	8	供应量
1	20.4①	25⑤	18.4①	20⑤	20.4①	22④	21.3②	21.3②	40
2	24⑤	22⑤	18⑤	17⑤	21④或⑤	16④	24④	16④	50
需求量	10	10	10	15	5	15	10	15	90

图 6-32　工厂与客户间的最小单位运输与边际可变成本 C_{ik}^2

表 6-21　以最小单位运输与边际可变成本 C_{ik}^2 作为求解运输问题的已知数据

工厂(i)	用户(k)								工厂生产能力
	1	2	3	4	5	6	7	8	
1	20.4	25	18.4	20	20.4	22	21.3	21.3	40
2	24	22	18	17	21	16	24	16	50
客户需求量	10	10	10	15	5	15	10	15	90

(8) 将表6-21中的数据录入WinQSB软件，求解得到运输问题的最优解，如表6-22所示，作为该算法的二次解。

表6-22　二次解（调运对象和调运量）

工厂(i)	用户(k)								工厂生产能力
	1	2	3	4	5	6	7	8	
1	10①	5⑤	10①		5①		10②		40
2		5⑤		15⑤		15④		15④	50
客户需求量	10	10	10	15	5	15	10	15	90

(9) 根据表6-22对应的二次解汇总各仓库的货物通过量$\{W_j^2\}$，并计算各仓库的可变成本和边际可变成本$\theta v_j(W_j^2)^{\theta-1}$，见表6-23。

表6-23　二次解对应的仓库的货物通过量$\{W_j^2\}$、仓库可变成本和边际可变成本

仓库(j)	1	2	3	4	5
货物通过量(W_j)	25	10	0	30	25
仓库可变成本	375	253	0	438	350
仓库边际可变成本	7.5	12.6	无穷大	7.3	7

因此，二次解对应的运输成本为945（货币单位），仓库可变成本为1 416（货币单位），总成本为2 361（货币单位）。从总费用可以看出，二次解比初始解有所改善。此时，第三号仓库通过量为零，不必建设。

(10) 类似前面的第(6)和(7)步，重新调整图6-29中所示的5个表，5个表的数据更新后，同样地对应于每个表的2行8列数据中相同位置者选择最小的数据构建出一个新的2行8列数据表，即计算$C_{ik}^3 = \min_{j}(c_{ij} + h_{jk} + v_j\theta(W_j^2)^{\theta-1})$，如表6-24所示。

表6-24　以最小单位运输与边际可变成本C_{ik}^3作为求解运输问题的已知数据

工厂(i)	用户(k)								工厂生产能力
	1	2	3	4	5	6	7	8	
1	19.5①	25⑤	17.5①	20⑤	19.5①	21.3④	23.6②	21.3④	40
2	24⑤	22⑤	18⑤	17⑤	20.3④	15.3④	23.3④	15.3④	50
客户需求量	10	10	10	15	5	15	10	15	90

(11) 将表6-24中的数据录入WinQSB软件，求解得到运输问题的最优解，如表6-25所示，作为该算法的三次解。

表6-25　三次解（调运对象和调运量）

工厂(i)	用户(k)								工厂生产能力
	1	2	3	4	5	6	7	8	
1	10①	5⑤	10①		5⑤		10②		40
2		5⑤		15⑤		15④		15④	50
客户需求量	10	10	10	15	5	15	10	15	90

发现它和二次解的结果是一样的，因此，算法结束。于是本问题最优方案为建设第1，2，4，5号仓库。此时，运输成本为945（货币单位），仓库可变成本为1 416（货币单位），总费用为2 361（货币单位）。

> **小任务**
>
> 你能利用WinQSB软件，按照上述的操作步骤，自己独立完成鲍摩-瓦尔夫模型的逐次逼近算法求解过程吗？软件操作中遇到的问题是什么，请你记录下来。

第四节　yaahp软件

一、yaahp软件介绍

yaahp是一款层次分析法辅助软件，为使用层次分析法的决策过程提供模型构造、计算和分析等方面的帮助。当在Windows下开始运行yaahp时，会得到类似图6-33所示的一个窗口。

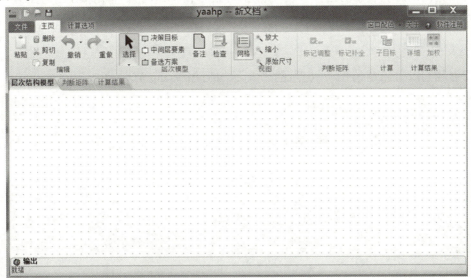

图6-33　yaahp新建文档窗口

该软件的主要功能有：

1. 层次模型绘制

使用yaahp绘制层次模型非常直观方便，用户能够把注意力集中在决策问题上。通过便捷的模型编辑功能，用户可以方便地更改层次模型，为思路的整理提供帮助。如果需要撰写文档或报告讲解，还可以直接将层次模型导出，不再需要使用其他软件重新绘制层次结构图。

2. 判断矩阵生成及比较数据输入

确定层次模型后，软件将据此进行解析并生成判断矩阵。判断矩阵数据输入时可以选择多种输入方式,无论是判断矩阵形式输入还是文本描述形式输入都非常方便。在输入数据时,除了可以通过拖动滑动条来完成输入,也可以直接键入自定数据。

3. 判断矩阵一致性比例及排序权重计算

由于人的主观性以及客观事物的复杂性,在实际决策问题中,一次就构造出满足一致性要求的判断矩阵很难实现,经常需要对判断矩阵进行多次调整修正才能达到一致性要求。使用 yaahp,在输入判断矩阵数据时,软件能根据数据变化实时显示判断矩阵的一致性比例,方便用户掌握情况做出调整。

4. 总目标/子目标排序权重计算

无论是备选方案对总目标的排序权重,还是备选方案对层次结构中其他非方案层要素的排序权重,都可以快速地计算完成。并且能够查看详细的判断矩阵数据、中间计算数据以及最终计算结果。

5. 根据总目标/子目标排序权重的加权分数计算

计算出总目标/子目标排序权重后,还可以进一步计算加权分数,也就是根据备选方案的权重和备选方案的实际得分,计算最终的加权得分。

6. 导出计算数据

为了方便用户对数据的进一步分析或撰写报告,可以将计算结果导出为 PDF、富文本、HTML、纯文本、Excel 格式的文件。

二、应用举例

下面我们以第四章的例 4-6 为例来演示如何用 yaahp 软件完成层次分析法的相关步骤。

1. 建立层级结构

启动 yaahp 后,在主界面的"层次结构模型"内容区,开始构建符合题意的层次结构模型,如图 6-34 所示。

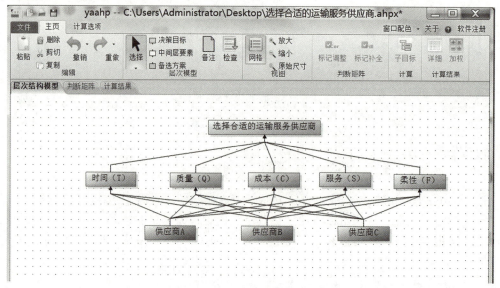

图 6-34 层次结构模型的建立

2. 构造判断矩阵

单击内容区的"判断矩阵",在左侧"层级结构"树形图中选择不同元素,即可为不同的判断矩阵录入相应的数据,如图6-35~图6-40所示。图6-35中对应的是针对总目标准则的判断矩阵,即第四章中的表4-20。图6-36~图6-40对应的是三个供应商分别相对于时间、质量、成本、服务、柔性的5个判断矩阵。由于判断矩阵对角线两边的数据互为倒数,在yaahp软件中只需要输入对角线以上三角部分的数据即可。如图6-35~图6-40所示,软件会自动计算每个判断矩阵的一致性指标,提示用户是否通过一致性检验,并将结果直接显示出来。

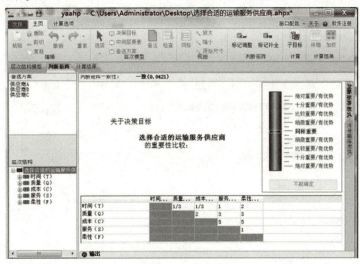

图6-35 关于"选择合适的运输服务商"的判断矩阵

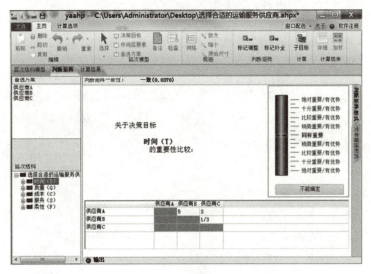

图6-36 关于"时间"的判断矩阵

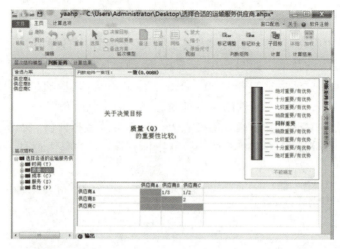

图 6-37　关于"质量"的判断矩阵

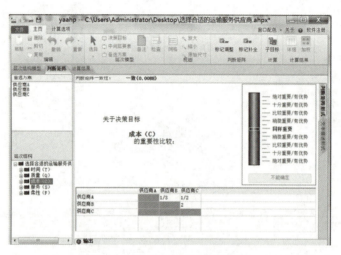

图 6-38　关于"成本"的判断矩阵

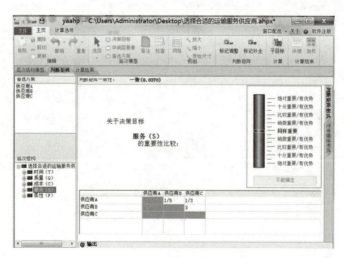

图 6-39　关于"服务"的判断矩阵

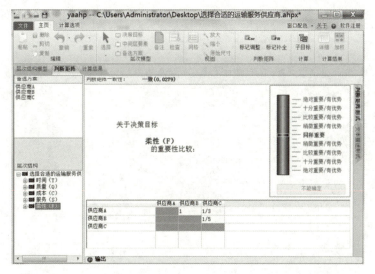

图 6-40　关于"柔性"的判断矩阵

3. 显示层次总排序的结果

单击内容区的"计算结果",即可显示层次总排序的最后结果,如图 6-41 所示。

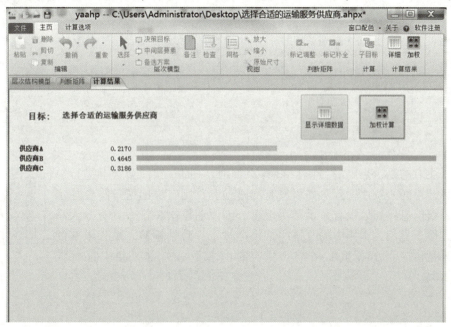

图 6-41　层次总排序的最后结果

此外,如果进一步单击图 6-41 中的"显示详细数据",则除了显示总排序结果,每一个判断矩阵及其计算过程中的特征值、特征向量、一致性检验指标等详细数据都会显示出来,如图 6-42 所示。

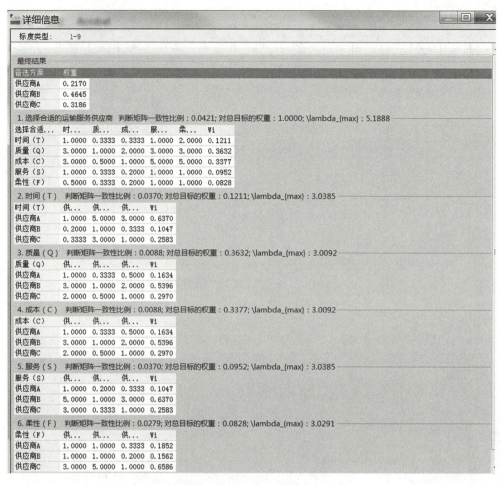

图 6-42 软件计算结果详细信息

需要注意的是，当单击"计算结果"页面时，yaahp 软件会自动进行总排序计算结果的一致性检验。如果没有通过检验，则在输出窗口将会显示相关的错误信息；如果没有显示错误信息，则说明层次总排序具有令人满意的一致性。显然，本例中的总排序结果通过了一致性检验。软件求解的最终结果是供应商 B（权重 0.464 5）>供应商 C（权重 0.318 6）>供应商 A（权重 0.217 0）。

视频 6-4
yaahp 软件实操演示

本章小结

本章介绍了几种在物流决策与优化中可以用到的软件，如 Excel、LINGO、WinQSB 等。针对 Excel 重点介绍了"规划求解"加载项及其在求解运输问题模型时具体操作。对于 LINGO 软件，重点介绍了应用其在物流网络优化以及多层级节点布局建模求解时的具体代码与操作。对于 WinQSB 软件，重点介绍了应用其求解 TSP 模型、运输问题模型时的具体操作。最后，通过一个运输服务商选择的具体案例，介绍了 yaahp 软件对层次分析法的应用及操作步骤。

思考与练习

一、思考题

1. 如何在 Excel 软件中添加"规划求解"加载宏？
2. 如何在 LINGO 软件中激活灵敏性分析功能？
3. 如何利用 WinQSB 软件求解运输问题模型？具体操作步骤是怎样的？

二、练习题

设某公司在国内有两家工厂 F_1，F_2，产品供应全国 10 个地区，每个地区各有一个产品销售处 D_1，…，D_{10}，该公司以提高物流效率为目标而实行商流物流分离，目前国内有 5 个配送中心 W_1，…，W_5 候选地。已知 F_i 的产量、D_i 的需求量、F_i 到 W_j 及 W_j 到 D_k 的单位运输成本、W_j 的费用等，分别如表 6-26 和表 6-27 所示。现打算利用鲍摩-瓦尔夫模型为公司选择适当的配送中心，可以选择哪些软件来辅助模型的求解？具体操作是怎样的？

表 6-26 工厂至配送中心的运输成本与工厂的生产能力　　　　单位：百元/吨

工厂	配送中心候选地					工厂生产能力/吨
	W_1	W_2	W_3	W_4	W_5	
F_1	10	5	15	30	34	140
F_2	25	36	18	10	7	240
配送中心变动费用	$200\sqrt{Z_1}$	$300\sqrt{Z_2}$	$600\sqrt{Z_3}$	$300\sqrt{Z_4}$	$250\sqrt{Z_5}$	

注：Z_i 是第 i 个配送中心的通过量。

表 6-27 配送中心至需货地间的配送成本与需求量　　　　单位：百元/吨

配送中心候选地	需货地									
	D_1	D_2	D_3	D_4	D_5	D_6	D_7	D_8	D_9	D_{10}
W_1	12	5	13	22	30	46	25	50	83	80
W_2	50	13	5	10	17	16	43	41	59	63
W_3	38	34	18	17	9	17	30	37	58	54
W_4	58	46	33	25	16	20	20	21	22	19
W_5	59	60	32	47	26	23	12	18	8	6
需求量/吨	30	30	40	20	60	50	70	30	30	20

第七章 蒙特卡洛仿真在物流决策中的应用

本章学习要点

1. 理解风险分析以及蒙特卡洛仿真方法;
2. 掌握蒙特卡洛仿真的软件实现过程;
3. 了解并熟悉库存系统的基本要素,能针对单周期和多周期(R, Q)库存系统建立仿真模型,并对仿真结果进行分析;
4. 了解排队系统的分类,能将简单的排队系统仿真模型应用于物流领域。

第一节 风险分析方法与蒙特卡洛仿真概述

一、风险分析方法概述

风险分析就是分析在不确定情况下某项决策可能会产生的结果。在许多情况下,人们在进行决策前都需要进行风险分析。例如,某新产品投产前或对某项目投资前,都要预先估计其收益与风险,以便做出正确的抉择。

分析特定的投资机会时,我们可能要确定在未来两年内投资1万元的预期回报是否为10万元。但可能结果的差异有多大呢?如果所有可能结果都紧密地分布在10万元左右(如9万~11万元),那么投资机会可能很有吸引力。而如果潜在结果松散地分布在10万元左右(如-30万~50万元),那么投资机会可能就没有吸引力了。尽管这两种情况收益的期望值相同,但所涉及的风险却大不相同。因此,有必要在决策情境中对风险进行适当的评估。

有几种技术可以帮助管理者分析风险。最常见的三种是最好/最坏情形分析、"what-if"假设分析和仿真。

最好/最坏情形分析和"what-if"假设分析都是最常见的传统风险估计方法,它们通常是估算出若干种不同情况下的系统性能,例如,最好情况下的利润与最坏情况下的利润,然后进行分析;"what-if"分析法,假设有更多的场景(不只最好与最坏两种情况),在各种不同的假设情景下对利润进行分析。虽然"what-if"假设分析已经比最好/最坏情形分析增加了更多的可能场景,但这种分析仍难以全面地、综合地、详细地描述风险的大小。

仿真方法相比前两种方法而言,更为强大,它可以帮助我们对风险决策问题有更好的洞见。仿真模型的实质,就是利用一系列的"what-if"运算,计算出以不同概率出现的各种不确定情况下的结果,并进行统计分析。利用仿真模型可以对系统行为做出更全面、更详细的描述和分析。本章将重点介绍该方法。

二、蒙特卡洛仿真及其软件实现

很多企业将蒙特卡洛仿真作为决策过程重要的组成部分。利用蒙特卡洛仿真,我们可以对存在不确定性情况进行模拟,并在计算机上进行数千次的模拟运行。蒙特卡洛这个名称源自20世纪30年代和40年代执行的计算机仿真,用于估计引爆原子弹所需的连锁反应成功工作的概率。此工作涉及的科学家是大球迷,于是他们给这个仿真起了代号"蒙特卡洛"。为了能更直观地理解仿真方法,特别是能够在软件辅助下实现蒙特卡洛仿真,下面我们将介绍如何利用Excel电子表格进行仿真。

(一) 随机数的使用及 Excel 实现

1. 利用 Excel 中的 RAND( ) 函数产生随机数

如图7-1所示,在单元格C3中输入公式=RAND( )并复制到单元格C4:C402,就会得到400个取值在0~1的数,这些数出现的概率与值相近,也就是说,有25%的时间得到的数小于或等于0.25,10%的时间得到的数至少是0.9。

	A	B	C	D	E	F
1						
2		400次实验			均值	0.502206
3		1	0.433728			
4		2	0.394491		比例:	
5		3	0.791093		0~0.25	0.24
6		4	0.107002		0.25~0.5	0.255
7		5	0.26025		0.5~0.75	0.2675
8		6	0.838266		0.75~1	0.2375
9		7	0.276203		总计	1
10		8	0.026181			
11		9	0.141728			
12		10	0.347697			
13		11	0.689975			
14		12	0.578981			
15		13	0.661828			
16		14	0.518261			
17		15	0.769838			
18		16	0.357682			
19		17	0.759154			
20		18	0.657937			

图7-1 RAND 函数的示例

注意，RAND( )函数产生的数据会不断变化，按下 F9 键就可以观察到它们的变化。这里有一个技巧，可以设置"除模拟运算表外，自动重算"选项（在"公式"选项卡的"计算"组的"计算选项"中）。这种设置保证了除非按下 F9 键，否则数据表不会重新计算。这是一个好方法，因为如果每次在工作表中输入时都重新计算，过大的数据表会使工作速度放慢。

在单元格 F2 中计算 400 个随机数的平均值，在单元格 F5~F8 中用 COUNTIFS 函数来确定 0~0.25，0.25~0.5，0.5~0.75，0.75~1 各部分的比例。按下 F9 键，随机数将重新计算。注意 400 个随机数的平均值总是在 0.5 左右，25% 的结果在区间 0.25。这些结果与随机数的定义相符。另外，注意在不同的单元格中 RAND( ) 产生的值之间是相互独立的。

> **小任务**
> 你能按照视频中的操作，得到 400 个在 0~1 之间的随机变量吗？

视频 7-1
RAND 函数产生随机数

2. 利用 Excel 产生离散随机变量值

假设一种日历的需求量受以下离散随机变量支配，其值域如表 7-1 所示。

表 7-1　日历需求概率分布表

需求量	10 000	20 000	40 000	60 000
概率	0.1	0.35	0.3	0.25

如何使用 Excel 来多次运行或模拟这种日历的需求量？技巧是将 RAND 函数的每个可能值与日历的可能需求量相联系，如表 7-2 所示的分配确保了需求量 10 000 出现的概率为 10%，以此类推。

表 7-2　分配与需求量对应的随机数

需求量	10 000	20 000	40 000	60 000
分配的随机数 X	$0 \leq X < 0.1$	$0.1 \leq X < 0.45$	$0.45 \leq X < 0.75$	$X \geq 0.75$

如图 7-2 所示，仿真的关键是使用随机数来从表区域 F2：G5 中查找。大于或等于 0 且小于 0.1 的随机数产生的需求为 10 000；大于或等于 0.1 且小于 0.45 的随机数产生的需求为 20 000；大于或等于 0.45 且小于 0.75 的随机数产生的需求为 40 000；大于或等于 0.75 的随机数产生的需求为 60 000。首先，在单元格 B3 中输入公式 RAND( )，并复制到 B4：B402，生成 400 个随机数；然后，在 C3 中输入公式 VLOOKUP(B3, $F$2: $G$5,2) 并复制到 C4：C402，得到日历需求量的 400 次实验或迭代。该公式确保了任何小于 0.10 的随机数产生的需求为 10 000，0.1~0.45 的随机数产生的需求为 20 000，以此类推。在单元格 F8：F11 中用 COUNTIF 函数确定 400 次实验中产生每个需求的比例。当按下 F9 键重新计算随机数时，仿真的比例与假设的需求概率很接近。

	A	B	C	D	E	F	G	H
1						分割点	需求	
2	实验	RAND随机数	产生离散分布的需求量			0	10000	
3	1	0.593016305	40000			0.1	20000	
4	2	0.311908747	20000			0.45	40000	
5	3	0.855585043	60000			0.75	60000	
6	4	0.141259712	20000					
7	5	0.078912703	10000			比例:		
8	6	0.264713865	20000		10000	0.105		
9	7	0.62123941	40000		20000	0.3375		
10	8	0.226637159	20000		40000	0.3175		
11	9	0.807562498	60000		60000	0.24		
12	10	0.388687386	20000					
13	11	0.63845729	40000					
14	12	0.29640537	20000					
15	13	0.026193751	10000					
16	14	0.484906836	40000					
17	15	0.037510473	10000					
18	16	0.999083842	60000					
19	17	0.724877874	40000					

图 7-2 模拟离散随机变量

小任务

你能按照视频中的操作,得到 400 个能满足表 7-1 概率分布的离散随机变量吗?

视频 7-2
生成离散随机变量

3. 利用 Excel 产生正态随机变量值

在任意单元格中输入 NORM. INV(rand( ), μ, σ),将得到一个均值为 μ、标准差为 σ 的正态随机变量的模拟值。

如图 7-3 所示,假设对均值为 40 000、标准差为 10 000 的正态随机变量模拟了 400 次实验或迭代。首先在单元格 E1 和 E2 输入 40 000 和 10 000,在单元格 B4 中输入公式 =RAND( ),并复制到 B5:B403,生成 400 个不同的随机数。在 C4 中输入公式 NORM. INV(B4,＄E＄1,＄E＄2)并复制到 C5:C403,从均值为 40 000、标准差为 10 000 的一个正态随机变量生成 400 个不同的实验值。当按下 F9 键重新计算随机数时,均值仍然接近 40 000,标准差接近 10 000。

	A	B	C	D	E	F	G
1				均值	40000		
2				标准差	10000		
3	实验	RAND随机数	产生正态分布的随机变量				
4	1	0.74161689	46483.38222			仿真样本均值	39947.5
5	2	0.82814068	49468.43292			仿真样本标准差	9971.071
6	3	0.8159791	49001.47419				
7	4	0.09719024	27022.71038				
8	5	0.90968878	53388.40993				
9	6	0.8988172	52748.40764				
10	7	0.32156953	35366.85651				
11	8	0.87208014	51362.79219				
12	9	0.07979403	25935.41634				
13	10	0.39016013	37210.98299				
14	11	0.43041908	38246.92686				
15	12	0.57760642	41957.73864				
16	13	0.1124394	27863.4316				
17	14	0.41214587	37779.71567				
18	15	0.81796244	49076.27369				
19	16	0.74032546	46443.49091				

图 7-3 模拟正态随机变量

> **小任务**
>
> 你能按照视频中的操作,得到400个均值是40 000、标准差是10 000的正态分布随机变量吗?

视频7-3
生成正态分布随机变量

(二)蒙特卡洛仿真举例——新产品的风险分析

【例7-1】 某按摩器厂新产品的风险分析。

某按摩器厂计划在明年生产一种新型的脚部按摩器。据市场调查,该产品的定价为100元时,下一年的需求量接近于一种均值为20 000(台)、标准方差为6 000(台)的正态分布。据专家估算,生产该产品需投入的固定成本为90万元,单位产品的可变成本在46元至50元,其概率分布见表7-3。此外,该新产品所需的广告费是一个在10万元至13万元均匀分布的随机数。该厂希望在投产前,对该产品的利润与风险进行分析。

表7-3 新产品单位产品可变成本概率

单位产品可变成本/元	46	47	48	49	50
概率	0.10	0.20	0.40	0.20	0.10

解:据题意,本题中有三个不可控的输入变量(随机变量):需求量、可变成本和广告费;有两个具有固定数值的输入参数:产品的固定成本、产品单价。

下面我们首先采用传统的风险分析方法,然后采用仿真模型的风险分析方法进行分析,以便了解仿真模型的功能和意义。

方法一:传统的风险分析方法——最好/最坏情形方法

传统的风险分析方法忽略了随机因素,而仅考虑最好结果与最差结果。本题中,有三个不可控的随机输入变量:需求量、可变成本、广告费。其中,需求量服从均值为20 000、标准方差为6 000的正态分布,由此取其均值20 000(台)作为产品的需求量;可变成本是在46元至50元、服从某种概率分布的随机数,所以,最低可变成本为46元,最高可变成本为50元;而该新产品所需的广告费是一个在10万元至13万元均匀分布的随机数,即最高广告费用为13万元,最低广告费用为10万元。此外,已知产品的固定成本为90万元,产品的单价为100元。由以上数据,可以得到该产品的最大利润与最小利润如下:

最大利润 = (单价-最低可变成本)×平均需求量-最低广告费用-固定成本
= (100-46)×20 000-100 000-900 000
= 80 000(元)

最小利润 = (单价-最高可变成本)×需求量-最高广告费用-固定成本
= (100-50)×20 000-130 000-900 000
= -30 000(元)

可见,在最好情况下,下一年该新产品的利润为8万元;在最差情况下,下一年该新产品的利润为-30 000元,即亏损3万元。

方法二:运用仿真模型的风险分析方法

运用仿真模型方法的基本步骤是,首先生成一系列随机数以代表不可控变量的概率分布,从而得到不可控变量的抽样值,然后将其输入到反映系统运行规律的相应的公式(模

型)中进行仿真运算,最后对仿真结果进行统计计算与分析。具体步骤如下:

1. 输入已知数据

如图7-4所示,在单元格I5:I6中分别输入产品的单价和固定成本;在单元格I9:J9中分别输入需求量(正态分布)的均值和标准差;在单元格I12:J12中分别输入广告费(均匀分布)的最小值和最大值;在单元格H15:H19中输入可变成本,以及根据其概率分布得到的对应的随机数区间,其中单元格I15:I19为可变成本的各个可能值;单元格J15:J19和K15:K19分别为各可变成本对应的随机数区间的下限与上限,其中,随机数区间的下限与上限是根据可变成本的概率和累积概率确定的。这样,就可以得到生成随机数时所用到的分割点与可变成本的对应表,放置于单元格L7:M11区域中。

	A	B	C	D	E	F	G	H	I	J	K	L	M	N
1	新产品风险分析仿真模型													
2														
3	序号	需求量(台)	可变成本(元)	广告费(元)	利润(元)			已知数据:						
4	1	22462	48	113418.0505	154614								可变成本为离散随机变量	
5	2	19083	49	101122.6211	-27882			产品单价(元/台)	100			分割点	可变成本	
6	3	18005	49	116519.4989	-98279			固定成本(元)	900000			0	46	
7	4	11776	47	106641.8979	-382513							0.1	47	
8	5	20844	48	122310.8213	61570.2			(正态分布)	均值	标准差		0.3	48	
9	6	29652	50	111126.4216	471479			需求量	20000	6000		0.7	49	
10	7	32392	50	104740.4682	614879							0.9	50	
11	8	18165	48	117537.7129	-72977			(均匀分布)	最小值	最大值				
12	9	23622	48	128135.441	200214			广告费(元)	100000	130000				
13	10	28012	48	125256.5227	431380									
14	11	8055	46	129516.1497	-594522			可变成本(元)	概率	随机数区间的下限	随机数区间的上限			
15	12	16968	48	102089.2436	-119754			46	0.1	0	0.1			
16	13	28699	46	119546.1814	530222			47	0.2	0.1	0.3			
17	14	19024	48	106668.5556	-17427			48	0.4	0.3	0.7			
18	15	20156	49	120092.5802	7839.24			49	0.2	0.7	0.9			
19	16	13601	47	103515.9513	-282645			50	0.1	0.9	1			
20	17	19675	49	108435.3592	-5016.3									
21	18	15605	47	110430.7239	-183365									

图7-4 新产品风险分析仿真

2. 构建仿真模型

本题中,不可控的随机变量是需求量、可变成本和广告费。通过在Excel中用有关公式产生一系列的随机数,可以得到不可控变量的抽样值500个,如图7-4所示。

用单元格B4,C4,D4分别表示需求量、可变成本和广告费的一组抽样值。在单元格B4中输入公式:=NORM.INV(RAND(),$I$9,$J$9),得到按正态分布的需求量抽样值,将上述公式复制到单元格B5:B503,得到另外499个需求量抽样值。

在单元格C4中输入公式:=VLOOKUP(RAND(),$L$7:$M$11,2),得到按表7-3的概率分布得到的可变成本抽样值,将上述公式复制到单元格C5:C503,得到另外499个可变成本抽样值。

在单元格D4中输入公式:=$I$12+($J$12-$I$12)*RAND(),得到按均匀分布的广告费抽样值,将上述公式复制到单元格D5:D503,得到另外499个广告费抽样值。

用单元格E4表示利润,据题意可用下述公式计算利润:

利润=(单价-可变成本)×需求量-广告费用-固定成本

所以,在单元格E4中输入公式:=($I$5-C4)*B4-D4-$I$6,将上述公式复制到E5:E503,得到另外499个抽样值下对应的利润。

视频7-4
新产品风险分析仿真模型

3. 统计分析

为了使得结果更加符合实际情况，通常需要进行多次模拟。本题中已经进行了 500 次仿真，即对 500 个抽样值进行了相关的计算，得到了 500 个运行结果（利润）。最后要对这些运行结果进行统计分析，如图 7-5 所示。

	O	P	Q
1			
2			
3		统计分析：	
4			
5		平均利润：	20624.9
6		标准方差：	325915
7		最小利润：	-915552
8		最大利润：	1077453
9		亏损次数：	243
10		亏损的概率：	49%
11		利润超过10万元的次数：	199
12		利润超过10万元的概率：	40%

图 7-5　对 500 个仿真样本的统计分析

统计分析的内容主要包括：

(1) 平均值。

平均值反映该新产品的平均利润，用单元格 Q5 表示平均利润，并输入公式：=AVERAGE(E4：E503)，得到利润的平均值。

(2) 标准差。

标准差反映各个不同抽样值下利润值的差异，当利润的差异较大时，说明利润的不确定性较大，即风险较大，所以常用标准差（或标准方差）来描述风险的大小。用单元格 Q6 表示利润的标准差，并输入公式：=STDEV.S(E4：E503)，得到利润的标准差。

(3) 最大利润与最小利润。

最大利润与最小利润反映利润的变动范围，用单元格 Q7 与 Q8 分别表示最小利润与最大利润。在单元格 Q7 中输入公式：=MIN(E4：E503)，得到最小利润。在单元格 Q8 中输入公式：=MAX(E4：E503)，得到最大利润。

(4) 亏损的次数与概率。

亏损的次数与概率反映风险的程度，用单元格 Q9 与 Q10 分别表示亏损次数与亏损的概率，在单元格 Q9 中输入公式：=COUNTIF(E4：E503,"<0")，函数 countif（单元格地址，"条件"）用来计算这些单元格中满足条件的单元格个数。它计算出单元格 E4：E503 中数值小于 0 的单元格数目，也就是在 500 次仿真中亏损的次数。

在单元格 Q10 中输入：=Q9/500，得到在 500 次仿真中亏损的概率。

(5) 其他统计量。

除了上述的统计量外，还可以根据需要计算其他统计量。例如，利润超过 10 万元的次数和概率等。

在单元格 Q11 中输入公式：=COUNTIF(E4：E503,">100000")，它计算出单元格 E4：E503 中数值大于 10 万的单元格数目，也就是在 500 次仿真中利润超过 10 万元的次数。

在单元格 Q12 中输入：=Q11/500，得到在 500 次仿真中利润超过 10 万元的概率。

从图 7-5 的统计结果可知，该新产品的平均利润约为 2 万元，标准差约为 32 万元，最小利润约为 -91 万元，最大利润约为 107 万元，亏损的概率是 49%。从上述统计数据可见，该新产品的标准差较大，亏损的概率也较大，所以其风险较大。

视频7-5
统计分析

从上面的仿真过程可知，采用仿真模型实际上综合了许多个"what-if"的统计结果（在本题中仿真了 500 次，也就是说，使用了 500 个"what-if"的结果进行统计分析），所以它能更加客观地、全面地描述实际系统的行为，并且可以给出更加可靠与详细的分析。

> **小任务**
>
> 你能按照上面介绍的步骤，自己独立完成新产品风险分析的仿真建模过程吗？软件操作中遇到的问题是什么，请你记录下来。

三、仿真中的几个问题

（一）仿真模型的检验

仿真模型的检验是仿真方法中的重要环节。一个好的仿真模型，应能反映真实系统的各主要方面，同时又应当是目标明确、思路清晰、求解可行的。如果一个仿真模型不能描述和反映所要研究的真实系统的各主要方面，那么采用这个仿真模型得到的结论必定是不可靠的，甚至是完全错误的。仿真模型的检验通常包括以下内容：

1. 仿真模型的程序检验

仿真模型的程序检验是检查仿真的步骤和过程是否合乎逻辑、计算公式是否正确无误。

2. 假设的合理性检验

假设的合理性检验是检查在仿真模型中的假设和简化是否合理，以及由这些假设和简化得到的结果是否仍然能够反映真实系统的各主要方面。

3. 模型的有效性检验

模型的有效性检验是检验模型运行结果的精度。通常可以采用历史数据检验法。例如当采用 2010—2020 年的数据模拟 2021 年的情况时，首先可用 2010—2019 年的数据运行模型，用以模拟 2020 年的系统行为，并将此结果与 2020 年的实际情况进行比较。如果两者足够接近，则认为该模型是有效的；如果两者相差甚远，则认为该模型是无效的。

（二）仿真方法的优点和缺点

1. 仿真方法的主要优点

（1）特别擅长处理不确定问题。

后疫情时代，世界的发展越来越具有不确定性，在实际系统中充满了不确定因素。现有的许多决策优化模型未考虑不确定因素，或对真实系统的复杂性进行了许多简化的假设，难以准确地反映真实系统的行为。而仿真模型则充分考虑了不确定因素，根据其概率分布建模，因而可以较准确地反映真实系统的行为。

(2) 易于建模和运行求解。

仿真模型的建模比较方便，模型的意义易于理解，同时运行求解可行。此外，对于较为复杂的不确定系统，用解析法往往难以求解，而用仿真方法一般都可以奏效。

(3) 提供了一个"决策策略实验室"。

仿真模型在改变其输入条件的情况下可以再运行，从而得到不同策略下的系统行为。因此，仿真方法提供了一个快速的、低成本的策略实验室。

(4) 适用范围广泛。

仿真方法适用于许多实际问题，如生产决策、销售决策、风险分析、库存系统、排队系统等。

(5) 仿真软件的帮助。

市面上已经有很多用于仿真的软件被开发出来，包括 Excel 中的内置软件(如 Crystal Ball、ASP 等)和专门的软件包(如 Arena 等)，使得仿真模型的建立与运行更为方便，同时使得对更复杂系统的仿真变为可能。

2. 仿真方法的主要缺点

(1) 对于十分复杂的系统，仿真模型的建立和检验需要较多的时间。

(2) 由于仿真模型是基于抽样值的模拟，因此它不能完全精确地反映真实系统，根据统计结果得到的解也不一定是最优解。不过，只要样本足够大、建模正确、仿真次数足够多，则可以比较准确地描述真实系统，并且得到较满意的解。

第二节 库存系统仿真

教材第五章中已经介绍了一些方法可以辅助库存管理与控制，提升服务水平，并降低总成本，本章中介绍的仿真方法与前面的方法非常不同。由于仿真方法最主要的优点之一是特别擅长于处理不确定问题，因此，当需求波动过大、需求量不再能看作常量时，借助仿真模型对库存系统进行模拟，可以更直观地、动态地理解库存决策问题，从而辅助决策者制定出更为合理的库存策略。本节将介绍两个较为简单的库存系统仿真——单周期库存系统仿真和多周期 (R,Q) 库存系统仿真。

一、单周期库存系统仿真

一个典型的单周期库存问题的例子就是在大街小巷卖报的小孩，因而该问题又称报童问题。报童问题的库存模式是在某一时期内订货只有一次，到此时期结束时要么所有的产品全卖光，要么就折本销售剩余产品。由于折本销售，因而假设产品会在时期末全部卖光。除了报童卖报，时装和一些易腐烂产品的销售也基本符合单周期库存问题的假设。因为单周期库存问题仅订货一次，所以该问题的库存策略就是确定在期初的最优订货数量。

下面我们将通过例题来演示如何通过蒙特卡罗仿真来为单周期库存问题提供决策支持。

【例 7-2】 假设情人节贺卡的需求量受以下离散随机变量支配，如表 7-4 所示。每张贺卡 4 美元，生产每张贺卡的可变成本为 1.50 美元，没卖出的贺卡必须以每张 0.2 美元的成本处理掉，那么贺卡公司需要生产多少张贺卡最为合适？

表 7-4 贺卡需求量的概率分布

需求量	10 000	20 000	40 000	60 000
概率	0.1	0.35	0.3	0.25

一般来说，需要对每一个可能的生产量(10 000，20 000，40 000，60 000)进行多次模拟(例如 500 次迭代)，然后确定哪个数量产生最大的平均利润。

1. 确定贺卡的最优生产量

如图 7-6 所示，在单元格 C1 中输入一个实验生产数量 40 000，接着在单元格 C2 中用公式 RAND( ) 创建一个随机数。在单元格 C3 中输入公式 VLOOKUP(C2，G3：H6，2)，模拟贺卡的需求量。在单元格 C4：C6 中输入销售价格和成本参数。

由于收益 = 贺卡售出量 × 单位价格，而售出量是生产量和需求量中的较小者，因此在单元格 C8 中输入公式 MIN(C1，C3)*C5 来计算收益。总生产成本，是通过在单元格 C9 中输入公式 C1*C4 来计算。

总处理成本与贺卡的剩余量有关，如果生产量大于需求量，剩余量等于生产量减去需求量，否则没有剩余量。在单元格 C10 中输入公式 C6*IF(C1>C3，C1−C3，0) 来计算处理成本。最后，在单元格 C11 中输入公式 C8−C9−C10 来计算利润。

	A	B	C	D	E	F	G	H
1		生产量	40000					
2		随机数	0.606891				分割点	需求
3		需求量	40000				0	10000
4		单位生产成本	1.5				0.1	20000
5		单位价格	4				0.45	40000
6		单位处理成本	0.2				0.75	60000
7								
8		收益	160000					
9		总生产成本	60000					
10		总处理成本	0					
11		利润	100000					

图 7-6 情人节贺卡仿真

我们希望找到一种更高效的方法对每个生产量模拟多次(如 500 次)，并记下每个量的预期利润。在这种情况下适合使用 Excel 中的二维模拟运算表，如图 7-7 所示。

	A	B	C	D	E	F
12	模拟运算表：					
13	均值		25000	46640	58756	47940
14	标准差		0	11405.73	47818.59	74795.89
15	100000	10000	20000	40000	60000	生产量
16	1	25000	50000	-26000	-18000	
17	2	25000	50000	16000	-18000	
18	3	25000	50000	100000	-18000	
19	4	25000	50000	100000	-18000	
20	5	25000	50000	-26000	-60000	
21	6	25000	50000	100000	150000	
22	7	25000	50000	100000	66000	
23	8	25000	50000	16000	-60000	
24	9	25000	50000	16000	-18000	
25	10	25000	50000	100000	-18000	
26	11	25000	50000	100000	-18000	
27	12	25000	50000	100000	150000	
28	13	25000	50000	100000	-18000	
29	14	25000	50000	100000	-60000	
30	15	25000	50000	100000	-18000	
31	16	25000	50000	100000	66000	

图 7-7 贺卡仿真的二维模拟运算结果

在单元格区域 A16：A515 中输入数字 1～500（对应 500 次实验）。创建这些值的简便方法是在单元格 A16 中输入 1。选择该单元格，在"开始"选项卡的"编辑"组单击"填充"按钮，选择"序列"，显示"序列"对话框。在此对话框中，如图 7-8 所示输入"步长值"为 1、"终止值"为 500。在"序列产生在"区域中选择"列"单选按钮，然后单击"确定"按钮。

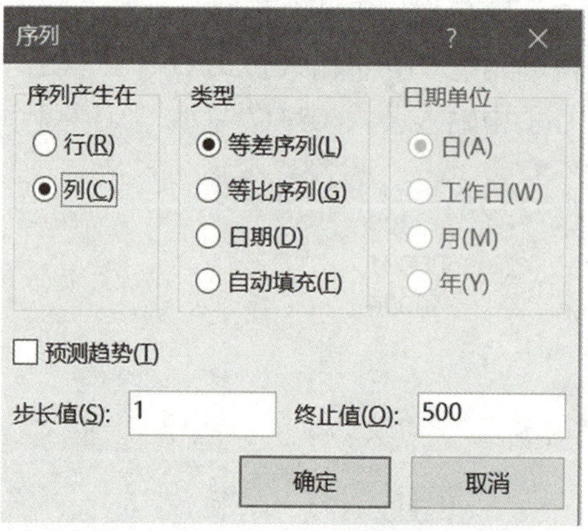

图 7-8 利用"序列"对话框生成实验数字 1～500

接下来，在单元格 B15：E15 中输入可能的生产量（10 000，20 000，40 000，60 000）。我们想要计算每个实验数字（1～500）和每个生产量的利润。通过在左上角单元格 A15 中输入=C11 来引用单元格 C11 中计算利润的公式。

现在可以利用 Excel 来模拟 500 次每个生产量的需求了。选择表区域（A15：E515），然后在"数据"选项卡的"预测"组中，单击"模拟分析"按钮，选择"模拟运算表"。

建立一个二维模拟运算表，如图 7-9 所示，选择生产量（单元格 C1）作为"输入引用行的单元格"，任意选一个空白单元格（我们选择了单元格 I15）作为"输入引用列的单元格"，单击"确定"按钮后，Excel 将为每个订货量模拟 500 个需求值。

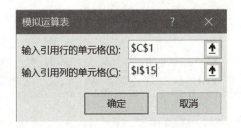

图 7-9 二维模拟运算表设置

要理解其中的原理，考虑一下数据表放在单元格区域 C16：C515 中的值。对每个单元格，Excel 在单元格 C1 中用的值为 20 000。在单元格 C16，输入引用列的单元格值 1 放置在一个空白单元格中，单元格 C2 的随机数重新计算；相应的利润记录在单元格 C16 中。然后输入引用列的单元格值 2 放在一个空白单元格中，C2 中的随机数再重新计算；相应的利润记录在单元格 C17 中。以此类推至单元格 C515。

如图 7-7 所示，在 B13 中输入公式 AVERAGE（B16：B515）并复制到 C13：E13，计算每个生产量的平均模拟利润。在 B14 中输入公式 STDEV.S（B16，B515）并复制到 C14：E14，计算每个生产量模拟利润的标准差。每当按下 F9 键，都会对每个生产量进行 500 次需求模拟。生产 40 000 张贺卡总能得到最大的预期利润。因此，生产 40 000 张贺卡是最适当的决定。

视频 7-6
单周期库存仿真

2. 风险对决策的影响

如果我们不是生产 40 000 张贺卡，而是生产了 20 000 张，预期利润约下降 21%，但风险(以利润的标准差来衡量)却几乎降低了 76%。所以，如果我们非常不愿意冒风险，那么可能生产 20 000 张贺卡才是正确的决定。顺便提一下，生产 10 000 张贺卡的标准差始终为 0，因为如果我们生产 10 000 张贺卡，那么总是能够全部卖出去，而没有任何剩余。

3. 平均利润的置信区间

在这种情况下，很自然会问一个问题：我们有 95% 的把握断言真正的平均利润会在哪个区间吗？该区间称为平均利润的 95% 置信区间，任何模拟输出均值的 95% 置信区间可用以下公式计算：

$$平均利润 \pm \frac{1.96 * 利润标准差}{\sqrt{迭代的次数}}$$

在单元格 J11 中用公式 D13-1.96*D14/SQRT(500) 计算了生产量为 40 000 时，平均利润的 95% 置信区间的下限。在单元格 J12 中用公式 D13+1.96*D14/SQRT(500) 计算了 95% 置信区间的上限。计算结果如图 7-10 所示。我们有 95% 的把握可以认为当生产量为 40 000 时，平均利润在 54 564 美元和 62 947 美元之间。

	H	I	J
7			
8		生产量为40000时，平均利润	
9		的95%置信区间：	
10			
11		下限：	54564.52
12		上限：	62947.48

图 7-10 平均利润的 95% 置信区间计算结果

> **小任务**
> 你能按照上面介绍的步骤，自己独立完成单周期库存系统的仿真建模过程吗？软件操作中遇到的问题是什么，请你记录下来。

视频 7-7
平均利润的置信区间

二、多周期 (R, Q) 库存系统仿真

这类库存决策问题在第五章介绍过，它的库存模式可用图 7-11 来表示。

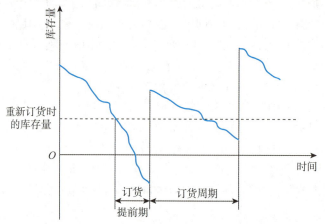

图 7-11　(R, Q) 库存决策问题示意图

由于需求量是随机变量，因此库存量的减少并不像需求确定情况下那样呈直线下降，而是呈波动状曲线下降，如图 7-11 所示。同时，需求量的不断变化也导致了在提前期内的实际需求量也是一个随机变量，因此，这种情况下的再订货点，不像需求确定时的再订货点那样，可以保证满足提前期内的实际需求量，并使得库存水平在订货周期末为 0。所以，此时的再订货点不仅影响库存费用的大小（当实际需求量小于再订货点，期末库存不为 0，因而产生了比 EOQ 模型多的库存费用），而且影响缺货费用的大小（当实际需求大于再订货点，在此订货周期内就产生了缺货）。可见，除了订货批量，再订货点也是一个非常重要的决策量，因此也常把此类决策问题称为多周期 (R, Q) 库存问题。其中，R 是再订货点，Q 是每次的订货批量。

库存系统仿真方法，可以帮助决策者在不确定情况下制定更加合理的库存策略，降低库存费用，提高企业效率。下面我们通过例题来介绍仿真方法的具体实现步骤。

【例 7-3】某家电脑零售商店销售一种流行的电脑显示器。由于零售电脑在价格和服务等方面的销售竞争非常激烈，经理担心该电脑显示器出现缺货，而缺货对企业来说代价很大。因此，经理把服务水平或库存可以满足总需求的百分比作为绩效指标，来衡量缺货对其业务的影响。

该零售店一直遵循这样的策略——只要每日期末库存水平低于 28 个单位的再订货点，就订购 50 台显示器。通常在第二天一上班就订货。例如，若第 2 天期末库存状况小于 28，则在第 3 天早上就下订单。如果订货和交货之间的实际消耗时间，即提前期是 4 天，那么订单将在第 7 天一上班到货。订单是在一天开始时交付的，因此可以用来满足当天的需求。目前的库存水平是 50 个单位，没有需要交货的订单。

该零售店平均每天销售 6 台显示器。然而，每天的实际销售数量可能会变动。通过回顾过去几个月的销售记录，发现这种显示器的日常实际需求是一个随机变量，可以用表 7-5 的概率分布来描述。

表 7-5 需求量的概率分布

需求单位	0	1	2	3	4	5	6	7	8	9	10
概率	0. 01	0. 02	0. 04	0. 06	0. 09	0. 14	0. 18	0. 22	0. 16	0. 06	0. 02

另外，尽管提前期平均为 4 天，但它同样也有波动，可以看成一个随机变量，其概率分布如表 7-6 所示。

表 7-6 提前期的概率分布

提前期/天	3	4	5
概率	0. 2	0. 6	0. 2

防止缺货和提高服务水平的一种方法是提高商品的再订货点，这样就可以有更多的在手库存来满足交货提前期内的需求。然而，这样会导致库存成本的增加。该店经理想要评估目前的订购政策，并确定是否有可能提高服务水平，同时不增加手头的平均库存数量。

分析：为了求解这个问题，需要建立一个仿真模型来表示一年内电脑显示器的库存。这个模型必须考虑可能发生的随机日常需求，以及下订单后的随机滞后交货时间（提前期）。可以按前面所介绍的利用 Excel 产生离散随机变量值的方法来生成这两个随机变量的数据。

1. 在已有的库存策略下建立仿真模型

既然已经生成这个问题所需的随机数，下面就可以考虑如何构建模型了。图 7-12 显示的是 365 天库存活动的模型。注意：单元格区域 E7：E371 生成的是需求量随机数，K7：K371 生成的是提前期的随机数。单元格 O6 和 O7 分别代表模型的再订货点和订货数量。

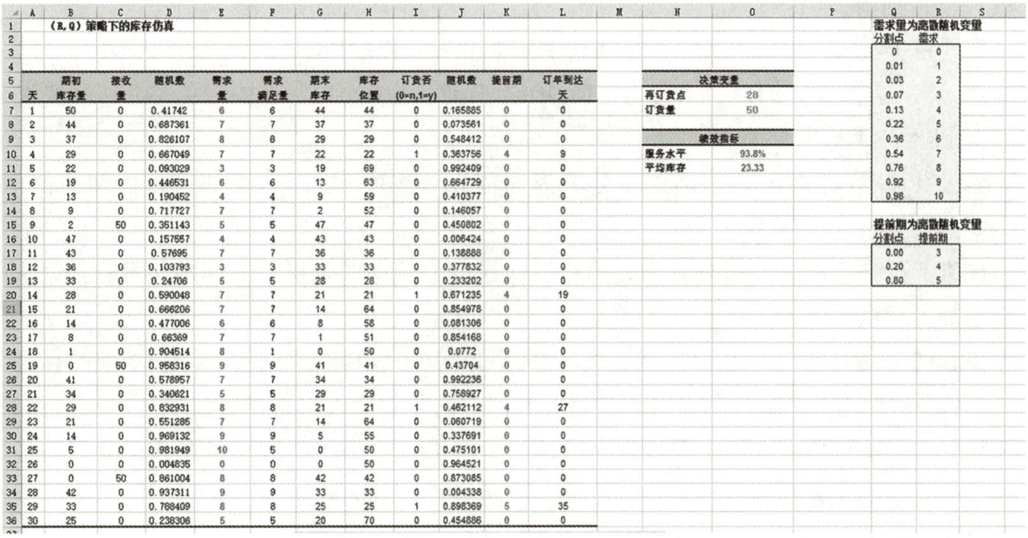
(R,Q) 策略下的库存仿真

天	期初库存量	接收量	随机数	需求量	需求满足量	期末库存	库存位置	订货否 (0=n,1=y)	随机数	提前期	订单到达天
1	50	0	0. 41742	6	6	44	44	0	0.165885	0	0
2	44	0	0. 687361	7	7	37	37	0	0.073561	0	0
3	37	0	0. 826107	8	8	29	29	0	0.548412	0	0
4	29	0	0. 667049	7	7	22	22	1	0.363756	4	9
5	22	0	0. 093029	3	3	19	69	0	0.992409	0	0
6	19	0	0. 446531	6	6	13	63	0	0.664729	0	0
7	13	0	0. 190452	4	4	9	59	0	0.410377	0	0
8	9	0	0. 717727	7	7	2	52	0	0.146057	0	0
9	2	50	0. 351143	5	5	47	47	0	0.450802	0	0
10	47	0	0. 157557	4	4	43	43	0	0.006424	0	0
11	43	0	0. 57695	7	7	36	36	0	0.138888	0	0
12	36	0	0. 103793	3	3	33	33	0	0.377832	0	0
13	33	0	0. 24706	5	5	28	28	0	0.233202	0	0
14	28	0	0. 590048	7	7	21	21	1	0.671235	4	19
15	21	0	0. 666206	7	7	14	64	0	0.854978	0	0
16	14	0	0. 477006	6	6	8	58	0	0.081306	0	0
17	8	0	0. 66369	7	7	1	51	0	0.854168	0	0
18	1	0	0. 904514	8	1	0	50	0	0.0772	0	0
19	0	50	0. 958316	9	9	41	41	0	0.43704	0	0
20	41	0	0. 578957	7	7	34	34	0	0.992236	0	0
21	34	0	0. 340621	5	5	29	29	0	0.758927	0	0
22	29	0	0. 832931	8	8	21	21	1	0.462112	4	27
23	21	0	0. 551285	7	7	14	64	0	0.060719	0	0
24	14	0	0. 969132	9	9	5	55	0	0.337691	0	0
25	5	0	0. 981949	10	5	0	50	0	0.475101	0	0
26	0	0	0. 004835	0	0	0	50	0	0.964521	0	0
27	0	50	0. 861004	8	8	42	42	0	0.873085	0	0
28	42	0	0. 937311	9	9	33	33	0	0.004338	0	0
29	33	0	0. 788409	8	8	25	25	1	0.898369	5	35
30	25	0	0. 238306	5	5	20	70	0	0.454886	0	0

决策变量	
再订货点	28
订货量	50

绩效指标	
服务水平	93.8%
平均库存	23.33

需求量为离散随机变量

分割点	需求
0	0
0.01	1
0.03	2
0.07	3
0.13	4
0.22	5
0.36	6
0.54	7
0.76	8
0.92	9
0.98	10

提前期为离散随机变量

分割点	提前期
0.00	3
0.20	4
0.80	5

图 7-12 建立再订货点为 28、订货量为 50 的库存问题仿真模型

每天的期初库存通过 B 列计算。根据题意，初始库存水平设置为 50。以后每天开始时，库存是前一天的期末库存。于是，B 列的公式是

单元格 B7 的公式：=50

单元格 B8 的公式：=G7 （复制到单元格 B9 到 B371 中）

C 列表示每天计划接收的显示器数量，它和订货量以及订货滞后时间有关。C 列中的公式我们将在讨论完 I～L 列后给出。

D 列是用以生成需求量的随机数，与 E 列有关：

单元格 D7 公式：=rand( ) （复制到单元格 D7 到 D371 中）

单元格 E7 公式：=VLOOKUP(D7，＄Q＄3：＄R＄13，2) （复制到单元格 E8 到 E371 中）

因为需求可能超过现有供给量，所以 F 列表示每天可满足的需求。如果期初库存(在 B 列中)加上接收的订货量(在列 C 中)大于或等于实际需求，那么所有的需求都可以得到满足；否则，零售店只能有多少出售多少。这个条件可以表示如下：

单元格 F7 的公式：=MIN(E7，B7+C7) （复制到单元格 F8 到 F371 中）

G 列中的值表示每天期末的在手库存，计算方法如下：

单元格 G7 公式：=B7+C7−F7 （复制到单元格 G8 到 G371 中）

为了确定是否下订单，首先需要计算当前库存位置。先前将其定义为：上期库存位置−本期需求满足量+未交货订单，于是在 H 列中输入：

单元格 H7 的公式：=G7

单元格 H8 的公式：=H7−F8+IF(I7=1，＄O＄7，0)(复制到单元格 H9 到 H371 中)

I 列表示根据库存水平和再订货点，是否需要订货，如

单元格 I7 的公式：=IF(H7<＄O＄6，1，0) （复制到单元格 I8 到 I371 中）

如果下了一个订单，我们必须生成接收订单所需的随机提前期 K 列。J 列生成的是随机数，与 K 列有关：

单元格 J7 公式：=rand( ) （复制到单元格 J8 到 J371 中）

单元格 K7 公式：=IF(I7=0，0，VLOOKUP(J7，＄Q＄17：＄R＄19，2)) （复制到单元格 K8 到 K371 中）

若没有下单(即 I7=0)，则这个公式返回值 0；否则，返回一个随机提前期的值(即 I7=1)。

如果下了一个订单，那么 L 列表示将根据其在 K 列中的随机提前期来显示收到订货的日期，如下所示：

单元格 L7 的公式：=IF(K7=0，0，A7+1+K7) （复制到单元格 L8 到 L371 中）

C 列中的值与 L 列中的值是相对应的。L 列中的非零值表示将接收订单的日期。例如，单元格 L10 表示订单将在第 9 天收到一批货。单元格 C15 中的 50 表示的是实际收到的订货数量，这就是第 9 天开始时收到的订货量。单元格 C15 的公式是

单元格 C15 的公式：=COUNTIF(＄L＄7：L14，A15)＊＄O＄7

上式计算出单元格 A15 中值在第 1 天到第 8 天(在 L 列中)出现的次数，然后把它乘以

订购量50(该值放在了单元格O7中),就可以得到预计接受订单的日期(第9天)所收到的订货数量。因此,C列中的值按如下公式计算生成:

单元格C7的公式:=0

单元格C8的公式:=COUNTIF($L$7:L7,A8)*$O$7 (复制到单元格C9到C371中)

使用E列和F列中的值,在单元格O10中计算该模型的服务水平:

单元格O10的公式:=SUM(F7:F371)/SUM(E7:E371)

服务水平表示库存能满足部分需求占总需求的比例,是我们仿真这个库存系统时所希望追踪的输出指标之一。单元格O10中的值表明,在如图7-12所示的情境下,总需求的93.8%得到了满足。

平均库存水平也是我们希望能够追踪的一个输出。它是通过对B列中值求平均值来计算的,并在单元格O11中计算,公式如下:

单元格O11的公式:=AVERAGE(B7:B371)

由图7-12的仿真结果可以看出,零售店目前的再订货点(28个单位)和订单数量(50个单位)使得公司的服务水平约为93.8%,平均库存水平约为23台显示器。

视频7-8
(R,Q)库存系统现有策略仿真

2. 库存策略优化

如果经理想要调整库存策略,重新确定再订货点和订货数量,并假设他对再订货点和订货量这两个决策变量感兴趣的调整量是考虑1~70范围内的值;那么该如何帮助该经理确定一个更合适的库存策略,使得平均服务水平可以提升至98%左右,同时保持平均库存水平尽可能低呢?

主要的优化思路是:首先利用第五章中关于安全库存以及再订货点的计算公式,得到与周期服务水平98%相匹配的安全库存与再订货点,以此作为库存策略中再订货点的最优参考值;然后,利用Excel中的模拟运算表功能,对不同订货量下的库存系统进行模拟,进一步能确定满足经理要求的订货量。从而,实现库存策略的有效调整。

具体步骤如下:

(1)计算再订货点最优参考值。

根据第五章中式(5-26),可知在需求和供应均不确定的情况下安全库存的计算公式为

$$ss = F_s^{-1}(CSL) \cdot \sqrt{L\sigma_D^2 + D^2 s_L^2}$$

式中,D为单位时间平均需求量;σ_D为单位时间需求的标准差;L为平均提前期;s_L为提前期的标准差。

本题中,需求量概率分布直方图,如图7-13所示,经计算可得到均值$E(D)=6$,标准差$\sigma_D=2$。提前期概率分布直方图,如图7-14所示,经计算可得到均值$E(L)=4$,标准差$s_L=0.63$。因此,安全库存$ss = F_s^{-1}(0.98) \times \sqrt{4 \times 2^2 + 6^2 \times 0.63^2} = 12$。

根据第五章中式(5-17),可知计算得到再订货点为$R = D \times L + ss = 6 \times 4 + 12 = 36$。

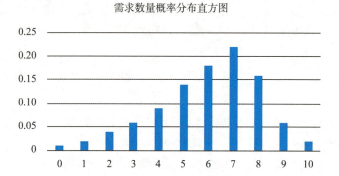

图 7-13　需求量概率分布直方图

图 7-14　提前期概率分布直方图

(2) 利用模拟运算表对不同订货量进行模拟。

根据上面的计算结果, 将图 7-12 中原有仿真模型中的再订货点由 28 调整为 36, 并利用 Excel 中模拟运算表功能对不同订货策略进行模拟, 如图 7-15 所示, 得到再订货点为 36 单位, 订货量分别在 1~70 内取值的情况下, 两个绩效指标（服务水平和平均库存）的数据变化情况。

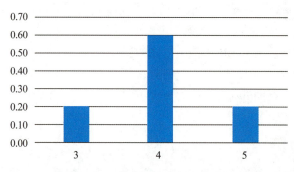

图 7-15　用模拟运算表对不同订货策略进行模拟

模拟运算表的具体操作：

首先，在单元格 N23：N92 中输入数值 1～70，代表不同的订货量。由于运算表的输出变量是服务水平和平均库存，因此，还需要在单元格 O22 中输入公式：=O10，在单元格 P22 中输入公式：=O11。

然后，鼠标选择单元格区域 N22：P92，调出"模拟运算表"选项，如图 7-16 所示，在"输入引用列的单元格"中输入仿真模型中订货量所在的位置"＄O＄7"，在"输入引用行的单元格"中不填入任何数据，这是因为本题中要模拟的输入变量是在单元格 N22：P92 这一列而不是行中的数据。单击"确定"，就可以得到不同订货量下的仿真结果，如图 7-15 所示。

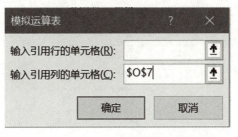

图 7-16 模拟运算表设置

视频 7-9
(R, Q) 库存策略优化

(3) 绩效指标分析。

由于电脑零售店的经理希望确定一个更合适的库存策略，能使得平均服务水平可以提升至 98% 左右，同时保持平均库存水平尽可能低，这两个指标要同时考虑。为此，同时绘制两个指标的折线图进行对比，如图 7-17 所示。

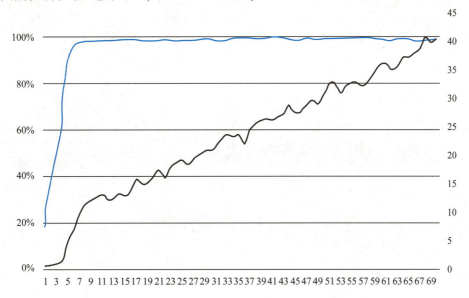

图 7-17 服务水平和平均库存随订货量变化图

由模拟运算表的计算结果(见图 7-15)以及两个绩效指标对比的折线图(见图 7-17)，可以看出合理的订货量应在 6～10 之间。按 F9 键，相关数据还会发生相应的变化，经过多次观察，并兼顾服务水平能尽量达到 98% 的要求下使库存水平降低，最终决定订货量为 7 单位。

视频 7-10
(R，Q)库存策略优化

3. 新库存策略下的仿真模型

根据以上分析，得到了再订货点为 36、订货量为 7 的最新库存策略。下面对新库存策略建立仿真模型来模拟一年的电脑显示器的库存变化情况，具体实现步骤和前面介绍的“在已有的库存策略下建立仿真模型”是类似的，不再赘述。其仿真结果如图 7-18 所示。

(R, Q) 策略下的库存仿真

天	期初库存量	接收量	随机数	需求量	需求满足量	期末库存	库存位置	订货否(0=n,1=y)	随机数	提前期	订单到达天
1	50	0	0.1880	4	4	46	46	0	0.3562	0	0
2	46	0	0.1339	4	4	42	42	0	0.3702	0	0
3	42	0	0.7949	8	8	34	34	1	0.8120	5	9
4	34	0	0.0329	2	2	32	39	0	0.7586	0	0
5	32	0	0.3382	5	5	27	34	1	0.6662	4	10
6	27	0	0.0061	0	0	27	41	0	0.9224	0	0
7	27	0	0.1623	4	4	23	37	0	0.9445	0	0
8	23	0	0.9211	9	9	14	28	1	0.6767	4	13
9	14	7	0.5190	6	6	15	29	1	0.6797	4	14
10	15	7	0.6096	7	7	15	29	1	0.3935	4	15
11	15	0	0.8959	8	8	7	28	1	0.3922	4	16
12	7	0	0.1341	4	4	3	31	1	0.7120	4	17
13	3	7	0.9959	10	10	0	28	1	0.8198	5	19
14	0	7	0.2654	5	5	2	30	1	0.7395	4	19
15	2	7	0.6746	7	7	2	30	1	0.3231	4	20
16	2	7	0.7678	8	8	1	29	1	0.3788	4	21
17	1	7	0.7234	7	7	1	29	1	0.5676	4	22

决策变量	
再订货点	36
订货量	7
绩效指标	
服务水平	98.4%
平均库存	9.33

需求量为离散随机变量

分割点	需求
0	0
0.01	1
0.03	2
0.07	3
0.13	4
0.22	5
0.36	6
0.54	7
0.76	8
0.92	9
0.98	10

提前期为离散随机变量

分割点	提前期
0.00	3
0.20	4
0.80	5

图 7-18　建立再订货点为 36、订货量为 7 的库存问题仿真模型

对比图 7-18 和图 7-12 的仿真结果，可以看到，通过使用 36 为再订货点、7 为订货量的新库存策略，可以使服务水平从 93.8% 提高到 98.4%，并且平均库存水平从约 23 个单位减少到 9 个单位。

由例 7-3 可见，采用仿真方法可以模拟库存系统的行为，从而为分析库存水平与服务水平的高低以及优化库存策略提供了更直观的洞察。

视频 7-11
(R，Q)新库存策略仿真

小任务

你能按照上面介绍的步骤，自己独立完成多周期(R，Q)库存系统的仿真建模过程吗？软件操作中遇到的问题是什么，请你记录下来。

第三节　港口物流的排队系统仿真

一、排队系统仿真概述

在日常生活中，人们经常遇到排队现象。如到公共食堂买饭、到银行取钱、到医院看病时，常常需要排队。在经济活动中也有大量的排队现象，如船舶等待进港、损坏的机器等待修理、积压的货物等待运输等，都涉及排队问题。实际上，在日常生活、生产活动、城市交通系统、银行系统等社会经济系统中都普遍存在着排队现象。排队系统由两部分组成，一方面是要求得到服务的人或设备(称之为顾客)；另一方面是服务人员或服务机构

(称之为服务机构,又称服务员、服务台)。由于排队系统中顾客的到达和服务时间具有随机性,因此排队系统又称随机服务系统。任何一个排队系统,都可以抽象地概括为以下过程:①顾客到达服务台;②当服务台有空闲时立刻得到服务,当服务台不空闲时则排队等待,直到服务台出现空闲时接受服务;③服务完毕后顾客离去。排队系统可用图7-19表示。

图7-19 排队系统示意图

研究排队系统的理论称为排队论(Queueing Theory),也称随机服务系统理论。它最早是由丹麦哥本哈根电话公司的职员爱尔朗(A. K. Erlang)在1917年研究电话排队系统时提出的。排队系统是由顾客和服务机构组成的,当服务设备不足时,会产生严重的排队现象,造成该服务系统服务水平低下以致失去顾客,这时可行的方法是增加服务设备;但是,服务设备的增加需要对服务机构投资,而且当服务设备过多时,可能会使得服务设备的空闲时间增加、利用率降低,造成成本过高和浪费。所以,对排队系统的设计应从整个排队系统的整体利益出发,寻求整个排队系统的最优化。排队论的研究目的,就是通过研究排队系统的性能与行为,对排队系统的设计或控制做出最佳决策,从而达到排队系统的整体最优。

按照服务台个数、队列个数以及排队系统的组织方式,排队系统还可以分为三种类型:单服务台单队列、多服务台单队列和多服务台多队列。比较简单的排队系统可以直接用解析法计算出其稳态性能指标。但是,由于排队系统的随机性,对较复杂的排队系统的数学描述和求解常常十分困难,这时运用仿真模型可以有效地进行处理。

运用仿真方法处理排队问题时,通常要建立动态仿真模型,这和在本章前面几节中所介绍的新产品的风险分析仿真、库存系统仿真不太一样。前面介绍的仿真模型属于静态仿真模型,它们的主要特点是对所研究的问题进行了多次模拟(如仿真500次),然后进行统计分析。其中,每次仿真都是独立的,这就是说,每次仿真都不受到前几次或后几次仿真结果的影响。因此,这类仿真模型被称为静态仿真模型。而在本节将要介绍的排队系统中,每次仿真均受到前一次或前几次仿真结果的影响。例如,在只有一个服务台的情况下,当前一个顾客未被服务完毕时,后一个顾客必须等待,直到前一个顾客离开服务台,后一个顾客才能被服务。这时,需要用一个仿真时钟来记录各顾客的到达时刻、被服务时刻与离去时刻等。因此,这类仿真模型称为动态仿真模型。由于顾客到达或离开排队系统的时刻是不连续的(或称离散的),故这类仿真模型又称为离散事件仿真模型。

下面将通过两个具体的例题来介绍动态仿真模型在港口物流中的应用。

二、仿真方法在单泊位的港口系统中的应用

通过仿真模型多次运算得到的统计结果,可以更好地了解到港口物流运输系统的效率,如泊位的利用率、排队长度、客户等待时间等,从而为进一步提升港口物流效率提供决策支持。这里首先介绍的是只有一个泊位的港口物流排队系统仿真模型。

【例7-4】单泊位的港口物流排队系统仿真。

某港口只有一个可供装卸的泊位,但供船舶等待的泊位无限制。当船舶到达港口时,如果泊位内已有船舶,则需排队等待,排队的规则是先到先服务。根据100艘船舶来港口停泊的记录,它们到达港口的时间间隔及频数分布,如表7-7所示;装卸时间及频数分布,如表7-8所示。试用仿真方法研究该系统的性能,以便为提升港口物流服务效率提供客观依据。

表7-7 100艘船舶到港时间间隔及频数分布

到达间隔/小时	频数	相对频数
5	1	0.01
6	3	0.03
7	6	0.06
8	7	0.07
9	9	0.09
10	10	0.10
11	11	0.11
12	11	0.11
13	11	0.11
14	9	0.09
15	7	0.07
16	6	0.06
17	5	0.05
18	4	0.04
合计	100	1

表7-8 100艘船舶装卸时间及频数分布

装卸时间/小时	频数	相对频数
9	20	0.20
10	22	0.22
11	19	0.19
12	16	0.16
13	10	0.10
14	8	0.08
15	3	0.03
16	2	0.02
合计	100	1

分析:船舶到港后,排队进入码头进行装卸,然后离开码头。服务台是泊位,这是一个单服务台排队问题。其中,不可控随机变量有两个,一个是船舶到达时间间隔,另一个

是装卸时间。首先用随机数产生不可控变量的抽样值，然后对该系统进行仿真建模，最后得到关于该排队系统的性能指标的统计量。其步骤如下：

1. 输入已知数据

输入已知数据，并据此生成 600 个随机数，得到不可控输入变量的抽样值。

根据表 7-7 和表 7-8 中船舶到港时间间隔以及装卸时间的历史统计数据，分别在 Excel 的单元格 A6：C19 和 E6：G13 中输入与之对应的已知数据，如图 7-20 所示。

	A	B	C	D	E	F	G
1							
2	历史统计数据						
3							
4	船舶到达间隔				装卸时间		
5	随机数下限	随机数上限	达到间隔（小时）		随机数下限	随机数上限	装卸时间（小时）
6	0	0.01	5		0	0.2	9
7	0.01	0.04	6		0.2	0.42	10
8	0.04	0.1	7		0.42	0.61	11
9	0.1	0.17	8		0.61	0.77	12
10	0.17	0.26	9		0.77	0.87	13
11	0.26	0.36	10		0.87	0.95	14
12	0.36	0.47	11		0.95	0.98	15
13	0.47	0.58	12		0.98	1	16
14	0.58	0.69	13				
15	0.69	0.78	14				
16	0.78	0.85	15				
17	0.85	0.91	16				
18	0.91	0.96	17				
19	0.96	1	18				

图 7-20 输入已知数据

本题中的不可控变量是船舶到达时间间隔和装卸时间，在单元格 J5：J604 中产生 600 个船舶到达时间间隔的随机抽样值，在单元格 N5：N604 中产生 600 个船舶装卸时间的随机抽样值，用以进行 600 次仿真。

产生到达时间间隔的 600 个随机变量（单元格 J5：J604）：

单元格 J5 公式：=VLOOKUP（rand（），＄A＄6：＄C＄19，3） （复制到单元格 J6 到 J604 中）

产生船舶装卸时间的 600 个随机变量（单元格 N5：N604）：

单元格 N5 公式：=VLOOKUP（rand（），＄E＄6：＄G＄13，3） （复制到单元格 N6 到 N604 中）

视频 7-12
单泊位港口物流仿真已知数据的录入和随机变量的生成

2. 仿真建模及其运算

本排队系统的主要过程是：①船舶到达；②当泊位空闲时船舶立刻开始装卸，当泊位不空闲时船舶排队等待，直到泊位有空闲时开始装卸；③完成装卸，船舶离港。在进行仿真之前，首先要对本排队系统的状态进行描述。本排队系统的状态主要有：泊位（即服务台）的繁忙状态或空闲状态；系统中船舶（即顾客）的数量、排队的队列长度等。这些状态是动态的，即随时间变化的，它们在下列事件发生时会发生变化：船舶到达事件、船舶开始装卸事件、船舶完成装卸离开系统事件。系统的状态随着事件的发生而变化，同时，这些事件的处理也与系统的状态有关。例如，当船舶到达事件发生时，若泊位状态是繁忙的，则排队队列长度增加；若泊位状态是空闲的，则船舶开始装卸，泊位状态由空闲转变为繁忙，同时出现前一艘船舶完成装卸离开港口事件。又如，当船舶完成装卸离开港口事件发生时,若有排队等待的船舶,则安排下一艘船舶开始装卸,排队的队列长度减少一艘;若无排队等待的船舶,则泊位状态由繁忙转变为空闲。

对本问题中的排队系统进行仿真建模,如图 7-21 所示,主要对船舶的到达时刻、开始装卸时刻、等待时间、完成装卸时刻、在港逗留时间等进行仿真运算。

	H	I	J	K	L	M	N	O	P
1									
2		具有一个泊位的港口排队系统仿真模型							
3								(即:离开时刻)	
4		船舶序号	到达间隔	到达时刻	开始装卸时刻	等待时间	装卸时间	完成装卸时刻	在港逗留时间
5		1	9	9	9	0	13	22	13
6		2	12	21	22	1	9	31	10
7		3	11	32	32	0	11	43	11
8		4	9	41	43	2	11	54	13
9		5	17	58	58	0	12	70	12
10		6	12	70	70	0	10	80	10
11		7	13	83	83	0	14	97	14
12		8	12	95	97	2	10	107	12
13		9	12	107	107	0	11	118	11
14		10	12	119	119	0	9	128	9
15		11	9	128	128	0	12	140	12
16		12	12	140	140	0	13	153	13
17		13	18	158	158	0	10	168	10
18		14	14	172	172	0	13	185	13
19		15	11	183	185	2	9	194	11
20		16	13	196	196	0	11	207	11

图 7-21 具有一个泊位的港口物流排队系统仿真模型

(1)到达时刻(单元格 K5:K604)。

设仿真开始的时钟为 0,则第一艘船舶到达的时刻=0+到达间隔。从第二艘船舶起,船舶到达时刻的计算公式为船舶到达时刻=前一艘船舶到达时刻+到达间隔。于是,在 Excel 中输入的公式为

单元格 K5 公式:=J5

单元格 K6 公式:=K5+J6 (复制到单元格 K7 到 K604 中)

(2)开始装卸时刻(单元格 L5:L604)。

当第一艘船舶到达时,由于泊位肯定处于空闲状态,可以立即装卸,所以,其开始卸时刻应等于到达时刻。从第二艘船舶起,船舶开始装卸时刻取决于前一艘船舶是否完成装卸离开港口。当船舶到达时刻早于前一艘船舶的完成装卸时刻时,泊位不空闲,船舶将排队等待,直到前一艘船舶完成装卸才能开始装卸;当船舶到达时刻晚于前一艘船舶的完成装卸时刻时,泊位空闲,可以立刻装卸。即

$$\text{船舶开始装卸时刻} = \begin{cases} \text{船舶到达时刻} & \text{船舶到达时刻} > \text{前一艘船舶完成装卸时刻} \\ \text{前一艘船舶完成装卸时刻} & \text{否则} \end{cases}$$

于是,在 Excel 中输入的公式为

单元格 L5 公式:=K5

单元格 L6 公式:=if(K6>O5,K6,O5) (复制到单元格 L7 到 L604 中)

(或者)= MAX(K6,O5) (复制到单元格 L7 到 L604 中)

(3)等待时间(单元格 M5:M604)。

船舶等待时间等于到达时刻与开始装卸时刻之差,即等待时间=开始装卸时刻-到达时刻。

于是,在 Excel 中输入的公式为

单元格 M5 公式：=L5-K5 （复制到单元格 M6 到 M604 中）

(4) 完成装卸时刻（单元格 O5：O604）。

船舶完成装卸的时刻等于开始装卸时刻与装卸时间之和，即船舶完成装卸时刻=开始装卸时刻+装卸时间。

于是，在 Excel 中输入的公式为

单元格 O5 公式：=L5+N5 （复制到单元格 O6 到 O604 中）

(5) 在港逗留时间（单元格 P5：P604）。

在港逗留时间是船舶在整个港口系统中逗留的时间，它等于船舶完成装卸离开系统时刻与船舶到达系统时刻之差，即船舶在港逗留时间=船舶完成装卸时刻-船舶到达时刻。

于是，在 Excel 中输入的公式为

单元格 P5 公式：=O5-K5 （复制到单元格 P6 到 P604 中）

视频7-13
单泊位排队仿真模型及其运算

3. 统计分析

本问题进行了 600 次仿真，得到了 600 艘船舶的仿真结果。下面对运行结果进行统计分析。由于在仿真开始时泊位是空闲状态，因此前若干艘船舶的模拟结果往往不能确切反映泊位达到稳定工作状态时的行为。为此，在进行结果分析时，不计前 100 艘船舶的运行结果，而仅对后 500 艘船舶的运行结果进行统计分析。统计结果如图 7-22 所示。

	Q	R	S
1			
2		统计分析	
3			
4		需等待的船舶数（艘）：	372
5		需等待的概率：	0.744
6		船舶平均等待时间（小时）：	6.486
7		船舶平均逗留时间（小时）：	17.708
8		最大等待时间（小时）：	30
9		泊位利用率：	0.944931
10		等待时间>10小时的船舶数（艘）：	121
11		等待时间>10小时的概率（艘）：	0.242

图 7-22 具有一个泊位的港口物流排队系统仿真的统计结果

其中，单元格 S4 表示需等待的船舶数，它是指在到达港口后需要排队等待的船舶数目，也就是等待时间不等于零的船舶数目。单元格 S5 表示需等待的概率，它是指需要等待的船舶数占所有船舶数的比例。单元格 S10 表示等待时间>10 小时的船舶数，它是指在到达港口后需要排队等待 10 小时以上才能开始装卸的船舶数目，单元格 S11 是与之对应的概率。单元格 S9 表示泊位利用率，它是指在 500 艘船舶从开始到最后离开的时间内（即仿真长度内），使用泊位进行装卸作业的时间所占的比例。它等于 500 艘船舶的装卸时间之和除以仿真长度。这里的仿真长度等于（第 600 艘船的离开时刻）-（第 100 艘船的离去时刻）。

上述统计分析在 Excel 中输入的公式为

单元格 S4 公式：=COUNTIF(M105：M604,">0")

单元格 S5 公式：=S4/500

单元格 S6 公式：=AVERAGE(M105：M604)

单元格 S7 公式：=AVERAGE(P105：P604)
单元格 S8 公式：=MAX(M105：M604)
单元格 S9 公式：=SUM(N105：N604)/(O604-O104)
单元格 S10 公式：=COUNTIF(M105：M604,">10")
单元格 S11 公式：=S10/500

4. 决策建议

根据仿真结果可做出如下分析：

（1）当前具有一个泊位的情况下，泊位利用率高达94%，船舶的平均等待时间为6.48小时，其中约有24%的船舶需等待10小时以上才能开始装卸。所以，可能造成失去部分客户。

（2）当前的情况难以满足日益增长的港口物流运输需求。

> **小任务**
>
> 你能按照上面介绍的步骤，自己独立完成单泊位港口物流排队系统的仿真建模过程吗？软件操作中遇到的问题是什么，请你记录下来。

三、仿真方法在双泊位的港口系统中的应用

从前面的分析可知，只有一个泊位的情况下会使船舶等待时间过长，物流效率较低，但是否需要增加泊位，以及应增加多少泊位，则还需进行增加泊位后的仿真分析。

【例7-5】具有两个泊位的港口物流排队系统仿真。

在例7-4的相关数据基础上，先增设一个泊位，并利用仿真方法研究该系统具有两个泊位时的性能（见图7-23）。

	H	I	J	K	L	M	N	O	P	Q	R
1											
2		具有两个泊位的港口排队系统仿真模型									
3							(即：离开时刻)			开始空闲时刻	
4		船舶序号	到达间隔	到达时刻	开始装卸时刻	等待时间	装卸时间	完成装卸时刻	在港逗留时间	泊位1	泊位2
5		1	8	8	8	0	12	20	12	20	0
6		2	12	20	20	0	12	32	12	20	32
7		3	10	30	30	0	13	43	13	43	32
8		4	13	43	43	0	14	57	14	43	57
9		5	9	52	52	0	9	61	9	61	57
10		6	7	59	59	0	9	68	9	61	68
11		7	11	70	70	0	10	80	10	80	68
12		8	8	78	78	0	10	88	10	80	88
13		9	14	92	92	0	9	101	9	101	88
14		10	18	110	110	0	10	120	10	101	120
15		11	16	126	126	0	15	141	15	141	120
16		12	10	136	136	0	9	145	9	141	145
17		13	16	152	152	0	9	161	9	161	145
18		14	8	160	160	0	10	170	10	161	170
19		15	18	178	178	0	12	190	12	190	170
20		16	15	193	193	0	10	203	10	190	203

图7-23 具有两个泊位的港口物流排队系统仿真模型

分析：具有两个泊位的港口物流排队系统的仿真，即对多服务台排队系统的仿真，情况要比只有一个泊位时复杂得多。这时排队系统的主要过程是：①船舶到达港口；②当两

个泊位均空闲时，船舶进入其中一个泊位并立刻开始装卸；当只有一个泊位空闲时，船舶进入该泊位并立刻开始装卸；当两个泊位均不空闲时船舶排队等待，直到有一个泊位空闲时开始装卸；③完成装卸，船舶离港。所以，关键在于判断当前和未来两个泊位的状态，并据此处理船舶到达事件，即开始装卸事件和离去事件。

1. 仿真建模及其运算

与一个泊位时相比，对具有两个泊位的港口系统进行仿真建模，除了要对船舶的到达时刻、开始装卸时刻、等待时间、完成装卸时刻、在港逗留时间等进行仿真运算外，还增加了两个泊位的开始空闲时刻的仿真运算，如图 7-23 所示。对于到达间隔、到达时刻、等待时间、装卸时间、完成装卸时刻、在港逗留时间，两个仿真模型的计算方法完全相同，在此不再赘述。两者的主要区别在于"开始装卸时刻"的计算和两个泊位的"开始空闲时刻"的计算，具体情况如下：

(1) 开始装卸时刻（单元格 L5：L604）。

在两个泊位情况下，判断何时能够开始装卸要看两个泊位的状态。当船舶到达时刻比两个泊位的开始空闲时刻都早时，船舶需排队等待，直到至少有一个泊位达到空闲状态才能开始装卸，所以这时的"开始装卸时刻"应等于先进入空闲状态的那个泊位的"开始空闲时刻"（即最早开始空闲时刻）；当船舶到达时刻比任意一个泊位的开始空闲时刻晚时，船舶可以立刻开始装卸，所以这时的"开始装卸时刻"应等于船舶到达时刻。综上所述，开始装卸时刻可以表达为

$$\text{船舶开始装卸时刻} = \begin{cases} \text{船舶到达时刻} & \text{船舶到达时刻} > \text{泊位的最早开始空闲时刻} \\ \text{最早开始空闲时刻} & \text{否则} \end{cases}$$

于是，在 Excel 中输入的公式为

单元格 L5 公式：=K5

单元格 L6 公式：=IF(K6<=MIN(Q5，R5)，MIN(Q5，R5)，K6) （复制到单元格 L7 到 L604 中）

(2) 泊位 1 和泊位 2 的开始空闲时刻（单元格 Q5：Q604 和 R5：R604）。

在计算"开始装卸时刻"时，需要计算每个泊位的"开始空闲时刻"。为方便起见，假设当两个泊位的"开始空闲时刻"相等时，船舶进入泊位 1 进行装卸。

第一艘船舶在 0 时刻到达后立刻进入泊位 1 进行装卸，这时泊位 1 的开始空闲时刻等于装卸完成时刻，而泊位 2 保持空闲状态。

当船舶继续到达时，需要比较哪个泊位先达到空闲状态。如果泊位 1 早于泊位 2（或与泊位 2 同时）达到空闲状态，该船舶将进入泊位 1，这时泊位 1 的下一个开始空闲时刻等于该船舶的装卸完成时刻，泊位 2 的开始空闲时刻不变；如果泊位 2 早于泊位 1 达到空闲状态，则该船舶将进入泊位 2，这时泊位 2 的下一个开始空闲时刻等于该船舶的装卸完成时刻，而泊位 1 的开始空闲时刻不变。综上所述，可以表达为如下形式：

泊位 1 的开始空闲时刻 =

$$\begin{cases} \text{本次装卸完成时刻} & \text{上一次泊位 1 的开始空闲时刻} \leq \text{上一次泊位 2 的开始空闲时刻} \\ \text{上一次泊位 1 的开始空闲时刻} & \text{否则} \end{cases}$$

泊位 2 的开始空闲时刻 =

$$\begin{cases} \text{本次装卸完成时刻} & \text{上一次泊位 1 的开始空闲时刻} > \\ & \text{上一次泊位 2 的开始空闲时刻} \\ \text{上一次泊位 2 的开始空闲时刻} & \text{否则} \end{cases}$$

于是，在 Excel 中输入的公式为

单元格 Q5 公式：=O5

单元格 Q6 公式：=IF(Q5=MIN(Q5，R5)，O6，Q5)（复制到单元格 Q7 到 Q604 中）

单元格 R5 公式：=0

单元格 R6 公式：=IF(R5=Q5，R5，IF(R5=MIN(Q5，R5)，O6，R5))（复制到单元格 R7 到 R604 中）

视频7-15
两个泊位的港口物流排队仿真模型及其运算

2. 统计分析

与一个泊位的仿真模型类似，也对两个泊位的仿真运行结果进行了统计分析，如图 7-24 所示。

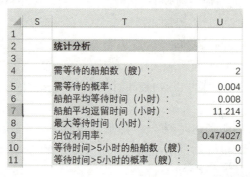

图 7-24 具有两个泊位的港口物流排队系统仿真的统计结果

在 Excel 中输入的公式如下，其中泊位利用率是指每个泊位的平均利用率。

单元格 S4 公式：=COUNTIF(M105：M604,">0")

单元格 S5 公式：=S4/500

单元格 S6 公式：=AVERAGE(M105：M604)

单元格 S7 公式：=AVERAGE(P105：P604)

单元格 S8 公式：=MAX(M105：M604)

单元格 S9 公式：=SUM(N105：N604)/(2*(O604-O104))

单元格 S10 公式：=COUNTIF(M105：M604,">5")

单元格 S11 公式：=S10/500

视频7-16
两个泊位的统计分析

3. 决策建议

（1）当该港口的泊位增加至两个时，泊位利用率下降到 47% 左右，船舶的平均等待时间仅为 0.008 小时，最大等待时间为 3 小时；在 500 艘船舶中只有 2 艘船舶需要等待，且没有一艘船等待时间超过 5 小时。可见这时与一个泊位时相比，服务水平有了明显改善。

（2）仿真结果表明，在当前的需求水平下，拥有两个泊位时，已经可以满足运输需求，但是泊位利用率略低，不过考虑日益增长的港口物流运输需求，增加一个泊位是一个可取的方案。但是否需要增加泊位，还需进行进一步的论证，例如进行可行性分析、财务分析与经济分析等。

小任务

你能按照上面介绍的步骤,自己独立完成双泊位港口物流排队系统的仿真建模过程吗?软件操作中遇到的问题是什么,请你记录下来。

本章小结

近年来,仿真越来越广泛地应用于解决现实世界中的问题,并日益成为重要方法之一。仿真的普遍性可归因于:与定义更严格的解析方法相比,仿真可以很大程度地增加所分析系统的灵活性。换句话说,问题不一定非得适合模型(或方法),而是可以构建仿真模型来适应问题。一般来说,一个仿真模型反映了一个系统的运行,并且模型的结果是以像均值这样的统计数据的形式出现的。仿真分析的一个主要好处就是,它能够让我们使用模型来进行实验;但是也需要注意它得到的并不一定是最优解。

仿真的一个局限性是,仿真模型都是非结构化的,所应用的系统和问题也同样是非结构化的。不像一些结构化的方法,它不能简单地应用于一类具体的问题。此外,仿真的效果会受到个人开发计算机程序能力的限制,本章只介绍了一些简单的应用,利用 Excel 就可以完成。然而,更为复杂的问题以及复杂的系统仿真模型,需要利用更专业的软件或具体的仿真语言来处理,就超出了本书的范围。

案例分析

CW 公司的采购决策

CW 公司是一家销售计算机和相关设备的公司。公司经理打算确定公司每周应订购的笔记本电脑数量。这个决策主要考虑的是公司平均每周销售的笔记本电脑数量和销售笔记本电脑平均每周获得的收益。一台笔记本电脑售价 6 300 元。笔记本电脑每周的需求量是一个取值范围为 0~4 的随机变量。根据过去的销售记录,经理确定了笔记本电脑过去 100 周内的需求频率。根据这个需求频率,可以得到需求的一个概率分布,如表7-9所示。

表7-9 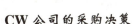笔记本电脑的需求概率分布

笔记本电脑每周需求	需求频率	需求的概率
0	20	0.2
1	40	0.4
2	20	0.2
3	10	0.1
4	10	0.1
总计	100	1

根据这个历史数据统计表,可以计算出每周需求量的期望值为 1.5 台笔记本电脑,这

个数值可以作为每周采购数量的依据。但是经理还希望能更直观地了解一些关于每周笔记本电脑需求量和收入的更多的信息,以帮助他做出更合理的采购决策,如订购数量到底是每周1台,还是2台?

进一步了解发现,如果一周之内没有足够的笔记本电脑来满足需求,那么不仅会造成收益损失,而且会导致每台500元的缺货损失。每周末没有销售出去仍在库存中的笔记本电脑每台将产生50元的库存持有成本。在这种情形下,经理想要获得每周最大的平均收入,你能利用仿真方法帮助他选择最优的订购数量吗?

讨论题

1. 根据表7-9中的需求概率分布,利用Excel随机产生100周的笔记本电脑的需求量,可以得到平均每周需求量的仿真结果,试比较仿真结果与期望值的差异。

2. 如何构建CW公司采购决策的仿真模型?当订购数量为1时,仿真运算的结果是怎样的?当订购数量为2时,仿真运算的结果又是怎样的?

3. 基于每周的最大平均收入,正确的订购决策是什么?

思考与练习

一、思考题

1. 在什么情况下,使用仿真来分析问题是合适的?
2. 什么是风险分析?风险分析方法有哪些?
3. 请解释蒙特卡洛仿真如何为决策提供有效信息?

二、练习题

1. 某汽车经销商认为,某品牌车的需求量是均值为200、标准差为30的正态分布。一辆该品牌车的成本为70 000元,再以每辆95 000元的价格卖出。不能以全价售出的车中有一半可以90 000元出售。有几种订购方案可选:200,220,240,260,280或300辆车,他应当订购多少?

2. 一个小型书摊准备调查每周需要订多少本当地某热门杂志。他们认为该杂志的需求量为离散随机变量,概率分布如表7-10所示。若已知每本杂志以8元买进,以9元售出,没卖出去的以每本1元退回,书摊应当订购多少本该杂志?

表7-10 杂志需求量的概率分布

需求量	概率
15	0.1
20	0.2
25	0.3
30	0.25
35	0.15

第八章 区块链技术在物流决策中的应用

> **本章学习要点**
> 1. 了解区块链技术的基本概念和特征；
> 2. 了解区块链技术在物流行业的应用和未来发展；
> 3. 了解前沿技术对物流及其决策领域的影响。

第一节 区块链技术概述

区块链技术作为一个新的概念，其本质是一种新型储存方法，也是一种新的思维模式和管理方式。通过对区块链技术的了解和学习，有助于对供应链管理模式的研究和发展有新的思考和探索，以便更好地发展供应链管理与决策。

一、区块链相关概念

（一）区块链的定义

区块链最初是基于比特币而诞生的，是比特币的原创核心技术。

从本质上来说，区块链技术是一个共享数据库，存储于其中的数据或信息，具有"不可伪造""全程留痕""公开透明""集体维护"等特征。基于这些特征，区块链技术奠定了坚实的"信任"基础，创造了可靠的"合作"机制，具有广阔的运用前景。

从学术角度来说，区块链技术是分布式数据存储、点对点传输、共识机制、加密算法等计算机技术的新型应用模式。区块链作为比特币的底层技术之一，像一个数据库账本，记载着所有的交易记录。

> **课外资料**
>
> 我们现在所提到的"区块链"一词在中本聪所发的比特币白皮书中并没有出现，在比特币

白皮书中仅有"链"的概念,而区块链是人们为了给比特币的这种底层技术一个统一的概念而创造的新词,即所有类似于比特币中这种"链"的技术统称为区块链技术。而比特币和区块链的区别与联系就是比特币是区块链的一个应用实现,区块链是比特币的底层技术之一。

定义中的部分名词解释:

集体维护:区块链的集体维护是指系统中的数据块由系统中所有具有维护功能的节点来共同维护,而这些具有维护功能的节点是开源的,任何人都可以参与。

分布式存储:分布式存储就是将数据分散存储到多个存储服务器上,并将这些分散的存储资源构成一个虚拟的存储设备,实际上数据分散地存储在企业的各个角落。分布式存储的好处是提高了系统的可靠性、可用性和存取效率,还易于扩展。

点对点传输(Peer-to-Peer,P2P):即个人对个人、点对点模式,又称对等互联网络技术,是一种网络新技术,依赖网络中参与者的计算能力和带宽,而不是把依赖都聚集在较少的几台服务器上。

共识机制:通过特殊节点的投票,在很短的时间内完成对交易的验证和确认。对一笔交易,如果利益不相干的若干个节点能够达成共识,就可以认为整体对此也能够达成共识。举个例子,如果一名中国微博大V、一名美国虚拟币玩家、一名非洲留学生和一名欧洲旅行者互不相识,但他们都一致认为你是个好人,那么基本上就可以断定你这人还不坏。

加密算法:对数据加密的基本过程,即对原来为明文的文件或数据按某种算法进行处理,使其成为不可读的一段代码为"密文",使其只能在输入相应的密钥之后才能显示出原容,通过这样的途径来达到保护数据不被非法人窃取、阅读的目的。该过程的逆过程为解密,即将该编码信息转化为其原来数据的过程。

(二)区块链的发展

区块链技术给互联网社会带来了很大的改变,对照图8-1区块链技术发展时间轴来进行梳理,目前业界广泛认可的"区块链技术带来的变革"的分类如下:

区块链1.0——虚拟货币时代。代表着虚拟货币的应用,其中包括支付、流通等虚拟货币职能。最典型的代表就是比特币,比特币是第一个区块链应用场景:2009年1月3日,比特币中第一个区块被中本聪创建,比特币从此登上货币市场舞台。最开始的比特币的价值非常低,1美元可以兑换1 000多枚比特币,其中"比特币-披萨"交易最为出名,这笔交易是由在2010年5月美国佛罗里达州一名叫Laszlo Hanyecz的程序员发起的,他为了证明比特币的货币交易属性,花费了10 000枚比特币换了2张价值25美元的披萨优惠券。

此时,区块链1.0已经拥有非常庞大的蓝图,但它还无法普及其他行业中。

 课外资料

经典故事——10 000个比特币买了两个披萨

2010年5月的一天,佛罗里达州天气温暖、阳光明媚,程序员兼比特币早期矿工Laszlo Hanyecz年幼的小女儿,正踮着脚伸手去拿放在餐桌上的披萨。这两个披萨是Hanyecz用10 000枚比特币换来的。

那时,距离比特币问世还不到两年的时间,在普通人眼中它几乎一文不值,一枚比特币的价格还不到半美分，并且根本没有商家愿意接受用比特币付款。而 Laszlo Hanyecz 作为一名早期的比特币矿工，他的电脑每天都能够挖出数以千计的比特币，于是他萌生了一个念头，"在网上寻找一个愿意跟他用比特币交换食物的小伙伴。"

2010 年 5 月 18 日，Hanyecz 首次在 BitTalk 论坛上发出了交易请求，说他愿意用挖矿所得的 10 000 枚比特币购买两个披萨。刚开始的两天，论坛上的大部分人讨论的还是用 10 000 枚比特币换两个披萨值不值或者是如何将披萨送到 Hanyecz 的住处，甚至有人出主意让他以 41 美元的价格在比特币市场上出售这些比特币而不是去买两个披萨。

直到请求发出四天之后，Hanyecz 才宣布他成功用比特币与一个叫作 Jercos 的用户换了两个披萨。

[2010 年 5 月 18 日上午 12：35

Laszlo Hanyecz："我愿意花 10 000 枚比特币买两个披萨。我可以今天吃一个，留一个到明天再吃。你可以自己做或者将外卖订单的收货地址设置为我家。我的目标只是用比特币换取食物而已。"

2010 年 5 月 18 日下午 7：01

ender_x："10 000 枚比特币相当多了，你可以拿到 Bitcoin Market 上去卖掉，它们还值 41 美元。"

2010 年 5 月 21 日下午 9：12

BitcoinFX："Laszlo，我愿意给你买一个披萨，但我不是美国人，他们可能会以为我在恶作剧。"

2010 年 5 月 22 日下午 7：17

Laszlo Hanyecz："我只想说，我成功地用 10 000 枚比特币换到了披萨。"]

大概当时谁也没有想到，八年之后比特币的价格最高达到了 2 万美元，而这两个披萨将价值两个亿。

面对与两个亿的失之交臂，有人曾采访过 Laszlo Hanyecz 问他是否后悔错过了成为亿万富翁的机会，Laszlo Hanyec 回答说，我并不后悔，因为我认为我的这个行为是伟大的，这是我参与比特币发展的一种方式。我知道，如果我可以使用比特币购买食物，那么它就跟其他的货币一样，我们就可以靠比特币生活。

其实，比特币诞生的初衷就是成为一种点对点的支付系统。Laszlo Hanyecz 用比特币换披萨的行为正式开启了比特币在现实中作为一种支付工具的大门。

Laszlo Hanyecz 和 Jercos 在这场交易发生之前，彼此并不认识，他们只是在 IRC 聊天室讨论过关于比特币的问题，对彼此的 ID 号很熟悉，在看到 Hanyecz 发出的交易请求之后，居住在距离佛罗里达州 1 900 千米以外的加州西海岸圣克鲁斯附近的 Jercos 在聊天室与 Hanyecz 取得了联系。

在那个比特币还属于极客玩物的时期，在商家还没有开始接受比特币支付的时候，他们的交易只能在双方达成共识的基础上进行。2010 年 5 月 22 日下午，Jercos 先在棒约翰订购了两个披萨送到了 Hanyecz 的家中，而后在当天下午 18：16 左右，Hanyecz 向 Jercos 的比特币地址发送了 10 000 枚比特币。

资料来源：https://www.163.com/tech/article/E1025HUG000998GP.html

区块链 2.0——智能合约时代。这个时代的代表是"以太坊"平台。其实智能合约的概念在区块链1.0中就已经被运用,但由于当时的区块链技术无法普及,要使区块链应用到非金融领域非常困难,区块的大小限制导致其记录信息的能力非常有限。2013年年末,Vitalik Buterin发布了以太坊初版白皮书,在比特币区块链的基础上,完善了脚本系统,使智能合约可以应用在非金融领域中。2014年7月24日,以太坊上线,标志着比特币和区块链技术解耦,区块链技术正式进入2.0时代。

> **课外资料**
>
> 以太坊是一个开源的、有智能合约功能的公共区块链平台,通过其专用加密货币以太币(Ether,"ETH")提供去中心化的以太虚拟机(Ethereum Virtual Machine)来处理点对点合约。
>
> 以太坊的概念首次在2013年至2014年间由程序员Vitalik Buterin受比特币启发后提出,大意为"下一代加密货币与去中心化应用平台",在2014年通过ICO众筹开始得以发展。
>
> 截至2018年2月,以太币是市值第二高的加密货币,仅次于比特币。
>
> 解耦:耦合是指两个或两个以上的体系或两种运动形式间通过相互作用而彼此影响以至联合起来的现象。解耦就是降低两者之间的耦合度。区块链与比特币的解耦意味着区块链有了更广阔的应用空间。

区块链3.0——"万物互联"时代。在区块链2.0的基础上结合了智能化物联网时代,使区块链3.0更加具有实用性,可以涉及生活的各方面面,是价值互联网的内核。区块链不再仅能记录金融业的交易,而是可以记录任何有价值的能以代码形式进行表达的事物。目前在经济、科技、政治等领域都存在广泛的应用。区块链技术可以显著改进各个领域的服务流程,改变传统商业模式,使社会形成一个多种设备无缝对接的价值互联世界,使经济不仅是金钱的流通,互联网不仅是信息的流通,进而达到真正意义上的去中心化组织。

> **课外资料**
>
> 万物互联:将人、流程、数据和事物结合一起使得网络连接变得更加相关、更有价值。万物互联将信息转化为行动,给企业、个人和国家创造新的功能,并带来更加丰富的体验和前所未有的经济发展机遇。
>
> **同步思考**:管理、监控和责任将会在万物互联世界发生什么样的变化?

区块链技术发展时间轴如图8-1所示。

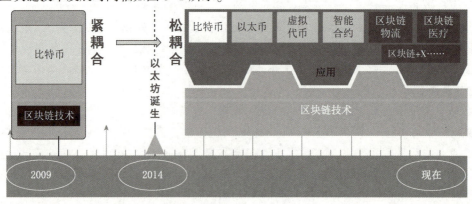

图8-1 区块链技术发展时间轴

(三)区块链技术的特点

区块链是一种把区块以链的方式组合在一起的数据结构,它适合存储简单的、有先后关系的、能在系统内验证的数据,用密码学保证了数据的不可篡改和不可伪造。它能够使参与者对全网交易记录的事件顺序和当前状态建立共识。区块链的应用前景是非常可观的,因为它具有四大特点:

(1)开放、共识。

任何人都可以参与到区块链网络,每一台设备都能作为一个节点,每个节点都允许获得一份完整的数据库拷贝。节点间基于一套共识机制,通过竞争计算共同维护整个区块链。任一节点失效,其余节点仍能正常工作。

(2)去中心、去信任。

区块链由众多节点共同组成一个端到端的网络,不存在中心化的设备和管理机构。节点之间数据交换通过数字签名技术进行验证,无须互相信任,只要按照系统既定的规则进行,节点之间不能也无法欺骗其他节点。

(3)交易透明、双方匿名。

区块链的运行规则是公开透明的,所有的数据信息也是公开的,因此每一笔交易都对所有节点可见。由于节点与节点之间是去信任的,因此节点之间无须公开身份,每个参与的节点都是匿名的。

(4)不可篡改、可追溯。

单个甚至多个节点对数据库的修改无法影响其他节点的数据库,除非能控制整个网络中超过51%的节点同时修改,这几乎不可能发生。区块链中的每一笔交易都通过密码学方法与相邻两个区块串联,因此可以追溯到任何一笔交易的前世今生。

只要我们相信区块链技术,我们就可以通过区块链技术及其特性,构建一个可以互相信任的大型合作网络。2015年《经济学人》中的封面文章为"信任的机器",文中认为人们由于对比特币的认识,忽视了区块链技术的潜力。区块链技术可以让我们在没有第三方权威机构的前提下建立与对方的"信任"。

二、区块链技术及其应用概述

(一)区块链技术的关键点

在各领域中应用区块链技术之前,需要了解应用区块链技术可以为我们解决哪些问题,也就是区块链技术涉及哪些关键点:

(1)去信任化:区块链技术的应用可以简化交易双方的交易流程。在传统的交易过程中,人们总是更相信自己亲手写过或签过的协议。加入区块链技术之后,可以使交易过程无纸化。

(2)去中介化:在过去,两个互不相识的人要达成交易非常困难,往往需要一个可信的第三方介入,而通过使用区块链技术,可以使用机器,从数学原理上解决信用问题,降低交易成本。

(3)数据加密:区块链技术中采用P2P的模式。同时,区块链系统中使用了非对称加密技术。也就是说,在区块链系统中存在两个密钥:公钥和私钥。其中公钥公开全网可见,所有人都可以通过公钥加密信息,而对信息使用公钥加密,只有通过另一个密钥"私钥"来解开，即"证明你是谁"和"证明你对即将需要做的事情已经获得必需的授权"。区块链上的账户信息是高度加密的，信息只有在数据拥有者授权之后才可以访问。或者用户在对数据共享之前先加密再进行计算，计算之后的结果也是密文，通过这样的方式可以在进行数据的共享和计算的同时防止数据或者模型的泄露，可以有效提高数据的安全性，使用户更愿意将数据储存在区块链系统中。

(4) 防篡改：改变区块链上的交易很困难，因为这意味着需要改变大多数(51%)的网络成员设备上的本地记录，并且需要改变链中每个区块的加密散列，而这件事本身就是需要花费巨大算力、消耗巨大成本的几乎不可能做到的事情，所以区块链上进行数据伪造和更改的成本和代价非常高，可以从经济利益方面保障数据安全，有效地降低交易风险。

 课外资料

加密散列：散列和加密本质上都是将一个对象变成一串无意义的字符串，不同点是经过散列的对象无法复原，是一个单向的过程。例如，对密码的加密通常就是使用散列算法，因此用户如果忘记密码只能通过修改而无法获取原始密码。但是对于信息的加密则是正规的加密算法，经过加密的信息是可以通过密钥解密和还原的。

(5) 共识机制：区块链技术之所以被如此重视，最关键的就在于它提供了一种解决节点间信任问题的方案——共识机制。由于区块链技术使用的是P2P模式，各点之间又是分散平行的，所以需要共识机制来维护系统的运作，这也为我们带来了一种新的商业模式。目前区块链的共识机制已经出现了很多种，主流的共识算法有工作量证明(Proof-of-Work, PoW)、权益证明(Proof-of-Stake, PoS)、股份授权证明(Delegate Proof of Stake, DPoS)等。

 课外资料

共识机制中的主流共识算法介绍

工作量证明(Proof-of-Work, PoW)：一种对应服务与资源滥用或是阻断服务攻击的经济对策。一般是要求用户进行一些耗时适当的复杂运算，并且答案能被服务方快速验算，以此耗用的时间、设备与能源作为担保成本，以确保服务与资源是被真正的需求所使用。此概念最早由 Cynthia Dwork 和 Moni Naor 于1993年的学术论文提出，工作量证明则是在1999年由 Markus Jakobsson 与 Ari Juels 提出。比特币所采用就是 PoW 共识算法。

权益证明(Proof-of-Stake, PoS)：2012年，化名 Sunny King 的网友推出了 Peercoin(点点币)，该加密电子货币采用 PoW 机制发行新币，采用 PoS 机制维护网络安全，这是这种机制在加密电子货币中的首次应用。

当创造一个新区块时，矿工需要创建一个"币权"交易，交易会按照预先设定的比例把一些币发送给矿工本身。权益证明机制根据每个节点拥有代币的比例和时间，依据算法等比例地降低节点的挖矿难度，从而加快了寻找随机数的速度。

PoS 对比 PoW 的区别：不同于 PoW 要求证明人执行一定量的计算工作，PoS 要求证明人提供一定数量加密货币的所有权即可。这种共识机制可以缩短达成共识所需的时间，但本质上仍然需要网络中的节点进行挖矿运算。因此，PoS 机制并没有从根本上解决 PoW 机制难以应用于商业领域的问题。

股份授权证明(Delegate Proof of Stake，DPoS)：DPoS通过使用证人(通常称为代表)减轻了中心化导致的潜在负面影响。

通过使用一种去中心化的投票流程，由那些使用网络进行每次交易的节点进行投票选出 N 个证人来签署这些区块。

DPoS对比PoW和PoS的区别：DPoS并没有彻底消除对信任的需求，而是要确保那些代表整个网络的受信任的签名区块的证人节点要正确无误且没有偏见。此外，每个被签名的区块必须有一个先前区块被可信任节点签名的证明。DPoS中交易不需要等待一定数量的非可信节点验证之后才能确认。DPoS通过减少对确认数量的要求，大大提高了交易的速度。通过网络(投票)决定，通过特意将信任托付给最可信的潜在区块签名节点，通过别除不必要的人为障碍来加快区块签名过程。与PoW和POS相比，DPoS允许将更多的交易包含在一个区块中。DPoS使得加密货币技术在交易处理速度上可以与中心化计算系统在同一个级别上竞争。这些计算系统管理着世界上最流行的电子支付系统。

在DPoS中仍然存在中心化现象，但其中心化是受到控制的。与其他保护加密货币网络的方法不同，DPoS系统中的每个客户端都有能力决定信任谁，而不是信任那些资源集中最多的节点。基于DPoS的区块链网络保留了一些中心化系统的大量优势，同时又能保证一定程度的去中心化，DPoS通过公平选举使得任何节点都有可能成为大多数节点委托的代表。

目前区块链的共识机制还有很多，在此仅介绍以上三个，读者若对此有兴趣可通过其他资料进行更深入的了解。

(6)智能合约："智能合约是一套以数字形式定义的承诺，包括合约参与方可以在上面执行这些承诺的协议"，它是在1993年被计算机科学家、加密大师Nick Szabo所提出的。智能合约具有规范、透明、自动化、智能的特点。它是一种代码合约，可以不依赖第三方，通过预先设置好的程序，自动执行双方的协议承诺条款。

课外资料

简单来说，智能合约是将传统合约数字化，并由代码代替人充当第三方。这也使得智能合约与传统合约有以下几点不同：

①不再依赖可信的第三方进行执行合约；
②完成合约的整个过程更快更简洁；
③解决了交易双方的可信性问题；
④降低了与合约相关的成本。

举个例子：

A 与 B 在某区块链平台比赛，以"对第二天的天气预测"为比赛题目。A 认为明天是晴天，B 认为明天不是晴天，两人通过建立智能合约，约定预测不准确的人给预测准确的人10元钱。则该合约会先锁定两方账户上的10元钱，并在第二天进行自动判断，将预测不准确一方被锁定的10元钱转到预测准确一方的账户上。

同步思考：智能合约有很多优点，但它仍存在很多问题，你认为智能合约还存在哪些问题？

> **小任务**
>
> 通过以上对区块链的了解与学习，可扫描上方所示二维码观看视频进行简单的总结梳理。请在视频播放至9分钟左右停止播放，对以下三个问题进行思考：
>
> 1. 如何建立一个严谨的数据库，使得该数据库能够存储下海量的信息，同时又能够在没有中心化结构的体系下保证数据库的完整性？
> 2. 如何记录并存储下这个严谨的数据库，使得即便参与数据记录的某些节点崩溃，我们仍然能保证整个数据库系统的正常运行与信息完备？
> 3. 如何使这个严谨且完整存储下来的数据库变得可信赖，使得我们在互联网无实名背景下防止诈骗？

视频 8-1
区块链技术概述

（二）区块链的核心技术

以上任务中提到的三个问题，就是区块链技术所解决的三个核心问题，而区块链能够解决这三个问题，是因为区块链技术使用了以下四个核心技术创新：

1. "区块+链"模式

区块链技术对数据库的结构进行创新，把数据分成了不同的区块，每个区块通过特定的信息链接到上一区块的后面，前后顺连来呈现一套完整的数据。

2. 分布式结构

区块链的分布式结构是一种开源的、去中心化的协议。传统的记账方式是将所有交易记录存储在一个中心节点，这会导致一旦这个中心节点崩溃，整个数据库系统都会存在崩溃和信息丢失的情况。而区块链的结构设计让每一个参与数据交易的节点都记录并存储下所有的数据。从理论上来讲，除非所有节点同时崩溃，否则就可以保证该系统的正常运行和信息完备。

3. 非对称加密算法

前面介绍过，在区块链系统内，所有权验证机制的基础是非对称加密算法。而这种加密算法既可以保证信息的真实性，也可以保证信息的安全性。一方面，保证信息的真实性是由于用户在加密时的密码(公钥)全网公开可见，参与者都可用自己的公钥加密一段信息；另一方面，保证信息的安全性是由于解密时的密码(私钥)只有信息拥有者才知道，被加密过的信息只有拥有相应私钥的人才能够解密。

4. 脚本

脚本是一种可编程的智能合约。在区块链去中心化的环境下，所有协议都需要提前取得共识，那脚本的引入是不可或缺的。通过脚本，用户可以灵活改变花费掉存留价值的条件，以及可以灵活地在发送价值时附加一些价值再转移的条件。

 课外资料

举个例子：

假设你生活在一个叫菠萝村的村子中，这个村子没有实体货币。某天村民 A 从村民 B

那买了100元的肉，村民A与村民B就用广播和大家说："A账户减少100元，B账户增加100元。"大家都拿出自己的账本记下这条交易信息。

后来大家发现自己时刻都在记账，并且记的账大多和自己无关，所以大家共同选择出了一个村民C来充当记账先生，此后菠萝村的任何交易都由记账先生来记账。记账先生在每天下午清算账单并公布出去，供大家检查有无问题。如果大家都认为这个账单没问题，每个村民就将这份账单抄一份带回家，并写上当天的日期保存起来。这样可以免除所有人无时无刻不在记账的麻烦。

这样，菠萝村每天都会生成一份账本。例如2月10日账本、2月11日账本、2月12日账本。同时这些账本又是独立存在的，所以我们可以把这些账本看作一个个的区块，例如区块1、区块2、区块3。区块就这样生成了，区块可以简单粗暴地理解为多条账目的打包。

如果每天公布一次账本，就可以说今天所有账目打包成一个区块。当然，区块的打包时间也可以改变，如10分钟打包一次指10分钟生成一个区块，30分钟打包一次指30分钟生成一个区块。链就是指将两个相邻的日子的账本联系起来。

菠萝村进行了一天的交易，交易结束后记账先生公布了账目，出现了一个期末余额。例如，村民D今天原本有期初余额1 000元，今天进行了三笔交易，分别是工钱收入150元，买肉支出100元，买酒支出20元，期末结余1 030元，第二天记账开始时，记账先生将每个人前一天的期末结余写在开头作为新的一天的期初余额，新的一天所有交易将会基于前一天的余额。由于前一天的期末结余与新的一天的期初余额是一致的，因此可以理解为前一天的账目和新的一天的账目通过结转余额的方式联系在了一起，而这个余额也自然而然地充当将两个账本连接在一起的链条，类似区块链中的链。

这时，记账先生由于每天忙于记账，没有收入，因此没有人愿意做记账先生。于是大家商定，每完成一笔交易，都将给记账先生1元作为报酬，而这1元钱就是交易的手续费，为了养活记账先生，有了这笔收入，记账先生也算没有白忙，记账先生每天要记账大约500条，收入就是500元。村民D看到村民C记账收入比自己忙碌一天的工资要高很多，很快大家都发现了记账先生的收入很高，于是大家都想做记账先生。

经过一番讨论，大家决定用抛硬币的方式决定谁成为今天的记账先生。规定每人抛硬币20次，谁正面多就由谁做今天的记账先生。大家一致认为这个规则很公平，都很认同这个规则，达成共识。而抛硬币选择记账先生的方法可以理解为一个选举机制，因为这个机制是大家共识的，所以被称为共识机制。在区块链中，就是通过共识机制选出记账者。

此时，还有一个问题，村民E家距离公布账目的地方很远，不方便每天到公告栏抄账目，于是她选择抄邻居F的账目，邻居F又可以抄邻居G的账目。因为可以互相借阅，就解决了公布账目时挤破脑袋复制账本的问题。邻居抄邻居的账本，本质上可以看作用户对用户点对点的信息传播，用户之间也可以互相联系，最终连接在一起形成一个网络。这个信息传递的方式，也就是区块链的网络路由方式——用户对用户，每个人既是信息的接收者，也是信息的传播者。

在信息传递过程中，菠萝村的每个居民都被称为一个节点。如果现在有人想要篡改这个账本，因为每个人手中都有一个账本，所以篡改账本非常困难。在传统模式中，账本往往由少部分人掌管，如出纳、会计等人员，现实之中的账本是集中的。而在菠萝村，每个人都有一个每天同步的账本，每个人拿到的都一样，并且没有集中的现象，也就是去中心化。

所以可以说菠萝村是去中心化的账本。这就得到了几个概念。

(1)每个节点之间的信息联系是点对点的,即 P2P 的网络路由模式。

(2)每个节点都有打包账目的权利,也就是分布式账本。

(3)具体由谁来充当账目的打包者,则是通过共识机制选出。同时,账目打包者可以获得手续费和系统奖励。

(4)由于是分布式账本和时间链接的缘故,故账本难以篡改。

所以区块链就是一个大家共同维护的账本,并且这个账本具有不可随意篡改、公开透明、账目可靠和去中心化的特点。

案例来源:哔哩哔哩 up 主-裹小脚的大叔的视频,视频地址 https://b23.tv/r5E6Hv

(三)区块链技术的应用优势

通过前面对区块链的分析,我们可以清晰地看到应用区块链技术可以为各行各业解决很多问题。区块链的优势主要有以下六点:可以降低开销和复杂性,实现共享可信交易,减少错误,具有极高的健壮性,足够安全,可审计。

目前,区块链在各个应用领域已经发挥了很大的作用,主要的应用领域的应用情况如表 8-1 所示。

表 8-1 区块链技术在主要应用领域中的作用

主要应用领域	应用前	应用后
金融业(银行、支付转账、股票交易等)	流程复杂; 中心化数据存储; 第三方担保	简化流程; 分布式存储,安全性提升; 无须第三方,降低成本
网络安全	中心服务器存储数据、转移和传递	信息传播路径改变,不可拦截
身份信息管理	银行、信用卡身份识别过程烦琐; 身份信息易被盗用	简化识别过程; 加强身份信息
公证	需要政府、公信力第三方提供背书	数学加密做信用背书,自动完成公证; 永久保存资料
投票	计票可能存在伪造; 选民身份信息保护环节较弱	过程全网公开;选票可追溯; 选民身份保密性好
供应链	低效、产品作假、低质量风险高	供应链各环节诚信保证高; 产品信息可追溯,质量可保证

三、区块链技术的现存问题及未来发展

(一)区块链技术的现存问题

区块链技术是一个新兴的技术,虽然应用前景非常好,但技术仍不够成熟,存在的问题主要集中在以下三个方面:

1. 共识机制存在的问题

前文提到过,区块链的共识机制已经出现了很多种,但目前主流的区块链共识机制本身

仍存在一些缺点：PoW共识机制相比于其他共识机制来说，资源消耗量大，每次达成共识需要全网共同参与运算，共识周期长；PoS共识机制相比于PoW来说，虽然节约了大量资源，但是这种共识机制需要挖矿，无法解决商业应用问题，并且在这种共识机制下容易出现分叉成多条链的情况，安全性有待验证；DPoS共识机制的缺点也非常明显，它需要依赖代币，而很多商业应用本身不需要代币，同时这种共识机制的安全性也是有待验证的。

 课外资料

代币：一种加密的虚拟货币。目前代币的种类有数千种。

温馨提示：在这些代币中，大量是无用山寨代币，不要轻信小道消息，盲目冲动入圈。

就目前的主流共识机制来说，还没有出现一种完美的共识机制，可以适用于所有应用场景。当然，这种完美的共识机制是否存在，也需要通过各位读者与各专业的学者们的不断探寻。

2. 智能合约存在的问题

虽然智能合约可以通过对触发条件进行智能判断，来进行下一步的选择运行，但是目前的智能合约"智能"有限，如一些主观性的判断指标很难列入智能合约中进行"智能"判断。

同时，由于个体的能力有限，在编写智能合约时，如果存在漏洞，则可能会被黑客利用攻击，给用户造成损失。而且由于区块链系统中的智能合约是完全客观的，在智能合约的漏洞受到黑客攻击时，系统中的所用用户都无法通过人的主观能动性来阻止这件事的发生，这使得智能合约不够安全。同时也可以看出，智能合约目前还存在门槛高、稳定安全的合约少的问题。

3. 系统性能存在的问题

目前区块链技术依旧不够成熟，还有很大完善空间，其中单位时间处理交易数有限是阻碍区块链技术大规模落地应用的最主要的难关之一。如何提高区块链系统中单位时间处理交易数也是区块链技术研发的重点方向之一，现在的主要研究方向有研究完善共识机制、增加每个区块的容量、减小交易信息大小、将区块链系统分片等。

若区块链系统中节点增加，节点间的交易就会增加，当有大量节点之间带来大量交易时，区块链系统无法及时确认这些交易，因为它们都"拥堵"在网络中。目前的区块链系统的交易效率远无法满足商业化应用。

区块链系统中还存在区块同步速度慢的问题，在中国区，新建一个数字货币账号，需要同步大量区块，速度非常慢，往往几天都无法同步完。

对区块链系统进行升级也很慢，因为代码也是写在链上的，也具有不可篡改的特性。这意味着区块链系统需要迭代更新升级，就需要得到大多数节点的认可一起更新才有效。

（二）区块链技术的未来发展

区块链支撑了新一代信息化技术，构造可信基础平台设施，创造可信社区，形成可信互联网。

2020年3月，加快5G网络、数据中心等新型基础设施的建设进度，新基建成了我国超40万亿的重点发展战略。4月20日国家发改委正式将区块链纳入新基建，进一步明确新基建信息基础设施主要是指基于新一代信息技术演化生成的基础设施，如以5G、物联网、工业互联网、卫星互联网为代表的通信网络基础设施，以人工智能、云计算、区块链等为代表的新技术基础设施，以数据中心、智能计算中心为代表的算力基础设施等。同时，支持传统基础设施转型升级，形成融合基础设施，并进而形成产业技术创新基础设施。当然，区块链技术目前存在各种问题，在与其他技术结合的过程中也可以得到完善和发展。

 课外资料

新型基础设施建设（简称新基建），主要包括5G基站建设、特高压、城际高速铁路和城市轨道交通、新能源汽车充电桩、大数据中心、人工智能、工业互联网七大领域。

1. 区块链与云计算结合

云计算是分布式计算技术的一种，其最基本的概念，是透过网络将庞大的计算处理程序自动分拆成无数个较小的子程序，再交由多部服务器所组成的庞大系统经搜寻、计算分析之后将处理结果回传给用户。这使得企业能够将资源切换到需要的应用上，根据需求访问计算机和存储系统。

美国国家标准与技术研究院（NIST）定义：云计算是一个提供便捷的通过互联网访问一个可定制的IT资源共享池能力的按使用量付费模式（IT资源包括网络、服务器、存储、应用、服务），这些资源能够快速部署，并只需要很少的管理工作或很少的与服务供应商的交互。云计算提高了可用性，由五个主要特点，三个交付模式和四个部署模式组成。

区块链底层开发是高门槛工作，云计算具有低成本、快速部署的特性。

从定义上来看，云计算是按需分配，区块链则构建了一个信任体系，两者好像并没有直接关系。但是区块链本身就是一种资源，有按需供给的需求，是云计算的一个组成部分，云计算的技术和区块链的技术之间是可以相互融合的。

两项技术融合，能帮助中小企业快速、低成本地进行区块链开发部署。

毫无疑问，区块链的技术在理论上的确可以创造一个彻底安全和民主的网络，但是用户对"安全"愿意支付的价格是有限的，除非存储和CPU的价格还能无限下降。区块链会在一些高端领域（如金融行业）首先实现，但全民部署和万物互联全部区块链化只能是另外一个乌托邦式的梦想。

与云计算结合可以加快区块链技术成熟，推动区块链向更多领域拓展。

一方面，云计算可以利用自身已经成熟的基础架构或根据实际需求做出相应的反应，从而加速开发应用流程，来满足未来区块链技术在各个领域的深入发展。

另一方面，云计算要想被广大群众深度认知，就要解决"可信、可靠、可控制"三个问题，而区块链技术具有去中心化、匿名化以及书籍不能随意篡改等安全特征，与云计算长期发展的目标不谋而合。

2. 区块链与大数据结合

区块链和大数据都是现在重要的新兴技术，两者都会改变企业和组织的运营方式。

对大数据来说，其本身拥有着海量数据存储技术和灵活高效的分析技术，并且可以规范数据的使用，精细化授权范围，推动形成基于全球化的数据交易场景。

但是随着数据不断增长，对数据进行良好的分析越来越困难，如无效数据、无法访问的数据、隐私问题、安全问题等。对数据质量的管理越来越重要，要保证数据处理结果的真实可信，就必须要保证使用的大数据是干净安全、未经修改并且是有可访问的真实来源的。

区块链技术虽然在数据统计分析能力方面较弱，但是可以通过与大数据技术结合，弥补区块链技术分析能力的不足的同时，解决大数据技术面临的数据质量、数据分析结果的正确性和数据挖掘效果等问题。

3. 区块链与物联网结合

物联网是万物互联技术，有助于实现物联世界与信息世界的融合，构建"物信合一"的客观信用。通过物联网技术，融合北斗与5G技术，实现"人、货、工具、环境"等的全方位感知，提升货物的感知能力与风控水平。人可以通过刷脸、定位等技术实时跟踪，货物可以通过电子围栏、智能摄像头、温湿度传感器、RFID、数量测量仪等技术实现安全、品质、数量等维度的全方位监管，叉车等工具可以实现智能定位、作业跟踪与控制，通过摄像头、传感器等实现内外部环境的立体化监管。

区块链和物联网都具有分布式特征。

区块链技术可以为物联网提供点对点直接互联的方式来传输数据，而不是通过中央处理器，这样分布式的计算就可以处理数以亿计的交易了。同时，还可以充分利用分布在不同位置的数以亿计闲置设备的计算力、存储容量和带宽，用于交易处理，大幅度降低计算和存储的成本。

物联网中每一个设备都能管理自己在交互中的角色、行为和规则。

未来物联网不仅仅是将设备连接在一起完成数据的采集，人们更加希望连入物联网的设备能够具有一定的智能，在给定的规则逻辑下进行自主协作，完成各种具备商业价值的应用。

物联网存在安全隐患，区块链为物联网提供自我治理的方法。

物联网安全性的核心缺陷就是缺乏设备与设备之间相互的信任机制。物联网中，所有的设备都需要和物联网中心的数据进行核对，一旦数据库崩塌，会对整个物联网造成很大的破坏。而区块链分布式的网络结构提供一种机制，使得设备之间保持共识，无须与中心进行验证，这样即使一个或多个节点被攻破，整体网络体系的数据依然是可靠的、安全的。

课外资料

以线上交易为例，当我们在某平台进行交易时，我们的交易不是直接进行的，而是由买家先转钱给平台，再由平台转给卖家。在这个过程中，该平台作为第三方承担中介作用，以解决买卖双方的信任等问题。但当这个中介平台受到攻击而崩溃的时候，买卖双方的资产安全就会受到威胁。而在区块链的P2P传输网络中，每一个用户即是一个节点，他们之间是平等的，网络中的所有节点都可以互相传输，整个网络中没有任何中心，网络中的任何2个点都可以进行数据传输。

仍以线上交易为例，比特币的交易就是应用的区块链P2P技术。与传统交易不同，比特币交易中，转账人和收款人之间不需要任何第三方，就能安全可信地完成交易。

4. 区块链与人工智能结合

区块链技术有一个重要的特性是可信性。区块链有助于人工智能实现契约管理，并提高人工智能的友好性。例如，通过区块链对用户访问进行分层注册，让使用者共同设定设备的状态，并根据智能合约做决定，不仅可以防止设备被滥用，还能防止用户受到伤害，可以更好地实现对设备的共同拥有权和共同使用权。

人工智能与区块链技术结合最大的意义在于，区块链技术能够为人工智能提供核心技能——贡献区块链技术的"链"功能，让人工智能的每一步"自主"运行和发展都得到记录和公开，从而促进人工智能功能的健全和安全、稳定。

5. 区块链与工业互联网平台结合

工业是极具系统属性的行业，参与协同主体多，信息来源广，数据量大，业务链条长，而区块链独特的可追溯、共享等特性可对工业互联网实现跨区域、多主体、全流程的立体化多维共享协作有着十分关键的作用。

由于区块链技术的特性，它可以对工业互联网中的数据确权、价值共享、主体协同、柔性监管方面有极大的促进作用，如图 8-2 所示，在工业互联网应用广阔。

尽管区块链在工业互联网领域优势明显，发展潜力巨大，但是目前工业区块链的广泛应用中仍存在一定的挑战，具体表现在数据有效集成与管理难度较大、初期投入成本较高，需要多主体协调、隐私和数据保护形势严峻等方面。

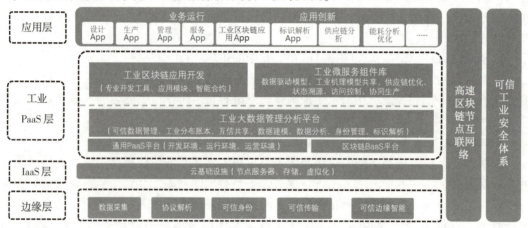

图 8-2　融合区块链技术的工业互联网体系图

6. 区块链与物流仓储控货结合

现代企业的仓库已成为企业的物流中心。过去，仓库被看成一个无附加价值的成本中心，而现在仓库不仅被看成形成附加价值过程中的一部分，而且被看成企业成功经营中的一个关键因素。仓库被企业作为连接供应方和需求方的桥梁。从供应方的角度来看，作为流通中心的仓库从事有效率的流通加工、库存管理、运输和配送等活动。从需求方的角度来看，作为流通中心的仓库必须以最大的灵活性和及时性满足各种类顾客的需要。因此，对于企业来说，仓储管理的意义重大。在新经济新竞争形势下，企业在注重效益，不断挖掘与开发自己的竞争能力的同时已经越来越注意到仓储合理管理的重要性。精准的仓储管理能够有效控制和降低流通和库存成本，是企业保持优势的关键助力与保证。

区块链是信任技术、连接技术与生态技术，有助于实现数字信任，连接交易各方并快速形成互信，加速仓单体系生态建设。数字信用包括交易主体、交易数据、货物监控、货物巡检、运营日报等各维度数据，通过区块链技术，实现数字信用的分布式记账、不可篡改、智能合约，提升可流转仓单体系的信任水平，加速数字信用构建。

结合区块链技术进行物联网系统的搭建，可以实现物理资产与数字资产的映射，保证上链信息的真实性和不可篡改性。

在物联网系统中应用智能合约模式，可以通过预置押品价值，通过标识解析设备采集货物变动信息，自动控货，风险自动告警。

由于区块链技术的特性，可以使用区块链信息与标识解析信息相互印证，保证控货真实可靠、有效。

区块链技术可以重构物联网系统的信用体系，由主体信用转变为交易信用。

现实中已经有企业构建了区块链仓库供货系统，在企业使用该系统时可以对原有仓库操作流程进行优化，提升仓库的操作效率，并且可以实现将企业的货物可公开信息透明地呈现给供应链各方。若读者感兴趣，可以通过自行学习进行深入了解。

7. 区块链与一站式金融综合服务平台结合

到 2021 年，一站式金融综合服务平台已经有了较长时间的发展，结合区块链技术的一站式金融综合服务平台也已经实现。所谓一站式金融综合服务平台，是由于普遍客户的投资理财意识的激活、多元化资产配置需求的提升，传统投资理财等资产管理服务领域的"二八定律"被打破，而形成了一种新的行业竞争格局——"投资理财+资产配置"的一站式金融综合服务模式，如图 8-3 所示。该模式包括基金、理财、保险、贵金属以及外汇交易等多元化金融资产的在线搜索、比价、申购、组合、交易以及管理等。

图 8-3 一站式金融综合服务平台流程

通过区块链技术与其融合，可以获取更加高效优质的物流信息，使用先进的风控模型，进一步满足客户物流和金融需求。并且基于区块链技术支撑，可以实现数据安全、可信、可溯源，企业经营情况真实透明，金融服务过程有可信登记等需求。

从长期发展来看，云计算、物联网、人工智能、区块链等技术的互相联系和紧密融合，已经成为产业发展的重要趋势。这种情况下，对跨境、跨地方、跨行业、跨系统的数字化生产需求将不断增加，对跨专业人才的需求也会增加。管理方向的同学们也需要了解一些新技术的相关知识，掌握多领域技能，为新时代下的学习研究需求打好基础。

第二节 区块链技术在物流管理中的应用

一、物流管理发展现状与存在问题

(一)物流 4.0 时代——智慧物流

由于商品经济的快速发展,物流在供应链运营中变得越来越重要。而现代物流与信息技术息息相关,信息技术的发展是现代物流产业变革、实现跃迁式发展的关键和核心。当前,移动互联时代的到来,"互联网+"带来的产业互联网革命以及云计算、大数据、物联网、物流自动化和智能化技术的不断成熟优化,推动了现代物流与互联网产生更多的"化学反应",从而推动物流产业进入 4.0 时代。

物流 4.0 时代,即"智慧物流"时代,区别于传统物流,有智能化、柔性化、物流整合和自组织四个特点。智慧物流如图 8-4 所示,是利用物联网与智能信息技术,实现对物流全过程的实时监测、全方位控制、智能优化与自动化,以进行物流价值链整合和延伸的一种新模式。智慧物流所应用的技术,包括了射频识别设备(RFID)标签、区块链、大数据分析、人工智能(AI)、无人机等新型智能信息技术,致力于实现物流自动化、可视化、可追溯和物流过程的智能决策。更加智能化和智慧化的"智慧物流"时代正逐渐拉开大幕,并将引发新一轮的物流产业变革。

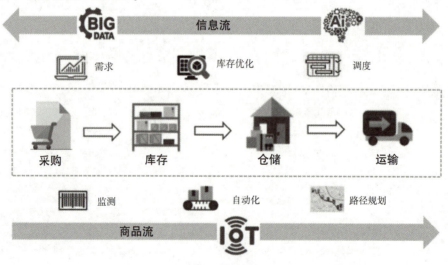

图 8-4 智慧物流

> **课外资料**
>
> 物流 1.0 时代:传统物流产业时代;
> 物流 2.0 时代:基于信息技术和科技发展建立起来的一体化物流系统时代;
> 物流 3.0 时代:现代物流体系与制造业信息实现深度融合共享,实现企业信息流、物流与资金流的"三流合一"的时代;
> 物流 4.0 时代:"智慧物流"时代,区别于传统物流有智能化、柔性化、物流整合和自组

织四个特点。智慧物流是利用物联网与智能信息技术,实现对物流全过程的实时监测、全方位控制、智能优化与自动化,以进行物流价值链整合和延伸的一种新模式。智慧物流所应用的技术,包括了射频识别设备(RFID)标签、区块链、大数据分析、人工智能(AI)、无人机等新型智能信息技术,致力于实现物流自动化、可视化、可追溯和物流过程的智能决策。

将区块链技术应用于供应链的过程,也是智慧物流发展的一部分。但智慧物流的内容还包含很多,由于本章主要分享区块链技术在物流决策中的应用,故不在此做过多展开,感兴趣的读者可以自行搜索智慧物流的相关资料,进行更深入的学习与研究。

(二)物流管理中存在的问题与挑战

现在的产业供应链中,供应链中的参与方越来越多,信息流的共享也日渐庞大。多方主体之间跨度大、范围广,其中不可避免地会涉及敏感信息和信息安全等问题。在传统供应链中,通常是核心企业建立一个中心化的供应链资源共享平台,而产业上的小游企业则只是进行信息流的对接和线下运营的合作,如图 8-5 所示。这样的中心化平台,安全性和完备性全部依赖核心企业,核心企业既需要花费巨大成本,也需要承担风险。同时,每个环节的信息孤立存在各自系统中,导致取证、解决矛盾尤其艰难。

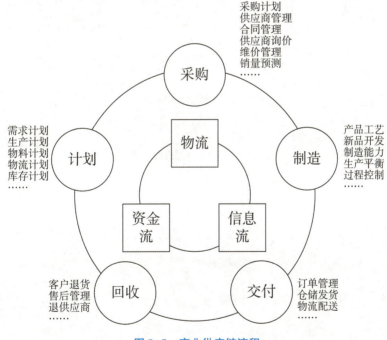

图 8-5 产业供应链流程

1. 物流信息管理方面存在的问题

从供应链的上下游来看,物流、信息流、资金流都有存在已久的难题。产品的堆积或不足,信息的传输过程中的不完全、不同步和不对称造成沟通成本增加,资金、资产周转周期长造成大量资金占用……供应链中各方问题都亟待解决。

特别是在企业的物流信息管理方面问题尤为突出。众所周知,信息传达、交流对物流管理的效果起决定性作用。但是由于国内物流资源分布较散,物流上下游企业的规模、体制各异,难以在物流企业间建立信任机制,物流企业相互不愿共享信息。同时,由于缺乏有效技术手段保证物流参与各方数据的安全性和可信性,企业无法通过有效渠道进行信息交换。这些信息交换的问题,一定程度上制约了物流业的发展。将目前存在的物流信息管理问题总结为以下三个方面:

(1)物流信息不对称。

信息不对称是影响我国物流业发展的重要原因。这种信息不对称,既有宏观层面的全球化国际视野、全国一盘棋和各地方各行业领域及其相互之间的信息不对称,物流企业之间的不对称,物流服务提供者与需求者之间的信息不对称,也有物流企业内部经营管理中各环节之间的信息不对称。

我们主要从供应链的角度来简单分析,如图8-6所示,供应物流是指供应企业为生产企业提供原材料、零部件或者其他物品使其得以加工制造的部分。在企业进行采购的过程中,企业的需求部门与采购部门存在着一定程度的信息不对称。在采购部门对供应商的选择过程中,对所有供应商的技术能力与原料质量,也存在信息不对称的问题。同时,在企业对供应商做出选择时,双方在质量、价格、交货时间和服务水准的沟通方面又会出现信息不对称问题。一些小散物流企业,以及寻求物流服务的企业,无法获取有效、充分的物流信息,势必对经营造成影响。

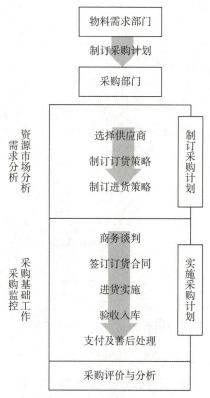

图8-6 供应物流管理流程图

(2)物流信息不透明。

长期以来,物流运作过程的信息对物流作业人员以外的人是不透明的。物流参与各方无法准确了解物资状态,导致参与方无法及时发现问题,进而影响企业进行相关决策。例如,由于运输过程信息不透明,导致危险品运输出事故后无法实施针对性的有效救援;冷链温度失控,由于物流过程信息不透明导致各环节协同效率低,进而导致整条供应链效率低下。

(3)责任主体认定难。

一旦物流出现问题,由于缺乏足够信息支持,无法确认事故责任主体,后期举证和追责也受到影响。

2. 其他问题与挑战

上述问题已经成为物流信息管理水平提升的"瓶颈",制约了物流行业发展。与此同时,物流管理还受到以下几方面的挑战:

(1)供应链跨度大,企业交互成本高。

企业的物流系统都是中心化的,由于物流供应链上下游企业间的数据共享和流转的需要,企业之间需要进行信息流的对接。在对接过程中,存在许多信用交接的环节,这就使得对接工作繁重。同时,这种模式也无法保证数据的真实性和可靠性。

(2)供应链数据存在信息孤岛。

供应链涉及企业的信息是分散在不同供应商手中的,企业之间的 ERP 系统并不互通,企业间信息是割裂的,整条供应链上的信息缺少一个共同的信息平台来存储、处理、共享和分析,这使得大量信息处于无法收集或无法访问的状态。同时这也导致了这些信息核对困难、交互不畅,增加企业成本。

(3)供应链中的商品溯源问题。

在过去,无论国家的鼓励还是企业的努力,都没能充分地解决商品溯源这个难题。在整个物流过程中,涉及众多的利益相关者,所以无法保证商品供应链中的某一方能够提供绝对真实可靠的商品信息。主要的原因如下:

①溯源信息易被篡改。传统溯源行业的系统数据库主要是企业自建的数据库中心或者系统技术服务方提供的云数据库,数据控制管理权集中在企业方。因为其自身是流转链条上的利益相关方,所以存在着企业篡改账本风险,从而使溯源流程失效的可能性。

②供应链上数据信息共享不充分。供应链上的各个供应商、物流商、生产商、零售商信息封闭,各自管理系统独立运行,难以建立多方共同信任体系和隐私保护体系,信息孤岛现象严重,导致中心化的溯源手段无法沿供应链条延伸,降低了传统溯源方法的真实性和公信力。

③溯源信息责任主体难确定。传统溯源行业存在数据不对称、监管不及时的现象,当产品出现质量事故、食品安全问题时,生产企业作为责任主体方,要承担相应的社会责任与法律责任,但是生产企业拥有溯源数据的唯一控制权,无法避免企业为了逃避责任选择修改或删除溯源数据的情况发生,因此无法确认具体的责任主体,最终将无法对问题产品进行针对性的处理。

④用户信任难以建立。难辨别、难溯源的假冒伪劣产品,不仅侵犯了消费者的权益,在食品、药品领域甚至威胁到了人们的生命安全。食品安全事故频发,已经严重打击了中国消费者对食品安全的信心,用户信任难以建立,如食品行业、药品行业等。

二、区块链技术在物流管理中的应用思路

(一)解决供应链合作中的信任管理问题

区块链自诞生至今,已经产生了无数辉煌的成果,其被称为能与互联网相媲美的革命性技术。然而,带来变革的不是区块链技术本身,而是其背后的价值观和精神理念——开放、透明、共享、互惠。而这种价值观和精神理念与供应链是耦合协调的,如图8-7所示。

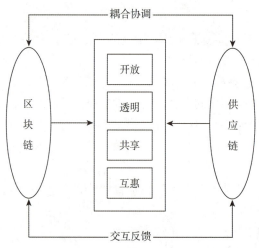

图8-7 区块链与供应链交互下的价值理念耦合

在传统供应链中,各成员之间的交易复杂多变,受制于中心化的管理模式,成员之间信息共享受限以及产品防伪追溯等比较困难,信息不对称以及各成员由于知识和理性的有限,导致供应链系统充满不确定性和风险。

信任正是人们面临这种不确定性和风险时的一种处理机制,在不可规避的情况下,信任无疑是解决这一客观现象的客观选择。而区块链技术本身的特性刚好可以建立一种信任机制,以解决上述问题,如图8-8所示。

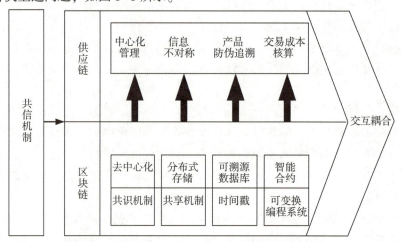

图8-8 区块链与供应链交互下的共信机制耦合

基于区块链技术的供应链信任管理机制体系，如图 8-9 所示，最主要的两部分内容是供应链信任硬性管理机制和供应链信任柔性管理机制。其中，硬性管理注意的是条例、规章、管理中的逻辑关系和因素；柔性管理则注意的是人，包括人的价值观、人的理性因素与非理性因素等。这两部分内容互为基础，共同促进供应链系统高度信任的形成。

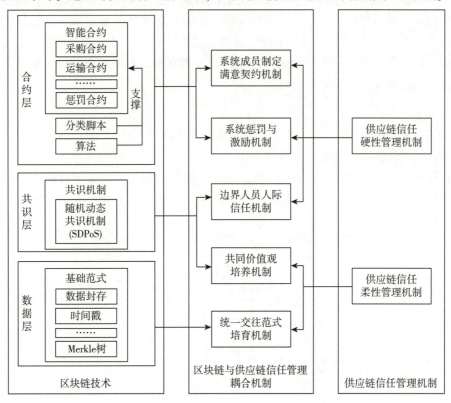

图 8-9　基于区块链技术的供应链信任管理机制体系

（二）解决物流信息管理中的问题

针对物流信息管理中存在的问题，区块链可对提升物流数据共享、保证物流数据的真实性，实施有效确权和追责，为提升物流数据安全性等方面提供一种技术途径。

1. 物流信息共享

以企业业务信息系统为基础，通过区块链将需要各方认可的信息或公共信息（如仓储信息、配送信息、车辆运力等），统一保存在区块链的数据账本中。这些信息可对网络中的所有物流节点公开，任何节点都可以通过预定义的接口查询账本中的数据，实现物流信息的共享，保证物流过程高度透明。

2. "责权"不可抵赖

依赖区块链记录数据的方式，任何节点提交的记账请求都需要网络中的共识节点进行背书，获取其认可后才可被写入账本中，一旦物流信息被记录，就不可被篡改，保证了数据真实性。同时，区块链采用非对称数字加密技术进行身份验证，保证了交易双方身份真实性。如果物流过程出现问题，可以利用区块链在保障数据真实性和身份真实性上的优势实施有效追责。

3. 提升物流信息安全保护

区块链对物流信息安全性的提升体现在四个方面：对接入区块链网络的节点实行认证制度，只有认证后的节点才能接入到区块链中，防止非法节点接入到网络中；通过匿名交易的方式切断身份信息与物流信息之间的关联，使得攻击者无法通过分析物流数据获得用户身份信息；基于P2P网络，通过中继转发的方式进行通信，攻击者很难通过窃听发现网络中传播信息的真实来源和去向；采用分布式的存储方式，不需要再对数据集中存储，避免传统服务器被攻击造成的数据泄露风险。

4. 自动履行物流合约

图8-10所示为物流信息管理框架运行流程，利用区块链的智能合约机制，可以将传统的纸质合同转化为数字合同存放在网络中，区块链自动判断合约条件，根据条件满足情况自动执行合约。以运输合同为例，一旦合约拟定的条件满足，区块链自动执行付款。依赖于区块链对数据真实性的保证，相比传统合约履行过程，该方式可兼顾合同双方对降低合约风险和提高合约履行效率的诉求。

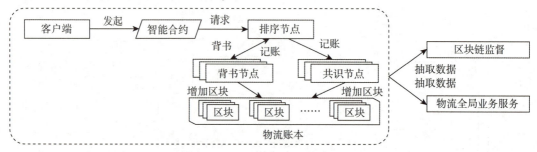

图8-10　物流信息管理框架运行流程

根据业务流程编写智能合约，将智能合约部署在网络节点中，如图8-10所示。客户端利用智能合约发起记账请求，排序节点根据智能合约向指定节点发起背书请求，背书完成后生成区块发送给共识节点进行记账。区块链监督定时抽取区块链中的各类型数据，监控网络中智能合约、事务运行、通道和账本的状态和变化。物流全局业务服务可以读取账本数据监控物流状态的变化，并为上层应用提供信息服务。

（三）解决物流溯源中存在的问题

图8-11所示为某"区块链大农场"溯源平台的架构。一般来说，区块链溯源的应用模块主要包括针对区块链的数据存储基础设施的溯源平台，针对数据生产方的多渠道数据交互的业务系统，针对用户的溯源应用的溯源查询，针对监管方的审计通道的第三方系统等四大方面。

区块链技术可以实现追踪记录有形商品或无形信息的流转链条，实现从源头的信息采集记录、原料来源追溯、生产过程、加工环节、仓储信息、检验批次、物流周转到第三方质检、海关出入境、防伪鉴证全程可追溯，根据溯源信息优化供应链数据服务的准确度和安全度，进而为产业链的参与方提供供应链金融服务。

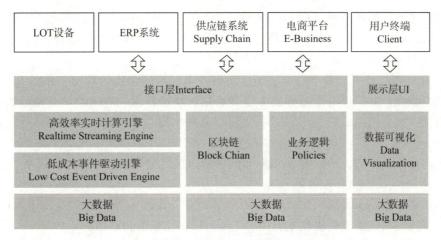

图 8-11　某"区块链大农场"溯源平台的架构

同时，区块链技术将产品信息永久保存，可以保证产品生产消费流通均可追踪。从区块链溯源业务流程示意图（见图 8-12）可以看出，通过区块链技术把产品的生产、流通、消费等全部生命周期进行监控，实现产品可查、去向可追、责任可究的全方位透明化发展，更好地防范了假冒伪劣产品的产生。

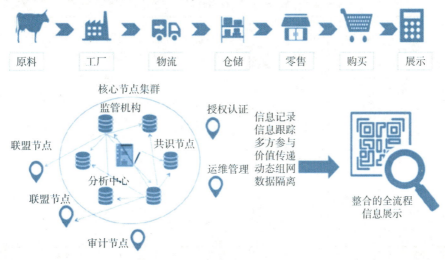

图 8-12　区块链溯源业务流程示意图

通过区块链搭建公平、透明的安心食材增值风险生态，有效保护用户及生态资源各方的数据安全，有效加强联盟间信任度、减少信任摩擦。生态各方根据权重建立联盟节点，通过事前预设的智能合约自动分享生态增值，实现生态多方得利的商业模式。

三、区块链技术在物流领域的应用现状与未来展望

（一）区块链技术在物流领域的应用现状

物流行业将是区块链技术的典型应用领域，将有助于大幅提升物流效率，降低物流成本。国内的互联网巨头、电商的翘楚以及快递行业的领先企业都已于 2017 年前后开始加入了区块链技术研发或产品部署的行列。

从国内来看，腾讯公司早在 2016 年就率先行动布局区块链，2017 年发布《区块链方案白皮书》，2018 年 3 月腾讯携手中国物流与采购联合会共同签署了战略合作协议，推出区块供应链联盟及运单平台。

2017 年阿里巴巴开始着手打造基于区块链技术的跨境食品供应链，2018 年 2 月天猫国际与菜鸟物流针对跨境电子商务业务全面启用区块链技术，进行跨境商品的信息跟踪、上传、查证，涵盖包括国外生产、国际运输、通关和报检以及第三方检验的商品进口全过程。

京东同样不甘示弱，2017 年京东发布区块链防伪追溯开放平台，面向京东生态内的品牌商免费开放。

国内快递企业除了在国内快递领域应用区块链外，顺丰还将区块链应用于医药物流。

目前国内区块链领域提供技术支持的主要有腾讯、华为和京东。

从国际方面来看，国际航运巨头（如马士基）将区块链技术重点应用到国际物流领域，国际快递如 UPS、FedEx 和 DHL 也都开展了区块链技术的应用，主要应用领域为货物追踪、电子运单服务。零售商领军人物（如沃尔玛）则将区块链技术重点应用到食品安全溯源方面。

区块链技术在我国物流领域的应用现状如表 8-2 所示。

表 8-2 区块链技术在我国物流领域的应用现状

类型	公司	技术支持	医药物流	食品安全溯源	跨境电商	金融支付	货物追踪	国际物流	电子运单服务	国内快递
信息技术	腾讯	√								
	华为	√								
国际物流	马士基							√		
	UPS						√			
	FedEx							√	√	
	DHL		√					√		
电商平台综合体	京东	√		√						
	京东物流						√			
	京东全球购				√					
	京东金融					√				
	天猫国际				√		√			
	菜鸟物流									√
	阿里健康		√	√						
国内物流	中通快递								√	
	顺丰		√						√	
零售业	沃尔玛			√						

(二)区块链技术在物流领域应用的未来展望

1. 在产品生产与物流追溯方面

商流和物流不可分离,从客户的角度讲,既注重商品的原材料、商品的生产工艺决定的产品质量问题,也关注物流过程中对产品的保护和保险。

劳动分工的精细化和企业核心竞争力的构建,使采购寻源与物流外包成为企业不再实现利润的环节。供应链越做越长,供应网络也日益复杂,这使得消费者在收到和使用最终消费品时,越来越难以获取准确的生产和物流信息。

区块链的信息难以篡改的特点保证了可以存储和分享的信息的真实性,在区块链技术支持下的产品生产和物流追溯系统可以为消费者提供供应链的防伪溯源(如钻石生产行业、跨境电商商业、农产品销售行业、药品销售行业等)。

Hyperledger超级账本建立的钻石供应追踪系统,就是把区块链技术应用在钻石的追踪过程中,在钻石的采挖、钻石的原石交易、钻石的设计与切割、钻石进出口贸易和钻石的零售环节将详细的买卖关系人及物流参与人信息记录系统,保障钻石的货真价实;在钻石需要二级交易时提供钻石的身份信息,为钻石提供价值担保,甚至帮助联合国、政府和非政府组织监测合法钻石的流转,阻止冲突钻石进入合法市场,对冲突钻石的出口实行制裁。

天猫国际"全球溯源计划"就是区块链在物流溯源上的应用案例,其区块链运作由蚂蚁金服提供技术支持。在进口流程中,运用区块链把生产、物流和通关相关动作与信息全都记录在区块链中,消费者可以清楚地查询到可信任的产品信息,提高消费者的满意度,也拉动跨境电商商品的需求。

IBM与沃尔玛合作实现了在沃尔玛售卖的猪肉的溯源,顾客可以用专属二维码来查询沃尔玛售卖的商品的溯源信息,保障食品安全,提高消费者食品的信任度。

通过区块链将物流、药品及发票信息上链,可以记录药品由生产到销售的全流程。针对医疗领域的特殊性,区块链技术除了能够保管医疗数据外,还将建立起医药物流过程中的全程可追溯,去中心化的分类账本还能让医药物流中参与者(包括药品制造商、分销商、药房、医院和医生,更重要的是患者)对药品进行追踪,在杜绝信息篡改和错误的前提下,保障医药品的质量可靠、物流安全。加盖时间戳的区块链数据信息能够追溯医药物流过程中的责任划分,记录医药产品在流转过程中出现的存储时间信息、运输过程中的温度信息,将存储和运输中的失误操作永久记录,随时纠错,并划分责任主体。

2. 在供应链信息传递与共享方面

供应链主体与外部环境的网络信息资源交流与互动可以降低物流活动中的技术和市场不确定性。区块链的数据更新是由去中心化的分布式主体共同完成的。在供应链中,原材料生产商、制造商、分销商、配送商和零售商主体可以借助区块链技术构建的物流信息系统共享仓储信息、销售信息。

区块链的去中心化,能让更多的人以平等、公平、透明的方式参与到业务的运作中来,有望实现真正自由的完全竞争市场,打破由于信息的垄断和信息不对称形成的垄断,消除不必要的市场失灵现象。

区块链将帮助市场通过价格机制的作用更快地淘汰掉生产率低下企业,为创新和技术革新的优秀企业创造更大的市场空间。

3. 在电子运单与智能合约方面

原来的商业模式下,纸质运单往往更加安全,电子版的单据因为容易篡改和无法认证,不能和加盖公章的纸质版单据具备同等的效力。通过区块链技术可以使上传的单据具备加密性和不可篡改性,从而保证电子单据的真实可信和传递安全。

区块链具备的"数据自动更新"功能将保证各个物流节点之间分享的电子单据内容完全一致,电子签名也可以代替纸质签名,避免了烦琐的单证流转,也节省了传递纸质单据所需要的时间成本和物流成本。

智能合约也将是区块链技术在物流领域的具体应用,通过数字化验证和执行合同内容,将节约物流领域需要验证才能执行合约的验证时间。

智能合约用低成本解决了物流多方主体之间的交易,通过技术手段建立起企业与企业之间的信用,同时还要保证业务运行效率。

例如,在冷链物流运输环节,每一个物流节点都需要在中转收货中检验运输设备和运输物品的温度,并将拒收温度不在要求的控制范围内的物品。温度的检测既消耗时间成本,也将增加冷链物流温度失控的风险,还有可能因为人为的原因误收或故意错收已经存在温控问题的商品。

智能合约可以配合 RFID 技术,当运输生鲜物品的集装箱在行驶过程中时,RFID 将存储中的温度信息实时传递到信息终端,并通过智能合约验证温度是否在可接受范围内。如果在物流的任何环节出现温度失控的情况,智能合约立即终止合同,并执行向物流实施者索赔的流程;如果实现了全程温控,在进入买方的收货地或者零售商的收货地时,直接执行入库流程,并结算物流费用。

> 💡 **小任务**
> 请结合二维码所提供的视频,对本节知识点进行梳理与巩固。

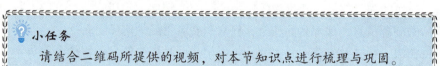

视频 8-2
区块链技术在物流管理中的应用

本章小结

本章主要介绍区块链技术的基础知识和在物流决策中区块链技术的应用。第一节为区块链技术概述,包括区块链技术的诞生、发展、特点、关键点,区块链技术的优势、现状、发展趋势;第二节为区块链在物流管理中的应用,包括物流管理与决策中的痛点难点,区块链技术在物流行业的应用思路、应用现状以及展望。

案例分析

新能源汽车的电池回收难题

2020 年,新能源汽车迎来了属于自己的狂欢。

国内新能源车企市值狂涨、动力电池制造商订单"爆仓"……但很少人道出"狂欢"背后的巨大"阴暗面"。与售前热闹形成对比的是，电动汽车生命周期的末端，迟迟未得到市场的足够重视，如同"皇帝的新衣"。

据中国汽车技术研究中心数据，2020 年国内累计退役的动力电池将超 20 万吨（约 25 GW·h）。20 万吨是什么概念？或许可以装满上海陆家嘴"三件套"，但如果处理不当，将会对环境造成长达 50 年的污染。老大难问题已存在多年，但电池回收巨头格林美董事长许开华却道出一番话劝退新玩家："别进来，纯粹是浪费钱，只有行业前五才能生存下来。"这背后的原因发人深省。

1. 车已亡，户口仍在

20 万吨退役电池都在哪里？无法追溯正是目前一大痛点。据一位市场人士向车市物语透露，他有一个朋友专门做倒卖电动二手车生意，又称"车贩子"。说来也神奇，在他手里总能不定期地拿到一批批二手、三手甚至是五六手的国产新能源汽车。一些低价甩卖给"常规"用户，而另一些则改头换面，流入河南、江西、新疆等偏远地区。

在二手车市场或"黄牛"手中几番折腾后，这些搭载着早已到了"退役"阶段的动力电池随着整车不知所踪。甚至还会出现"电动汽车已亡，但户口犹在"的怪象。对于规模化"迁徙"的电动汽车，上述"黄牛"朋友还能提供特殊服务——上"户口"。"在很多偏僻村庄，一位老人名下可以挂 20 多辆电动汽车。""对于消化不掉的电动汽车，就暂且堆砌在村民们的自家院落或空地上。而对于'黑户'的电动汽车，一部分会卖给拆车厂，一部分会卖给'小作坊'电池回购商。"上述消息人士补充。

理论上，目前国内电池生产企业基本都按照要求，对新生产的电池进行了编码可追溯，但在实际执行过程中仍会存在具体问题。例如，上海一位新能源车主刘思（化名）近期处理了一辆车龄 6 年的新能源车，电池已过质保期。"送去 4S 店（回收点）太不划算，二手车市场交易会卖价更高些。"在比较过多个渠道后，刘思最终以较满意的价格在二手车市场把车卖了。

事实上，首任车主在购买新车时，经销商会对车主信息进行登记，车企可据此对车辆及电池进行跟踪；而一旦首任车主出售车辆，跟踪链条就会中断，电池的去向就难以掌控。

这些不知道经过了几手的电动汽车，在中间商的利益驱使下，早已流向偏远地区。虽然经过政府的多轮取缔，该乱象已隐蔽许多，但依旧未能根治。

这些地下链条的始终存在，给电池回收"正规军"造成较大冲击。

2. 正规军打不过游击队

为了规范市场秩序，国家曾多次出手。2018 年，工信部公布首批符合《新能源汽车废旧动力蓄电池综合利用行业规范条件》企业名单，包括邦普循环、格林美、华友钴业等五家企业入围。2020 年 12 月，工信部又公示第二批 22 家企业名单。

进入"白名单"的企业被视为"正规军"，意味着其在回收的资质、渠道、技术、规模等方面具备了较完善的体系和运营能力。但巧妇难为无米之炊，回收不到电池是"正规军"面对的最大问题。

在电池回收产业链条中，总夹着一批中间商，他们能灵活操控回收电池的价格，挥舞着手上的大刀，将之架在回收企业的脖子上。"这些中间商总能通过一些特殊渠道拿到货源，我们也不知道其中的猫腻。"锂电池回收高级研究员唐小林坦言，"他们大多会卖给非白名单企业，可以免除开发票等环节。"

这也意味着，越正规的回收企业越拿不到货。

另外，出售原材料的，希望价格越高越好，而采购原材料的，则希望价格更低。

"如果电池回收后的价值是1万元，我们最多报价6 500元收购，但小作坊则可能出到8 000元以上。"华友钴业相关负责人称，"这个价格明显超出了我们的盈利范围，你说我们怎么和他们竞争？"对于非"白名单"企业，包括隐藏在"黑市"的拆车厂以及小作坊，大多没有专业的电池分解设备。如果暴力拆解和提取，会给作业人员的人身安全和环境安全带来隐患；如果废弃的电解液采用非法掩埋或倾倒的方式进行处理，会对方圆几千米的土壤和水质造成不可逆的污染，威胁人类的身体健康。但地下作坊们在利益最大化驱使之下往往不会考虑这么多。

1月7日晚，来自湖南宁乡的一声爆炸声让宁德时代一天内市值蒸发200亿元，同时也将电池回收安全问题送上了风口浪尖。经报道显示，爆炸企业是宁德时代的孙公司邦普，因废渣堆放车间的废铝箔起火发生燃爆。"当时，电池回收圈的资深人士都懵了，大家有猜测是氨水、萃取剂或锂电池发生爆炸，谁也没想到是铝粉。"一位不愿透露姓名的业内人士称，"此前，回收企业没有针对铝粉自燃做过培训，对于安全没有认识到位，以至于用错灭火方式酿成大祸。"

此次事件也给整个电池回收行业敲响了警钟，正规企业对安全尚有意识不足之处，更何况"小作坊"。据业内预估，2020年的退役电池中，至少有三分之二没有直接流通到"正规军"手中。面对"无米之炊"，"除了邦普在电池回收领域实现盈利外（宁德时代"庇佑"下），其他企业大多处于亏损状态，只有少数企业在盈亏平衡点。"唐小林透露。

3. 三方利益关系无法理顺

2018年，工信部有提出谁产谁负责，谁污染谁治理，明确了汽车生产企业将承担动力电池回收的主体责任，整车企业也在陆续布局电池回收业务，在全国各地4S店设置回收网点。

不过，据了解，这些回收网点大多形同虚设。

"对车企而言，电池不是他生产的，又要求他回收，没有多大利益驱动。"益普索研究总监叶盛向车市物语透露，"我们调研了很多车企，由于目前没有强制性的规定，他们是能躲则躲，巴不得电池找不到。毕竟这不是车企的主营业务，叠加堆放电池的用地成本和人力成本，确实也无利可图。"

与此同时，车市物语调查多家新能源经销商4S店回收服务网点发现，大部分收集型回收网点并没有在营业场所设置提示性信息，更没有作业流程规范示意图，消防安全也很难达标，正常的电池回收业务更无从谈起。

未来几年，退役动力电池的总量将会持续攀升。到2025年，动力电池的累计退役量预计会达到78万吨（约116 GW·h）。目前，在电池回收生态上，车企、电池回收企业和电池制造商之间，还没有形成一个科学的定价模式。

"除部分外资品牌车企有正规的回收厂家外，几乎所有的国内品牌车企都普遍采用竞价的方式招标。"叶盛坦言。由于利益关系没有理顺，这对行业闭环的形成带来了一定影响。

眼下，汽车产业链一环扣一环，特斯拉一而再，再而三降价，让新能源汽车销售压力倍增，车企没法将电池回收费用加在整车生产环节，也不可能将环保税强加给消费者，这将对新能源消费构成打击。

为打破冗长的动力电池回收链条，也有企业试图基于换电模式解决电池回收问题。如此，回收渠道就能完全可控，以防电池流入"黑市"。不过，对于后续报废电池流向何处，多数车企也是走一步算一步。蔚来换电业务相关负责人告诉车市物语，"商业模式仍在探索阶段，未来退役电池可能会应用于储能与两轮车领域。"

在叶盛看来，由于成本过高，即使是走换电模式的部分车企，目前并没有形成一套电池衰减的预测技术分析。换电模式或二手车战略，更多的是短期的一种销售行为，至于后期电池如何把控，主机厂仍然会踩雷。

4. "变废为宝"落入困境

按照正规流程，如果回收企业顺利收到退役电池，要将之"变废为宝"——梯次利用或拆解回收。

前者指把退役电池使用在低速电动车、储能电站等领域，这适合寿命更长的磷酸铁锂电池；后者指把电池中有价值的钴、锂、镍等金属材料提取再利用，适合三元电池。

事实上，梯次利用的社会效益大于经济效益，一度被业内视为"伪命题"。

退役电池要达到梯次利用标准，还需要一定的成本支出。不同车型的动力电池包设计多样，其内部结构、电池模组链接方式、组装工艺等各不相同，电池拆解下来后，还需要经过残值评估、系统集成、电池模组重新分组、电池管理、运输等环节。

一系列改造成本过高，企业难以覆盖其回收成本。

随着技术进步，新动力电池价格会持续走低。回收企业更愿意出价收购三元电池，而磷酸铁锂电池很多都是处理给了第三方，基本上等于卖废铁。

值得一提的是，数据不透明阻碍了退役电池的回收和再利用。

无论是磷酸铁锂，还是价值更高的三元锂电池，"第三方企业很难从车企或电池企业拿到数据，无法利用大数据手段对电池寿命进行评估，只能对电池进行传统的拆解检测。"浙江华友循环科技有限公司总经理鲍伟日前在中国电动汽车百人会论坛上称。

这也意味着，回收企业在拿到退役电池后，如同在进行一场赌博。由于没有数据能够准确证明电池的状况和价值，其只能事后分析，这导致了回收和再利用的成本高昂。

正因为如此，业内都在等待"风起"——退役电池的规模足够大、回收技术成熟到不造成额外的环境负担、收益覆盖回收过程的成本。

当然，也有企业选择了另辟新径的处理方式。2020年12月，日本企业宣布将采购比亚迪回收的二手车载电池，改装成大型蓄电池，最早2021年度向欧美和亚洲的工厂等销售。

不过类似于这样的商业模式，别家企业很难借鉴与模仿。这也得益于比亚迪早期用户主要聚焦于出租租赁、公共交通领域等B端用户，车辆集中管理，电池可统一处理，因此动力电池回收难度较小。

对于无法形成闭环的商业模式，"大概1 000吨钴、2 000吨镍的湿法冶金企业才能实现做退役电池的盈亏平衡点，而这需要上万吨的电池。"鲍伟称。

5. 尾声

市场仍处于混沌状态。国内已制定电池回收相关的政策和技术标准，但对于非正规的中间商而言，很难起到约束作用。眼下，具体有多少退役电池流入黑市，这样的数据统计口径也不清晰。

在回收利用体系完善之前，正规玩家在技术、资本、资源的博弈下，其盈利战线也被拉长，但欣慰的是，与前几年相比，少部分企业已在黑暗之际看到了黎明曙光。

随着规模化升起，车企在回收环节中肩负重任。能否在扎堆利润较高的前端产销同时，加大对回收利用环节的投入，能否在产品规划初期就将电池回收纳入考量，能否在退役电池上挖掘出更高的价值，这都是车企需要重新审视的问题。

只有掌握电池从"生"到"死"的全过程，才有资格谈真正的环保。

(资料来源：https://mp.weixin.qq.com/s/UqI4GBKs3IgGMdiH4zmjjA)

讨论题：

1. 对文中提到的现状你有什么解决思路？
2. 如果加入区块链技术，能解决哪些问题？又会有哪些困境？

思考与练习

一、思考题

1. 区块链是什么？区块链有哪些特点？
2. 区块链可以对现有的哪些关键问题提供新的解决思路？
3. 从你正在关注或感兴趣的物流领域中，找一个你认为可以结合区块链技术来进行决策的问题，并进一步思考如何应用区块链？

参 考 文 献

[1] 北京中交协物流人力资源培训中心. 物流运作基础[M]. 北京：机械工业出版社，2013.

[2] 伯纳德·W. 泰勒. 数据、模型与决策[M]. 北京：中国人民大学出版社，2019.

[3] Cliff T, Ragsdale. 电子表格建模与决策分析(第8版)[M]. 北京：电子工业出版社，2019.

[4] 丁以中. 管理科学——运用 Spreadsheet 建模和求解[M]. 北京：清华大学出版社，2003.

[5] 冯耕中，刘伟华. 物流与供应链管理(第2版)[M]. 北京：中国人民大学出版社，2010.

[6] 蒋长兵，白丽君. 供应链理论技术与建模[M]. 北京：中国物资出版社，2009.

[7] 蒋绍忠. 数据、模型与决策——基于 Excel 的建模和商务应用(第3版)[M]. 北京：北京大学出版社，2019.

[8] 李宝仁. 经济预测理论、方法及应用[M]. 北京：经济管理出版社，2005.

[9] 李工农，阮晓青，徐晨. 经济预测与决策及其 Matlab 实现[M]. 北京：清华大学出版社，2007.

[10] 李世杰，等. 市场调查与预测(第2版)[M]. 北京：清华大学出版社，2014.

[11] 李华，胡奇英. 预测与决策教程[M]. 北京：机械工业出版社，2012.

[12] 李志君，等. 供应链管理实务(第2版)[M]. 北京：中国邮电出版社，2014.

[13] 李文锋，等. 物流系统建模与仿真[M]. 北京：科学出版社，2010.

[14] 刘兆. 现代物流案例与实践[M]. 北京：北京理工大学出版社，2011.

[15] 刘南，兰振东. 运输与配送[M]. 北京：科学出版社，2010.

[16] 量子学派. 公式之美[M]. 北京：北京大学出版社，2020.

[17] 量子学派，罗金海. 人人都懂区块链[M]. 北京：北京大学出版社，2018.

[18] 马士华，林勇. 供应链管理(第四版)[M]. 北京：机械工业出版社，2014

[19] 马利军，甘小冰. 库存控制与仓储管理[M]. 北京：北京交通大学出版社，2013.

[20] 马丁·克里斯托弗. 物流与供应链管理——创造增值网络(第3版)[M]. 北京：电子工业出版社，2006.

[21] 孙焰. 现代物流管理技术——建模理论及算法设计[M]. 上海：同济大学出版社，2005.

[22] 苏尼尔·乔普拉. 供应链管理(第7版)[M]. 中国人民大学出版社，2021.

[23] 斯蒂芬·查普曼，等. 物料管理入门[M]. 北京：清华大学出版社，2018.

[24] 塞西尔·博扎思,等. 运营与供应链管理(第3版)[M]. 北京：中国人民大学出版社, 2014.

[25] 唐五湘, 程桂枝. Excel在管理决策中的应用[M]. 北京：电子工业出版社, 2001.

[26] 王晶. 物流优化技术与方法[M]. 北京：中国财富出版社, 2013.

[27] 王道平, 程肖冰. 物流决策技术[M]. 北京：北京大学出版社, 2013.

[28] 王长琼. 物流系统工程(第三版)[M]. 北京：中国财富出版社, 2014.

[29] 王长琼. 供应链管理[M]. 北京：北京交通大学出版社, 2013.

[30] 熊伟. 运筹学(第2版)[M]. 北京：机械工业出版社, 2009.

[31] 余胜威. Matlab数学建模经典案例实战[M]. 北京：清华大学出版社, 2015.

[32] 杨华龙, 刘进平. 供应链管理[M]. 大连：东北财经大学出版社, 2011.

[33] 朱建平, 靳刘蕊. 经济预测与决策[M]. 厦门：厦门大学出版社, 2012.

[34] 张桂喜, 等. 预测与决策概论(第2版)[M]. 北京：首都经济贸易大学出版社, 2009.

[35] 张文杰, 张可明. 物流系统分析[M]. 北京：高等教育出版社, 2013.

[36] 张浩. 采购管理与库存控制[M]. 北京：北京大学出版社, 2010.

[37] 张晓华. 采购与库存控制[M]. 武汉：华中科技大学出版社, 2011.

[38] 詹姆斯·R. 埃文斯. 数据、模型与决策(第4版)[M]. 北京：中国人民大学出版社, 2011.

[39] 刘钊. 我国物流业发展中信息不对称问题研究[C]. 河南大学, 2015.

[40] 袁勇, 王飞跃. 区块链技术发展现状与展望[J]. 自动化学报, 2016(04)：481-494.

[41] 邵奇峰, 金澈清, 张召, 钱卫宁, 周傲英. 区块链技术：架构及进展[J]. 计算机学报, 2018, 41(05)：969-988.

[42] 何宝亮. 基于区块链技术构建智慧型知识服务系统研究[J]. 图书馆, 2020(09)：41-45, 65.

[43] 刘凤鸣, 陈玥彤. 区块链技术研究述评[J]. 山东师范大学学报(自然科学版), 2020, 35(03)：299-311.

[44] 郑忠斌, 王朝栋, 蔡佳浩. 智能合约的安全研究现状与检测方法分析综述[J]. 信息安全与通信保密, 2020(07)：93-105.

[45] 邝劲松, 彭文斌. 区块链技术驱动数字经济发展：理论逻辑与战略取向[J]. 社会科学, 2020(09)：64-72.

[46] Excel规划求解简介[EB/OL]. (2017/10/8) https://wenku.baidu.com/view/b80e7d6255270722192ef784.html.

[47] Lingo教程[EB/OL]. (2017/10/8) http://www.doc88.com/p-687602373597.html.

[48] Yaahp软件的使用手册[EB/OL]. (2017/10/8) https://www.metadecsn.com/documents/.

[49]《区块链溯源应用白皮书》[EB/OL]. 中国信息通信研究院. 可信区块链推进计划, 2018. http://www.caict.ac.cn/kxyj/qwfb/bps/201810/t20181019_187262.htm.

[50]《区块链白皮书》[EB/OL]. 中国信息通信研究院, 2019. http://www.caict.ac.cn/kxyj/qwfb/bps/201911/t20191108_269109.htm.

[51]《物联网白皮书》[EB/OL]. 中国信息通信研究院, 2018. http://www.caict.ac.cn/kxyj/qwfb/bps/201812/t20181210_190297.htm.

[52]《工业区块链应用白皮书》[EB/OL]. 中国信息通信研究院. 工业互联网产业联盟, 可信区块链推进计划, 2014. http://www.caict.ac.cn/kxyj/qwfb/bps/201902/t20190227_195222.htm.

[53]《云原生发展白皮书》[EB/OL]. 中国信息通信研究院. 云原生产业联盟, 2020. http://www.caict.ac.cn/kxyj/qwfb/bps/202007/t20200729_287393.htm.

[54]区块链+工业互联网行业研究报告[EB/OL]. 陀螺研究院(2021/1/25). https://www.tuoluocaijing.cn/article/detail-10041431.html.

[55]散列算法与加密算法[EB/OL]. (2017/4/20) https://blog.csdn.net/yy954744913/article/details/70254642.

[56]区块链在物流行业中的应用[EB/OL]. 广州云流区块链科技有限公司. http://www.yunliuchain.com/col.jsp?id=103.

[57]科技控货是供应链金融存货融资中最有效的风控措施[EB/OL]. (2021/7/11). https://www.sohu.com/a/476836664_522926.

[58]区块链和人工智能、大数据与物联网是什么关系?[EB/OL](2020/4/13). https://blog.csdn.net/snvlongquan/article/details/105487655.

[59]加强物流管控:走进物流透明3.0[EB/OL](2017/8/9). http://www.vtradex.com/news_058.html.

[60]区块链+新零售全方位追踪记录有形商品或无形信息的流转链条[EB/OL](2020/10/21). https://blog.csdn.net/jingnijingni/article/details/109197087.

[61]区块链在物流行业中的应用[EB/OL]. 广州云流区块链科技有限公司. http://www.yunliuchain.com/col.jsp?id=103.

[62]股份授权证明(DPOS)概述[EB/OL]. (2018/5/3). https://blog.csdn.net/ggq89/article/details/80188930.